Wunderland
Musik

KURT PAHLEN

Wunderland Musik

Eine Einführung

Meinen unzähligen Freunden:
den Kindern der Welt

KURT PAHLEN

Lizenzausgabe 1992 für
Manfred Pawlak Verlagsgesellschaft mbH, Herrsching

Umschlaggestaltung: Bine Cordes, Weyarn
Gesamtherstellung: Mohndruck, Gütersloh
Printed in Germany
ISBN 3-88199-919-1

Inhaltsverzeichnis

Vorwort

Dies ist keine (ganz) erfundene Geschichte, es hat sich in ähnlicher Form wirklich abgespielt. Es war einmal ... aber nein, so fangen ja Märchen an, und von einem Märchen hat dieses Buch nichts an sich. Also: Ich war einmal ... jung und lebte in Südamerika und liebte die Kinder (was ich auch heute noch tue) und sang gern mit ihnen und lud sie ein, wenn ich Konzerte dirigierte und wenn sie mich vorher in ihre Schulen holten, um ihnen zu erklären, was sie dabei hören sollten. So kamen eines Tages zwei Kinder in mein Haus, gerade so wie die folgende Geschichte es am Anfang erzählt. Und dann kam es ungefähr so, wie ich es hier beschrieben habe. Aus unseren Unterhaltungen wurde ein Buch. Zuerst druckte die größte südamerikanische Kinderzeitschrift («Billiken») meine Erzählungen jede Woche ab, und ungezählte Kinder im ganzen Kontinent lasen das, in den Städten und auf dem Land, am Meer und auf den hohen Bergen, weiße Kinder und schwarze und kleine Indianer. Sie lasen es in den Schulen und zu Hause; manche, die schon etwas über Musik wußten, und viele, viele andere, die von ihr noch keine Ahnung haben konnten, weil niemand es sie gelehrt hatte. Wenn ich euch die Briefe zeigen könnte, die ich damals erhielt! Aber die müßte ich ja zuerst ins Deutsche übersetzen. Denn die Briefe und natürlich auch das Buch waren in spanischer Sprache abgefaßt. Das Buch hieß übrigens damals «El niño y la música», und das heißt «Das Kind und die Musik». Und die beiden Kinder, die da zu mir kamen, hießen Juan Carlos und Elena, genannt (weil sie noch so klein war) Elenita, also Hans Karl und Helenchen. Und natürlich hießen auch die anderen Kinder mit ihren richtigen Namen anders: Pedro und Ricardo, Alfredo und Enrique, Susana und Noemi, Alicia und Silvia.
Das Buch wurde dann in zehn Sprachen übersetzt (wobei die Kinder immer neue Namen bekamen), und Millionen von Kindern lasen es auf der ganzen Welt. Seit damals hat sich viel auf der Welt geändert, und auch in der Musik. Und so habe ich jetzt, da das Buch neu herauskommen sollte, sehr vieles darin umgeschrieben, ja ganz neu gemacht. Denn

es soll keine Erzählung von Dingen sein, die längst vorbei sind, sondern ganz im Gegenteil etwas, was sich auch hier und heute ereignen könnte. Nun heißen Juan Carlos und Elenita eben Thomas und Christine — ihr seid doch damit einverstanden? —, und sie sollen so reden und fragen und fühlen, wie ihr es tut. Ihr wißt natürlich heute viel mehr über Musik als die Kinder im damaligen Südamerika! Ihr habt Langspielplatten und Fernseher, ihr versteht von der Technik viel mehr als wir in eurem Alter. Aber die Musik macht euch genauso viel Freude, wie sie es den Menschen immer gemacht hat. Ihr hört die besten Künstler, die klangvollsten Orchester, die schönsten Stimmen, und es kommt euch ganz selbstverständlich vor. Denkt manchmal daran, daß das nicht immer so war — fragt einmal eure Großeltern!

Es wird viel mehr musiziert in der heutigen Welt als je zuvor, und das freut mich ganz besonders, denn ich habe mir mein ganzes Leben lang gewünscht, daß es mehr Musik in der Welt gäbe und weniger Kriege, mehr Gesang und weniger Hunger. Nun, noch sind diese Wünsche nicht alle in Erfüllung gegangen, aber doch der eine: mehr Musik ist in der Welt als zu irgendeiner früheren Zeit.

Die Jugendmusikschulen blühen, es gibt Kinderchöre und Jugendorchester, es gibt Konzerte und Opernvorstellungen für junge Menschen, Rundfunk und Fernsehen strahlen Musikprogramme aus, die sich in erster Linie an die Jugend richten. Es ist schon sehr lange her, seit ich als junger Musiker auf einem Kongreß die Worte sagte: «Es gibt keine unmusikalischen Kinder!» Damals gab es viele, die mich auslachten oder mir nicht glaubten. Heute dürfte doch die Mehrzahl der Lehrer überzeugt sein, daß ich recht hatte.

Dieses Buch aber wendet sich nicht nur an die Kinder, die besonders musikfreudig sind. Ja, in einem gewissen Grad sogar eher an die, von denen man das nicht behaupten kann. Denn die sollen sehen, wie schön Musik sein kann und wie leicht es ist, in ihre Welt einzudringen.

Ich würde mich freuen, wenn auch diese neue Fassung und Ausgabe wieder viele Freunde fände und dazu beitragen könnte, Kinder in das Zauberreich, in das Wunderland Musik zu führen.

Männedorf/Zürichsee, 1985 KURT PAHLEN

1
Ein seltsamer Besuch und ein voreiliges Versprechen

An einem grauen Herbstnachmittag saß ich am Klavier und komponierte ein neues Lied für meinen Kinderchor. In meinem Arbeitszimmer lagen Bücher und Hefte umher, Bogen von Notenpapier, kurz, es herrschte einige Unordnung. Es war schon dämmerig, und ich hatte im Kamin die großen Holzscheite entzündet, deren Feuer ein geheimnisvoll flakkerndes Licht im Raum verbreitete.
Da ging plötzlich die Tür auf, leise und von vorsichtigen Händen geöffnet. Zwei Kindergesichter blickten herein. Sie schienen bestätigt zu finden, was sie erwartet hatten, nickten ein wenig und traten näher. Renzo, mein Hund, der auf der Ofenbank lag und sich wohlig streckte, hätte eigentlich die Pflicht gehabt zu bellen; aber er wedelte nur freundlich einladend mit dem Schwanz. Die Kinder traten näher. Wie waren sie ins Haus gekommen? Ich hatte nichts gehört. Ich strengte meine Augen an, um festzustellen, ob ich träumte. Doch nein, da standen die beiden Kinder nun mitten im Raum: ein Junge von ungefähr 12 bis 13 Jahren mit klugem, aufgewecktem Gesicht und ein kleineres Mädchen, das ein wenig ängstlich schien. Ich streckte ihnen die Hand entgegen, aber bevor ich noch etwas fragen konnte, begann der Junge zu sprechen:
«Sie sind doch Herr Pahlen?»
Ich nickte, ein wenig belustigt, ein wenig verwundert. Er fuhrt fort:
«Sie haben ein Buch über Musik geschrieben ...»
Vielleicht seufzte ich ein wenig. Nicht nur eines ..., wollte ich bescheiden einwenden, aber ich nickte nur abermals.
«Und da sind gleich am Anfang zwei schöne Bilder drin, von Kindern, die Flöte spielen und singen ...», setzte das kleine Mädchen fort.
«Und darunter steht gedruckt: ‹Freude an der Musik ist allen Kindern angeboren!›» ergänzte der Junge wieder.

«Das stimmt doch auch?» erwiderte ich vergnügt. Aber dann sah ich, daß meine beiden Besucher sehr ernste Gesichter machten; hundert Gedanken gingen mir durch den Kopf. Hatte ich in meinem Buch etwas gegen die Kinder gesagt? Völlig undenkbar, waren sie doch immer und überall meine liebsten Freunde! Was also konnte diese beiden netten Kinder — das waren sie offensichtlich — verstimmt oder gegen mich eingenommen haben?

«Wir wollten das Buch lesen», sagte der Junge fast streng.

«Aber wir haben nichts davon verstanden», ergänzte das Mädchen.

«Fast nichts ...», korrigierte er.

«Nun», meinte ich begütigend, «es ist ja auch nicht für Kinder geschrieben.»

«Das ist es eben!» riefen da beide zugleich. Und als ich ein ratloses Gesicht machte, fragte das kleine Mädchen nach einer kleinen Pause, nun viel freundlicher, ja beinahe schmeichelnd: «Warum schreiben Sie kein Buch für die Kinder? Für uns?»

Der Junge nickte, und mir war, als sähe ich hinter den beiden noch viele, viele andere Kinder nicken.

«Hm», brachte ich etwas verlegen hervor, «ein Buch für die Kinder ...»

«... ja, über die Musik natürlich!» ergänzten meine kleinen Besucher.

«Was sollte denn darin stehen?» fragte ich.

«Alles», war die kurze und klare Antwort.

«Alles?» fragte ich verwundert.

«Uns interessiert alles an der Musik», stellte der Junge fest, und nun nickte auch das Mädchen.

«Alles ...», wiederholte ich nochmals, völlig ratlos geworden.

«Warum erzählen Sie in diesem Buch nicht einfach alles?» fragten sie mich nach einer kurzen Pause.

Meine Verlegenheit wurde immer schlimmer, aber meine Besucher kamen nun in Schwung und redeten abwechselnd und immer lebhafter auf mich ein:

«Woher die Musik überhaupt kommt. Wie die Töne entstehen. Wer die schönen Melodien macht. Und wie man sie macht. Etwas von den Instrumenten und wie man sie spielt! Wie ein großes Orchester funktioniert! Wie die Kinder in anderen Ländern singen. Vom Theater, wo gesungen und getanzt wird! Wie man Schallplatten macht! Vom Rundfunk! Vom Fernsehen, natürlich! Von den Filmen mit Musik! Etwas über Mozart ...»

«Mozart? Wißt ihr schon etwas über ihn?»

«Ach», antwortete der Junge, «nur, daß er schon als Kind ein großer Musiker war, daß er schon Instrumente spielte und Melodien machte ... komponierte, nennt man das, nicht wahr?»

«Deshalb interessiert er euch?»

«Auch deshalb. Aber uns interessieren auch alle anderen großen Musiker. Bitte schreiben Sie über alle ... wie sie lebten ... ob sie Kinder waren so wie wir ...»

«Oder klüger», sagte der Junge mit einem Seitenblick auf das Mädchen.

«Oder fleißiger», gab dieses schlagfertig zurück.

Nachdenklich schwieg ich eine Zeitlang. Das Feuer im Kamin brannte leise knisternd. Da drangen wieder die Kinderstimmen an mein Ohr: «Bitte, werden Sie das alles schreiben?»

Immer noch dachte ich nach. «Für uns», fügte die Kleine hinzu und sah mich mit großen Augen an. Und wieder glaubte ich, hinter ihnen eine riesige Kinderschar zu erblikken, die alle so gern etwas über Musik wissen wollten und die mir zuriefen: «Für uns!»

«Aber Kinder», sprach ich endlich, «das wäre ja ein ganzes, großes Buch!»

«Warum nicht?» antwortete das Mädchen, und ihre Stimme hatte einen freudigen Klang, als wäre die Sache schon zu ihren Gunsten entschieden: «Können wir morgen wiederkommen?»

«Morgen? Wozu?» fragte ich erstaunt.

«Um das Buch zu holen.»

Da mußte ich herzlich lachen. Der Junge blickte das Mädchen überlegen an und meinte: «Was fällt dir ein! Vor der nächsten Woche kann das Buch unmöglich fertig sein!»

Auch dieser Satz konnte mein Lachen nicht mindern. Ein großes Buch über so viele musikalische Fragen — in einem Tag oder in einer Woche! «Da müßte ich ja so arbeiten können wie Schubert oder wie Rossini oder wie euer Freund Mozart!» rief ich aus.

«Wieso?» fragten die Kinder mit ratlosen Gesichtern.
«Die konnten wirklich ganze, große Werke in Stunden oder Tagen oder wenigen Wochen komponieren und niederschreiben ...»
Während ich sprach, zuckte mir ein rettender Gedanke durch den Kopf. Diese Kinder hatten mir eine Idee gegeben! Da drängten sie mich zu etwas, das ich schon längst gerne getan hätte. Ich hatte nur nie genau gewußt, wie. Und nun wußte ich es dank meiner jungen Besucher!
«Hört einmal», sagte ich zu den beiden. «Ihr sollt doch morgen wiederkommen ...»
«Morgen?» riefen sie verwundert und erfreut aus.
«Ja, morgen und alle Tage, da ja gerade eure Ferien beginnen!»
Ihre Augen leuchteten voll Erwartung.
«Und ihr könnt Kameraden und Freunde mitbringen. Dann wollen wir uns über all das unterhalten, was ihr aufgezählt habt, und über noch viel mehr. Und dann schreiben wir alles auf, und so wird ganz von selbst das Buch entstehen, das ihr haben wollt. Ihr sollt es gewissermaßen selbst schreiben: die Kinder für die Kinder!»
Jetzt strahlten die Gesichter meiner kleinen Besucher. Da wurde ich wieder nachdenklich, und sie sahen mich etwas überrascht an. «O nein, habt keine Sorge, jetzt gefällt mir die Idee schon so gut, daß sie in meinem Kopf zu arbeiten begonnen hat. Und sie wird sich sicherlich noch mehrmals umgestalten, während wir sie verwirklichen; das ist schon so bei den Ideen. Zum Beispiel meine ich jetzt, von Musik solle man nicht nur reden. Man muß sie auch hören und selbst machen. Wir werden also gemeinsam viel Musik anhören. Und wir könnten eigentlich dazu nicht nur Platten oder Tonbänder verwenden, sondern dorthin gehen, wo Musik gemacht wird: in ein Konzert und in ein Operntheater ...»
Ein wahres Freudengeheul unterbrach mich; ich wußte nicht, daß zwei Kinder allein soviel Lärm hervorbringen können. Und er steigerte sich noch, als ich fortfuhr: «Wir werden in eine Radiostation gehen, in ein Fernsehstudio, in eine Schallplattenfabrik, werden sehen, wie ein Tonfilm gemacht wird ... wir können in ein Museum mit alten Instrumenten gehen ... und zuletzt werden wir einen Kinderchor und ein Kinderorchester bilden ... einverstanden?»

Und ob sie einverstanden waren! Sie waren begeistert, und ich war es nicht weniger. Mein Geist entwarf mit Blitzesschnelle Pläne für meine kleinen Freunde; ich wußte, sie würden wiederkommen, morgen, übermorgen, alle Tage. Welch herrliche Zeit stand uns bevor! Und als die beiden Besucher gegangen waren, stand ich noch lange allein vor dem Kamin, der langsam verlöschte, und hörte vom Gartentor herauf noch ihre frohen Rufe: «... und dann schreiben wir alles schön auf ... und das wird dann unser Buch ... unseres! Das Buch über die Musik ... für alle Kinder!»

2
Onkel Heinrich wirft Steine in meinen Teich

Am nächsten Nachmittag saß ich wieder in meinem Arbeitszimmer. Immer mußte ich an das gestrige Erlebnis denken, an die beiden netten Kinder, die so fremd eingetreten und als gute Freunde wieder gegangen waren. Hatte ich vielleicht doch nur geträumt? Diese Begegnung war zu seltsam gewesen, um wahr zu sein. Ich fragte Renzo, ob er sich erinnere; sein heftiges Schwanzwedeln bedeutete zweifellos Zustimmung.
Am gestrigen Abend war ich noch lange wach geblieben und hatte darüber nachgedacht, wie ich das so voreilig gegebene Versprechen einlösen könnte. Da war mir ein Freund eingefallen, der mir dabei behilflich sein mußte: ein guter Zeichner und ein Freund der Kinder wie ich. Wenn das Buch für Kinder wirklich entstehen sollte, so mußte es natürlich mit vielen hübschen Bildern versehen sein. So nahm ich schnell den Telefonhörer ab und wählte seine Nummer.
«Hallo», ertönte seine Stimme aus dem Apparat, aber ich erkannte sie kaum, denn sie klang grunzend, ganz verschlafen und böse.
«Ich bin's!» rief ich, immer noch freudig gestimmt von der herrlichen Idee, und wollte meinem Freunde sofort alles erzählen, was sich vor einigen Stunden bei mir ereignet hatte. Er aber unterbrach mich und sagte ganz leise, wobei er offensichtlich gähnte: «Schau lieber auf die Uhr, bevor du deine Freunde aus dem besten Schlaf reißt ...» Dann war nur noch ein schwaches, gleichmäßiges Geräusch zu vernehmen — kein Zweifel, mein Freund war wieder eingeschlafen. Jetzt erst sah ich auf die Uhr: Es war fast zwei Uhr morgens.
Ich aber konnte immer noch nicht schlafen. Was würde ich tun, wenn meine kleinen Besucher am nächsten Tage wiederkämen? Womit beginnen? Nun ja, zuerst müßte ich wohl damit beginnen zu erklären, was ein Klang ist, ein Ton, ein Geräusch; wie sie entstehen, sich verbreiten ...

Während ich so nachdachte, fiel mir zum ersten Mal auf, daß die Nacht keineswegs völlig still und lautlos war. Vielleicht mochte das auf dem Lande so sein; doch nein, auch dort sind Stimmen der Natur immer lebendig, hunderterlei Klänge: ein Bach, der Wind in den Bäumen, die Grillen, die Vögel, der Donner, der Regen und wohl noch manches andere, das man oft kaum zu deuten weiß. Hier aber, in der Stadt, war von wirklicher Ruhe erst recht nichts zu merken. Ich beschloß, eine Probe zu machen: Fünf Minuten lang wollte ich still liegen und beobachten.
Zuerst hörte ich den Pfiff einer Lokomotive, die weit von meinem Hause durch die Nacht dahinraste. Dann das Piepsen eines Nachtvogels auf dem Baum in meinem Garten. Eine zweite Vogelstimme, die der ersten aus einiger Entfernung zu antworten schien. Dann schlug irgendwo eine Tür zu, zwei Personen sprachen, während sie an meinem Hause vorbeigingen. Eine Katze miaute irgendwo. Wütend sprang Hundegebell auf, an vielen Stellen fast zu gleicher Zeit. Als es abebbte, raschelte es im Garten, eine Maus vielleicht. Endlich schien Stille einzukehren. Da vernahm ich das Tropfen des Wasserhahns in der Küche, aber ich war viel zu faul, um mich zu erheben; zudem fand ich, daß in diesem Tropfen etwas geradezu Musikalisches lag, eine Melodie, die sich in ähnlicher Weise stets zu wiederholen schien. Ein Auto bremste kreischend. Pferdegetrappel auf Asphalt. Ein Windstoß, dann leise einsetzender Regen. So viele Klänge! Jeder anders. Wie sollte ich meinen kleinen Freunden die Vielfalt der Klänge erklären? Sie alle entstehen in ähnlicher Weise, werden durch die Luft getragen, schlagen an unser Ohr und sind völlig verschieden voneinander: Geräusch der eine, Ton, musikalischer Ton der andere. Ich sah auf die Uhr. Erst vier Minuten waren vergangen, seit ich mein Experiment begonnen hatte. In diesem Augenblick begann die nahe Turmuhr zu schlagen, und der weiche Klang der mir seit langem vertrauten Glocken führte mich sanft in den Schlaf hinüber.
Und nun saß ich also wieder an meinem Schreibtisch und harrte der Dinge, die da kommen sollten. Ich gestehe offen, daß mir dabei nicht ganz geheuer war. Mein Freund, der Zeichner, hielt mich für verrückt, als er heute früh kam, um zu sehen, was geschehen sei. Er wollte den Arzt rufen. Denn

wenn jemand um zwei Uhr morgens telefoniert, statt zu schlafen, und so unglaubwürdige Geschichten erfindet wie den Besuch zweier fremder Kinder, die ein Buch über Musik haben wollen, dann hält mein Freund einen solchen Menschen für krank oder für nicht ganz normal. Er fragte meine alte Haushälterin, aber die hatte die Kinder nicht gesehen. Und Renzo, der sie gesehen und begrüßt hatte, kann trotz seiner ungewöhnlichen Intelligenz nicht sprechen, zumindest nicht in menschlicher Sprache.

Etwa um die gleiche Stunde wie gestern ging die Tür wiederum auf. Meine beiden kleinen Besucher standen vor mir, diesmal viel entschlossener. Sie streckten mir ihre Hände entgegen, und der Junge stellte sich mit einer eleganten Verbeugung vor: «Ich heiße Thomas, und meine Schwester heißt Christine.» Ich begrüßte sie freundlich, wenn auch ein wenig verlegen, denn ich hatte keine Ahnung, wie ich die Aufgabe des Buchs beginnen sollte. Da setzte Thomas hinzu: «Meine Schwester ist noch sehr klein, Sie müssen sie entschuldigen, sie muß immer alles anfassen ...»

Tatsächlich hatte sich Christine einigen Instrumenten genähert, die auf meinem Tisch lagen, und ihre Finger strichen über das Fell der Trommel und die Saiten der Violine. Die Trommel ließ nur ein leises Brummen hören, etwa wie wenn ein Tier knurrt, aber die Violine klang hell und rein. Christine freute sich sichtlich über den Klang.

«Woher kommt der Klang?» fragte ich sie, entschlossen, mein Lehramt zu beginnen.

«Von der Schnur», antwortete Christine.

«Von der Saite», verbesserte sie ihr Bruder sofort.

«Und wie entsteht er?» fuhr ich fort.

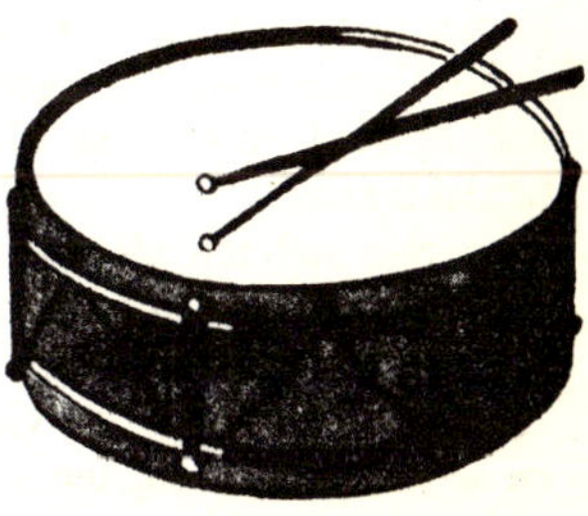

Die Kinder dachten nach. Nun zupfte ich selbst an den Saiten und forderte die Kinder zur genauen Beobachtung auf.
«Die Saiten bewegen sich ...», meinte Thomas.
«Sehr richtig, sie schwingen. Und wie ist es bei der Trommel?» fragte ich und strich über das gespannte Fell.
«Das Fell bewegt sich auch», sagte der Junge.
«So ist es. Jeder Klang entsteht aus Bewegung. Aber diese Bewegung wird nicht immer sichtbar.» Ich nahm eine Flöte, setzte sie an die Lippen und blies. Es entstand ein Klang, einige Töne, aber es war keinerlei Bewegung dabei festzustellen. Die Kinder blickten mich fragend an.
«Jeder elastische Körper, der in Bewegung versetzt wird, schwingt. Das kann entweder die Luft sein wie bei der Flöte, oder das Fell einer Trommel, die Saite einer Violine oder Gitarre, das Metall einer Glocke oder sonst irgend etwas ...»
Ich stockte. Dann fuhr ich fort: «Diese Schwingungen sind ähnlich denen eines Pendels. Seht einmal dort auf die alte Uhr!»
Die Kinder folgten mit dem Blick meiner ausgestreckten Hand. Sie sahen die hohe Standuhr, die aussah, als wäre sie aus einer anderen Zeit übriggeblieben. (Und das war sie ja wirklich, denn ich hatte sie von meinen Großeltern geerbt.) Sie beobachteten das Pendel, das langsam hin und her schwang. Aber man sah ihnen an, daß sie nicht recht begrif-

fen, was ich meinte. Physik war nie meine starke Seite gewesen, ich gestehe es offen. Ich glaube, daß mein Gesicht in diesem Augenblick nicht klüger aussah als das meiner kleinen Freunde. Darauf bezog sich wohl auch das Lachen, das plötzlich von der Tür her erklang; dort stand, wer weiß wie lange schon, mein Onkel Heinrich. Das war peinlich für mich, denn Onkel Heinrich ist Ingenieur! Gerade jetzt mußte er kommen!

«Kommt, Kinder», sagte er, «draußen im Garten ist ein hübscher Teich, da wollen wir ein wenig spielen.»

Ich war sprachlos. Als ich endlich den dreien langsam in den Garten folgte, sah ich meinen Onkel gerade einen Stein in den Teich werfen, wie ein Schuljunge! Das war doch unglaublich!

«Wie hübsch die Wellen sind!» rief Christine voll Begeisterung aus. Da nahm Onkel Heinrich einen größeren Stein und warf ihn wiederum mitten in das Wasser.

«Beobachtet einmal die Wellen ganz genau!» rief er dabei.

«Sie bilden Kreise», meinte Thomas.

«Und sie laufen überall hin», setzte Christine hinzu.

«Und von wo gehen sie aus?» fragte der Onkel.

«Von dort, wo der Stein ins Wasser fiel.»

«Stimmt alles genau. Und wie weit laufen die Wellen?»

«Die vom kleinen Stein kamen nicht weit, aber die vom großen bis zum Ufer», sagte der Junge, «und sie werden immer kleiner und schwächer, je weiter sie laufen.»

«Sie werden halt müde ...», meinte Christine, und wir lachten alle.

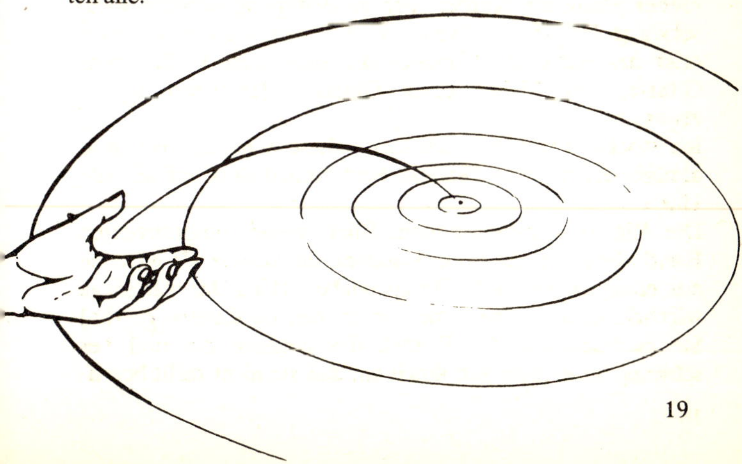

«Ausgezeichnet, Kinder! Da habt ihr die Erklärung des Klangs. Der Stein, den ich ins Wasser werfe, entspricht dem Schlag, den ich einem elastischen Körper versetze, dem Fell einer Trommel zum Beispiel. Auch in diesem entstehen Schwingungen. Sie teilen sich der umgebenden Luft mit. So entstehen die Schallwellen, die an unser Ohr kommen und uns den Klang vermitteln. Natürlich sind sie unsichtbar ...»
«Schade», sagte Christine. «Das wäre doch hübsch, wenn man sie gerade so sehen könnte wie die Wellen im Wasser ...»
«Da würdet ihr staunen, wie voll unsere Luft stets von Wellen ist! Nicht nur von Klängen, die unser Ohr erreichen ...»
«Gibt es denn auch andere?» fragte der kluge Thomas sofort.
«O ja», antwortete Onkel Heinrich. «Sehr viele sogar. Unser Ohr hört nur einen Teil der Klänge, die es in der Welt gibt. Die Schwingungen werden gemessen, jeder Klang hat seine ganz eigene Schwingungszahl, so wie jeder Mensch etwa seinen Fingerabdruck besitzt. Es gibt sehr niedrige und sehr hohe Schwingungszahlen, die unser Ohr nicht wahrnimmt, sie gehen gewissermaßen an ihm vorbei ...»
«Habt ihr einmal gesehen, wie ein Polizeihund abgerichtet wird?» mischte ich mich da ins Gespräch. «Nein? Da pfeift sein Abrichter, sein Lehrer, auf einer Pfeife, die uns stumm scheint, denn wir hören sie keinen Ton hervorbringen. Der Hund aber, in ein paar Dutzend oder hundert Meter Entfernung, hört ihren Klang und reagiert sofort darauf ...»
«Er hört also Klänge, die der Mensch nicht vernimmt?» fragte Thomas.
«Ja, und sicherlich ist unser Universum voll von Klängen, die der Mensch noch nie vernommen hat ...»
«Könnte man da nicht ...?» forschte Thomas, der sich anscheinend für vieles interessierte.
«Sicherlich», meinte der Onkel. «Wir stehen im Zeitalter der kühnsten Entdeckungen und Erfindungen, und sicher wird man einmal hörbar machen, was im Weltraum klingt. Doch kehren wir jetzt zu den Klängen zurück, die wir mit bloßem Ohr wahrnehmen können. Ihr sprecht doch sicher über Musik, denke ich, und in der Musik verwendet man nur diese. Alles, was ihr an den Wasserwellen beobachtet habt, gilt auch für die Schallwellen. Wenn die Kraft, durch die sie ent-

stehen, stärker ist, dann ist auch der Klang stärker und dringt weiter.»

Onkel Heinrich holte eine kleine Weckeruhr aus der Tasche. Er ließ sie läuten, während er die Kinder sich immer weiter entfernen ließ. «Jetzt klingt es schon viel schwächer!» riefen sie von der Mitte des Gartens, und bevor sie an dessen Ende kamen, vernahmen sie das Klingeln nicht mehr, obwohl es immer noch gleich stark aus der Uhr kam.

Die nahe Kirchenglocke ließ ihre bronzene Stimme ertönen, während die Kinder wieder zu uns zurückeilten. «Der Klang dringt gleichmäßig nach allen Seiten ...», sagte der Onkel.

«Ja, in der Schule hören wir die Pausenglocke überall», warf Thomas ein.

«Sicher. Aber du mußt hinzusetzen: wenn kein Wind weht.»

«Wieso? Was tut der Wind?» fragte Christine.

«Oh, der Wind spielt eine ganz besondere Rolle. Er bremst den Schall, wenn er in entgegengesetzter Richtung bläst, und er trägt ihn gewissermaßen mit sich fort, wenn er die gleiche Richtung hat ...»

«Bei Nordwind höre ich den Zug, der ziemlich weit von hier im Norden vorbeifährt, recht deutlich», setzte ich hinzu, «nicht nur die Signale, sondern sogar manchmal das Rattern der Waggons. Dagegen hört man die Kirchenglocken viel schwächer, weil die Kirche im Süden von hier steht. Bläst der Wind hingegen aus Süden, dann ist es umgekehrt: Man vernimmt die Glocken sehr deutlich, aber man hört den Zug kaum oder sogar überhaupt nicht ...»

«Ist es aber windstill», fuhr der Onkel fort, «so verbreitet sich der Klang nach allen Seiten gleich stark. Außer in einem Falle ...»

«In welchem Fall?» wollten die Kinder wissen.

«Außer, wenn ihm ein Hindernis im Wege steht, ein Berg zum Beispiel.»

«Was geschieht dann?» fragte Christine.

«Nun, das gleiche wie mit einem Ball, der an eine Wand prallt.»

«Er kommt zurück?»

«Natürlich. Ihr habt doch alle schon ein Echo gehört? Das ist der Klang, der von einem Hindernis zurückgeworfen wird. Wenn ihr etwas gegen eine Felswand ruft, so kommen eure Stimmen als Echo zurück.»

«Ruft das Echo nicht nur das Ende eines Satzes?» wollte Thomas wissen.
«O nein. Aber du hörst es erst, wenn du selbst still bist.»
«Christine, weißt du noch, was Papa in den Bergen immer gegen die Felswand rief?» wendete sich Thomas an seine Schwester.
«Ja, er rief: ‹Wer ist der Bürgermeister von Wesel?›»
«Und das Echo antwortete: ‹Esel!›» riefen beide Kinder gemeinsam, und wir alle lachten.
«Aber da ist etwas, was ich nicht ganz verstehe», meinte nun Thomas nachdenklich. «Wieso kommt das Echo später?»
«So ist's recht, mein Lieber», rief Onkel Heinrich aus. «Ihr sollt immer fragen, wenn euch etwas nicht klar ist. Ich will's euch gleich zeigen, kommt nochmals zum Teich!»
Dann warf er wieder einen Stein ins Wasser. Es formten sich Wellen, von der Stelle ausgehend, wo der Stein unterging. Und sie liefen in schönen, gleichmäßigen Kreisen dem Ufer zu.
«Gelangen die Wellen im Augenblick ihres Entstehens ans Ufer?» fragte der Onkel.
«Natürlich nicht», antworteten die Kinder. Thomas fügte hinzu: «Es dauert einige Zeit, ein paar Sekunden ...»
«Sehr gut. Jede Bewegung benötigt Zeit. Jede, selbst die allerschnellste! Die Wellen im Wasser brauchen ein paar Sekunden, um sich auszubreiten. Genauso ist es mit den Schallwellen, obwohl sie viel geschwinder sind als die Wasserwellen.»
«Sind sie so schnell wie ein Auto?» fragte Christine.
«Oder wie ein Flugzeug?» interessiert sich ihr Bruder.
«Die Schallwellen sind rascher als ein Auto. Rechnen wir es einmal schnell aus: Die Geschwindigkeit des Schalls beträgt ungefähr 330 Meter in der Sekunde. Das schwankt ein wenig nach Temperatur und Luftdruck — im Wasser und in festen Körpern ist es wieder anders —, aber nehmen wir an, es seien 330 Meter in der Sekunde. Dann sind es in der Minute? 330 multipliziert mit 60 ... das gibt 198 Kilometer. Und wollen wir die Stundengeschwindigkeit errechnen, so müssen wir das nochmals mit 60 multiplizieren, nicht wahr? Und das ergibt ... wartet einmal ... das ergibt 1188 Kilometer. Sagen wir, rund 1200 Kilometer weit fliegt der Schall in der Stunde, wenn er so weit kommt. Ihr wißt, daß es schon

Flugzeuge gibt, die viel schneller fliegen als 1200 Stundenkilometer. Diese Schallgeschwindigkeit nennt man übrigens Mach. Es gibt Flugzeuge, die ein Mach, zwei Mach, ja auch drei Mach fliegen, also 1200, 2400 oder 3600 Kilometer in der Stunde. Sie ‹durchbrechen die Schallmauer›, wie man das nennt. Und es ist tatsächlich, als wäre da eine unsichtbare Mauer in der Luft: Im Augenblick, da sie den Schall gewissermaßen überholen, gibt es einen starken Knall, den man den Schallmauerdurchbruch nennt. Doch lassen wir die höhere Technik und kehren wir zu unseren einfachen Beobachtungen zurück, die euch das Prinzip erklären sollen. Wenn ich hier einen Schuß abgebe, so hört man den Knall in einer Entfernung von tausend Meter erst drei Sekunden später, und drei Sekunden ist eine ziemlich lange Zeit.»

«Aha, darum kommt das Echo später», murmelt Thomas, und der Onkel fügt hinzu: «Jawohl, der Klang braucht Zeit, um bis zu dem Hindernis zu gelangen, und dann wiederum Zeit, um zu uns zurückzukehren. Ich glaube, wir werden jetzt gleich beobachten können, wieviel Zeit der Schall braucht, um größere Strecken zurückzulegen ...»

«Wieso?» fragten die Kinder und blickten in die Richtung, die Onkel Heinrichs Hand ihnen wies. Dort stand eine schwarze Wolkenwand am Nachmittagshimmel; kaum hatte ich begriffen, was Onkel Heinrich meinte, als ein Blitz am Horizont aufzuckte.

«Achtung!» rief der Onkel und begann, an seiner Armbanduhr laut die Sekunden zu zählen, die verrannen: «Eins ... zwei ... drei ...», und als er bei neun angelangt war, hörten wir ein fernes Donnergrollen.

«Der Blitz und der Donner entstehen im gleichen Augenblick. Ihr wißt ja, es ist der Spannungsausgleich verschieden geladener Wolken oder zwischen Wolke und Erde. Aber der Blitz ist viel schneller als der Donner, unvergleichlich viel schneller. Der Blitz rast, wie jedes Licht und wie die Elektrizität, mit fantastischer, für uns kaum vorstellbarer Geschwindigkeit: Er legt 300000 Kilometer in einer einzigen Sekunde zurück! Das heißt, er saust in einer Sekunde mehr als siebenmal rund um die Erde! Da kommt der Donner natürlich nicht mit, denn in der gleichen Zeit hat er nur etwa 330 Meter zurückgelegt ...»

«Ist das Gewitter noch weit weg?» fragte Thomas, und der

Onkel antwortete: «Das kannst du jetzt selbst ausrechnen. Der Schall läuft, sagen wir, 300 Meter in der Sekunde, und wir haben neun Sekunden gezählt ...»

«Einen Augenblick!» rief Thomas aus, und dann rechnete er geschwind: 300 mal 9 macht 2700. 2700 Meter, das sind etwas weniger als drei Kilometer. So weit war also der Ort, an dem Blitz und Donner entstanden waren, von uns entfernt.

Und dann stellte der Junge eine sehr kluge Frage:

«Kommt auch der Donner in Form von Wellen zu uns?»

«Jawohl, Thomas, so wie jeder Klang. Die Form dieser Wellen ist nur ein wenig anders als die der Wellen im Wasser; es ist mehr ein gegenseitiges Drängen und Stoßen winziger Teilchen. Doch nicht nur der Donner, das heißt der Klang, sondern auch der Blitz, das Licht, kommen in Wellenform zu uns.»

«Hat das mit den Radiowellen zu tun?» überraschte Thomas uns wieder mit einer gescheiten Frage.

«Gewiß», sagte ich, «ein Radiosender strahlt Wellen aus ...»

«Kurzwellen, Mittelwellen, Langwellen ...», ergänzte Thomas.

«Wir werden eine Rundfunkanstalt besuchen», wiederholte ich mein Versprechen vom vorigen Tag.

«Sieht man dort die Wellen?» fragte Christine.

«Aber nein!» belehrte sie ihr Bruder. «Die Klangwellen sind doch unsichtbar!»

«So ist es», bestätigte der Onkel. «Und die elektrischen, also die Radiowellen, ebenfalls.»

«Schade», meinte das Mädchen. «Die Wellen im Wasser waren so hübsch ...»

«Halt», rief Onkel Heinrich, «man kann diese Wellen zwar nicht sehen, aber man kann sie fotografieren! Natürlich nicht mit einer gewöhnlichen Kamera, die ja nur aufnimmt, was das menschliche Auge erblicken kann; doch man hat ein ziemlich kompliziertes Verfahren erfunden, mit dem unsichtbare Schallwellen sichtbar gemacht und aufgezeichnet werden können. Zum Beispiel kann man die Stimme eines Vogels, den Klang einer Violine, das Läuten von Glocken, Gesang und Sprache des Menschen fotografieren. Dieses Verfahren war die Vorstufe zu einigen eurer liebsten Vergnügungen: zum Tonfilm und zum Fernsehen!»

Im Eifer unseres Gesprächs hatten wir nicht bemerkt, daß

das Gewitter rasch nähergezogen war. Schnell verabschiedeten sich meine kleinen Freunde, um noch trocken nach Hause zu kommen, und auch Onkel Heinrich mußte gehen.
Und ich setzte mich an den Schreibtisch, und während die ersten dicken Tropfen fielen, der Wind um mein Haus pfiff und der Donner immer heftiger wurde, schrieb ich alles auf, was sich heute nachmittag abgespielt hatte. Das war ja beinahe die ganze Akustik, die Lehre vom Klang! Wie leicht war das gewesen — dank dem lieben Onkel Heinrich, der mir zuerst wie ein Lausbub erschien, als er Steine in den Teich warf! Und ich brauchte nun nichts zu tun, als es gewissermaßen abzuschreiben. Ob ich immer soviel Glück haben werde?

3
Eine Art Prüfung (bei der man schwindeln kann) und anderes über die Musikalität und die Eigenschaften der Töne

Am nächsten Nachmittag spielte ich eben Klavier, als meine kleinen Freunde eintraten.
«Das ist eine hübsche Melodie!» rief Thomas aus und sang mit klarer Stimme nach, was er soeben gehört hatte.
«Was für ein gutes Gehör du hast!» sagte ich anerkennend.
«Er hat für alles ein gutes Gedächtnis», rühmte seine kleine Schwester.
«Du hast recht. Um Melodien zu behalten, muß man wohl beides haben, Gehör und Gedächtnis. Glücklicherweise haben alle Kinder beides, man muß es, wie alle angeborenen Fähigkeiten, nur üben und damit stärken.»
«Haben wirklich alle Kinder Musikgehör?» fragten mich die beiden ein wenig ungläubig.
«Natürlich», bestätigte ich. «Alle Menschen werden mit Gehör geboren, das heißt mit der Fähigkeit, verschiedenste Klänge erfassen und gut unterscheiden zu können. Und mit Stimme. Also mit den beiden wichtigsten Voraussetzungen für das Verständnis und die Ausübung der Musik. Stimme und Gehör sind uns ebenso angeboren wie etwa Sehen, Gehen, Fühlen ...»
Christine schien mir nicht ganz zu glauben, man sah es ihr an. Darum machten wir gleich eine kleine Übung, um sie zu überzeugen. Ich schlug auf dem Klavier einen Ton an, und die Kleine wiederholte ihn singend. Dann einen anderen Ton, einen dritten danach. Sie sang, zuerst ein wenig schüchtern, dann immer sicherer. Danach verband ich zwei Töne, darauf drei, dann spielte ich eine kleine Folge von vier Tö-

nen, und es bereitete Christine keinerlei Schwierigkeiten, sie im Ohr zu behalten und fehlerlos nachzusingen. Es machte ihr sogar sichtlich Freude. Da fragte mich ihr Bruder, der aufmerksam die Bewegung meiner Hände auf den Tasten des Klaviers verfolgt hatte:
«Warum spielen Sie eigentlich immer in der Mitte des Klaviers und nicht auch einmal auf den Tasten ganz links oder ganz rechts?»
«Das ist sehr einfach, Thomas. Weil das Instrument, das Christine jetzt verwendet hat, noch nicht viele Töne besitzt und diese Töne alle ungefähr in der Mitte unseres Klangbereichs liegen.
«Das Instrument?» fragte die Kleine erstaunt.
«Die Stimme. Auch sie ist natürlich ein Instrument und sogar das schönste von allen. Dieses Instrument, das mit uns geboren wird, wächst auch mit uns. Es umfaßt zuerst wenige Töne, wenn wir klein sind, und fügt dann jedes Jahr unmerklich einige hinzu, bis wir erwachsen sind.»
«Bis wir alle Töne des Klaviers singen können?» fragte Thomas.
«Nein, das nicht. So groß wie der Tonumfang des Klaviers kann der einer menschlichen Stimme nie werden. Ein Viertel bis ein Drittel dieser Töne» — ich zeigte auf die Klaviatur — «das ist es, was man von einer erwachsenen Stimme erwarten kann. Natürlich sind nicht alle Stimmen gleich ...»
«Die Männer haben andere Stimmen als die Frauen», stellte Thomas fest.
«Ja, die Frauen höhere, die Männer tiefere Stimmen. Und es gibt innerhalb der Männerstimmen wiederum höhere und tiefere und genauso bei den Frauen. Beim Gesang spielt das alles natürlich eine wichtige Rolle.»
«Und die Kinder, was haben die für Stimmen?» wollte Christine wissen.
«Kinderstimmen eben», antwortete ihr Bruder.
«Die klingen ähnlich wie Frauenstimmen», erklärte ich, bevor Christine ihren Bruder seiner Antwort wegen schlagen konnte, wie sie anscheinend beabsichtigte. «Sie bewegen sich im selben Tonraum, wie man sagt. Erst wenn die Kinder langsam zu Erwachsenen werden, ändert sich die Stimme des Jungen ...»
«Nur des Jungen?» fragte Christine ein wenig enttäuscht.

«Ja. Sie wird tiefer, männlicher. Das Mädchen behält seine Stimme, wenn ihr Klang auch ebenfalls das Kindliche abstreift und erwachsener, weiblicher wird … Aber alle menschlichen Stimmen zusammengenommen, die hohen und die tiefen, erreichen keinen so großen Tonraum wie einige unserer Instrumente, vor allem Klavier und Orgel.»
Dabei spielte ich alle Tasten der Reihe nach, von ganz links angefangen, wo sie sehr tief klangen, bis ans rechte Ende, wo ihr Ton sehr hoch und schrill war.
Christine dachte anscheinend immer noch an die Töne, die sie so gut nachgesungen hatte: «Wenn man etwas richtig nachsingen kann, ist man dann musikalisch?»
«Das ist ein Beweis dafür, aber ich muß dir nochmals sagen, daß das eigentlich, wenn man es mit ihnen übt, alle Kinder fertigbringen. Das nennt man das melodische Gehör, weil ja diese Tonfolgen, so einfach sie sein mögen, kleine Melodien darstellen. Es gibt auch noch andere Seiten des Gehörs: das Gefühl für Rhythmus zum Beispiel!»
Ich improvisierte auf dem Klavier einen kleinen Marsch. Thomas und Christine klatschten sofort mit. Wurde ich

Flügel

schneller, so bewegten sich auch ihre Hände schneller. Beim Langsamerwerden gingen sie ebenfalls zugleich mit mir in das neue «Tempo» über, wie man eine musikalische Geschwindigkeit nennt. Dann ließ ich sie im Takt marschieren, und auch das bereitete ihnen keinerlei Schwierigkeit. Ich mußte ihnen versprechen, demnächst schwierigere Aufgaben zu stellen.

Beim Rundgang durch das Zimmer war Christine zuletzt beim geöffneten Klavier stehengeblieben und blickte mit großen Augen in dessen Inneres. Mein Klavier war ein sogenannter «Flügel», und da der Deckel aufgeklappt war, konnte man den Vorgang der Tongestaltung gut beobachten. Thomas fragte, ob mein «Flügel» genauso funktioniere wie die «gewöhnlichen» Klaviere, die er kannte. Im Grunde genommen erzeugen sie den Ton auf gleiche Weise. Der Flügel klingt nur stärker und voller und wird darum besonders in größeren Räumen und in Konzerten verwendet. Woher der seltsame Name komme, wollte der Junge noch wissen. Nun, weil diese Art des Klaviers ein wenig wie ein großer Vogelflügel aussehe, nicht? In früheren Zeiten gab es neben dem «gewöhnlichen» Klavier und dem Flügel noch eine dritte Form: das sogenannte Giraffenklavier. Die Kinder lachten, als ich davon sprach, aber sie konnten sich sofort vorstellen, wie es ausgesehen haben mochte: mit einem hohen Kasten, also etwa so, als wäre der Flügel anstatt waagerecht ausgebreitet in die Höhe gestellt. Die Spielart allerdings ist bei allen stets die gleiche: Der Spieler sitzt vor der Klaviatur, wie man die schwarzweiße Reihe der Tasten nennt, und spielt auf ihr. Und wie aus diesem Druck der Finger auf die Tasten ein Klang wird, das konnte Christine nun gut beobachten, da der große Deckel meines Flügels offenstand. Sie sah, daß die Taste, die ich gerade niederdrückte, im Innern des Flügels ein Hämmerchen in Bewegung setzte; und dieses schlug auf eine Saite, und die Saite ertönte. Aufmerksam stellte sie fest, daß es eine Fülle von Saiten gab, lange und kurze, dicke und dünne ...

«Siehst du», erklärte ihr der Bruder eifrig, «wie die Hämmerchen auf die Saiten schlagen? Das ist geradeso wie bei den Steinen, die wir gestern in den Teich warfen ...»

Die Kleine verstand nicht sofort, was Thomas meinte, aber ich bestätigte seine klugen Worte: «Stimmt. Der Anschlag

Klavier

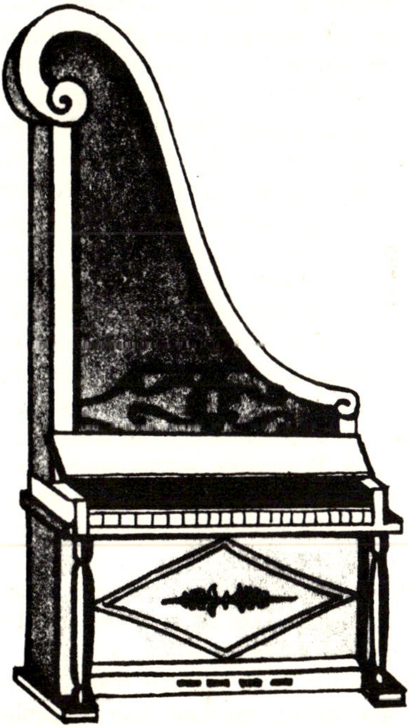

Giraffenklavier

des Hammers auf die Saite entspricht dem Aufschlagen des Steins auf die Wasserfläche. Und durch beides entstehen Wellen, im Wasser wie in der Luft, geradeso wie Onkel Heinrich es euch gestern erklärte ...»

Christine blickte staunend die ganze Länge des Flügels entlang. «Warum ist Ihr Klavier so lang? Wozu hat es den großen Kasten? Und den Deckel? Damit es nicht staubig wird?»

«Nicht nur deswegen. Ohne den großen Kasten wäre der Klang viel schwächer. Der Kasten verstärkt den Ton und macht, daß man ihn länger hört.»

«Wieso?» fragten die beiden erstaunt.

«Die Schwingungen der Saiten, wenn sie von den Hämmerchen angeschlagen werden, übertragen sich auf den Kasten. Das ist bei allen Instrumenten so; sie brauchen einen Resonanzkörper, wie man das nennt. Resonanz heißt Widerhall. Der Resonanzkörper schwingt also mit den Saiten, verstärkt ihren Klang. Denkt an die Violine oder die Gitarre. Sie haben außer den Saiten einen Körper, und ohne den würden wir ihren Klang kaum wahrnehmen.»

Stimmgabel

Christine hatte etwas Neues entdeckt: Da lag auf einem Notenschrank neben dem Klavier etwas, das wie eine metallene Gabel mit zwei großen Zinken aussah. Diese Entdeckung, die ihre Neugier hervorrief, kam mir sehr gelegen.
«Ist das auch ein Musikinstrument?» fragte sie.
«Eigentlich nicht, aber man braucht es, um alle Instrumente richtig zu stimmen. Diese Gabel bringt einen einzigen Ton hervor, wenn man sie in Schwingung versetzt, also anschlägt. Und dies ist der Ton, auf den alle Instrumente gestimmt werden. Also so etwas wie ein Maß. So wie alle Metermaße auf der ganzen Welt gleich sind, so verwendet man auch überall diese kleinen Dinger, die alle gleich klingen. Man nennt sie Stimmgabeln.»
Ich nahm die Stimmgabel in die Hand und schlug sie sachte gegen das Klavier. Man vernahm einen leisen Ton, ein Summen. Die Kinder sangen ihn sofort nach.
«Warum klingt die Gabel so schwach?» fragte Christine.
«Ach, dem kann man abhelfen», antwortete ich, schlug die Gabel nochmals an und stellte sie dann sofort mit dem Fuß auf den Klavierdeckel. Der Klang verstärkte sich augenblicklich und war nun deutlich im ganzen Raum vernehmbar. Christines Augen leuchteten befriedigt.
«Kommt das von der ... der Resonanz, die Sie uns früher erklärt haben?» fragte ihr Bruder.
«Jawohl. Die Schwingungen der Stimmgabel übertragen sich jetzt nicht nur auf die Luft, sondern auf das viel größere Klavier, und darum wird der Klang bedeutend stärker.»
«Tönt er auch länger?»
«Das ist nicht leicht zu beantworten. Es gibt Klänge, die unser Ohr nicht vernimmt, sei es, weil sie zu hoch sind oder zu tief oder zu schwach. Ohne die Resonanz würde der Ton der Stimmgabel bald so leise werden, daß unser Ohr ihn nicht mehr wahrnehmen könnte.»
«Wieso ist ein Klang hoch oder tief?» fragte Christine und dachte dabei wohl an die Höhe eines Berges und die Tiefe eines Sees.
«Das will ich euch erklären. Jeder Ton und Klang hat drei Eigenschaften: die Stärke, die Höhe und die Farbe ...»
«Die Stärke, das ist einfach», sagte Thomas, «er kann laut sein oder leise, nicht wahr?»
«Stimmt», bestätigte ich, «das ist klar. Auch die zweite Ei-

genschaft ist nicht schwer zu verstehen. Hört noch einmal gut zu!» Und ich spielte auf dem Klavier wiederum alle Tasten der Reihe nach von ganz links bis ganz rechts. Die ersten Klänge, die dumpf klangen, beinahe brummten, das waren die tiefen Töne, erklärte ich. Mit jeder Taste, die ich anschlug, wurde der Klang heller oder höher, wie ich es nannte. Bis er, ganz auf der rechten Seite, wie das Piepsen eines kleinen Vögleins wurde, so ganz fein und hoch.

«Kannst du jetzt hohe und tiefe Töne unterscheiden?» fragte ich Christine. «Versuchen wir es einmal!»

Ich spielte nun immer zwei Töne nacheinander, und die Kinder mußten mir sagen, welcher höher klang, der erste oder der zweite. Die beiden antworteten recht schnell und überraschend sicher, so daß ich ganz erstaunt war.

«Habt ihr das schon einmal gemacht?» fragte ich verwundert. Sie schüttelten ihre Köpfe, aber in ihren Gesichtern hatten sie einen so spitzbübischen Ausdruck, daß ich stutzig wurde. Und dann merkte ich den kleinen Schwindel, den sie anwendeten. Sie sahen mir nämlich auf die Hände, und da sie jetzt genau wußten, daß links die tiefen und rechts die hohen Töne liegen, «errieten» sie es natürlich immer. Sie lachten sehr, als ich ihren Trick entdeckte. Um mir zu zeigen, daß sie eines solchen gar nicht bedürften, drehten sie sich um und baten mich, die Prüfung zu wiederholen. Und nun hatten sie sich so sehr an den Unterschied zwischen hohen und tiefen Klängen gewöhnt, daß es auch ohne ihren kleinen Schwindel recht gut ging.

«Jetzt kommt die dritte Eigenschaft des Klangs, die Farbe», fuhr ich fort, «und die ist am schwersten zu verstehen. Nehmt an, ihr hört eine Stimme, ohne die Person zu sehen, die spricht; wenn ihr sie kennt, werdet ihr sie an ihrer Stimme wiedererkennen, nicht wahr? Am Telefon etwa: Wenn euch ein Freund anruft, so erkennt ihr ihn wahrscheinlich schon, bevor er noch seinen Namen genannt hat, nur an seinem ‹Hallo!› oder ‹Wie geht's?› Wenn ihr aus dem Radio oder von der Platte eine Stimme vernehmt, die ihr schon öfter gehört habt, so erkennt ihr sie wieder. Weil jede Stimme ihre Klangfarbe besitzt, so wie jedes Instrument die seine hat. Hört einmal zu!»

Ich schlug die Stimmgabel noch einmal an, dann spielte ich auf dem Klavier den gleichen Ton, und schließlich tat ich dasselbe auf der Geige. Es war ganz zweifellos immer der gleiche Ton, aber man unterschied deutlich drei verschiedene Klänge, drei «Klangfarben», wie man das nennt. Dann sang ich denselben Ton, ließ ihn Thomas singen und dann Christine. Nun hatten wir sechsmal den gleichen Ton, und doch klang er jedesmal anders. Das war die Wirkung der Klangfarbe. Jedes Instrument hat seine ganz bestimmte Klangfarbe. Die Flöte klingt anders als die Klarinette, die Trompete anders als die Posaune. Gerade darin liegt ja der Reiz des Zusammenspiels vieler verschiedener Instrumente, eines Orchesters also. Das erklärte ich meinen kleinen Freunden, so gut ich konnte.

«Woher kommen sie aber, diese Klangfarben? Warum klingt ein jedes Instrument anders und sogar jede Stimme?» fragte mich der kluge Thomas, und das war nun gar nicht leicht zu beantworten. Immerhin mußte ich es versuchen:

«Der Klang ist etwas sehr Kompliziertes. Bestünde er nur aus einem einzigen Ton, dann wäre es einfach. Aber den reinen Ton, den einfachen Klang, den gibt es eigentlich gar nicht. Oder besser gesagt: Den gab es nicht, bevor man Musik mit Hilfe von elektronischen Apparaten erzeugen konnte. Alle anderen Klänge sind stets ‹zusammengesetzt›; sie bestehen aus einem Grundton und vielen Obertönen, die gewissermaßen Verzweigungen des Grundtons darstellen. Man hat sie erst recht spät entdeckt — zwischen sechzehnhundert und siebzehnhundert unserer Zeitrechnung — und berechnet. Und außer diesen Obertönen gibt es noch sogenannte ‹Kombinationstöne›, wie ihr wohl einmal später in der Physik lernen werdet. Kurz, was wir als Klang empfinden, ist ein zusammengesetzter Eindruck, den zwar unser Ohr als Einheit hört, der aber in Wahrheit aus verschiedenen Tönen besteht, die sich mischen. Ein wenig erinnert das an die Farben: Auch die sind keineswegs einheitlich, sondern zusammengesetzt, und viele Eindrücke verschmelzen darin, um uns den Begriff einer einzigen Farbe zu geben. So ist es bei den Klängen. Während ich etwa auf dem Klavier eine Taste anschlage, schwingt die Saite, die zu ihr gehört, nicht nur in ihrer ganzen Länge, sondern es kommt zu Teilschwingungen, von denen jede ihren Ton hervorbringt. Und alle diese Töne miteinander ergeben den Eindruck des Klanges, der an unser Ohr dringt und von diesem als Einheit erfaßt wird.

Jedes Instrument bringt nun andere Kombinationen von Grundton und Obertönen hervor, läßt von diesen letzten mehr oder weniger hören, so daß der Gesamtklang jedesmal anders wird. Doch wir wollen nicht zu weit in die Physik hineinsteigen, dazu habt ihr noch Zeit, wenn ihr älter seid. Nur noch ein paar andere Hinweise: Eine Rolle spielen ferner das Material, aus dem das Instrument gebaut ist, sowie die Maße der Resonanzräume ... Doch ich will es nicht so kompliziert machen: Die Form des Resonanzkastens einer Geige oder eines Klaviers beeinflußt deren Klang. Und geradeso ist es bei der menschlichen Stimme: Unsere Stimme hallt, bevor sie aus dem Mund ins Freie strömt, in vielerlei Organen wider, im Rachenraum, im Nasenraum, in der Stirnhöhle. Und da die bei jedem Menschen ein klein wenig anders gebaut sind, haben wir verschiedene Klangfarben in der Stimme ... Doch nun genug davon, das ist zwar recht interessant, aber noch ein wenig schwer für euch. Und vor allem möchte ich euch sagen, daß diese Kenntnisse zwar für den Musiker wichtig sind, nicht aber für den Zuhörer, für den Musikliebhaber. Und das sollt ihr ja in erster Linie sein und werden ...»

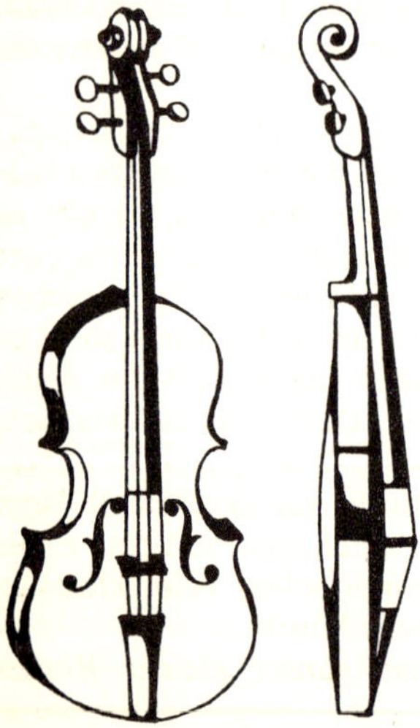

Resonanzkasten der Geige von vorn und von der Seite

Bei diesen Worten wendete ich mich wieder dem Klavier zu und begann verschiedene Weisen zu spielen. An den Flügel gelehnt, hörten meine Gäste mit frohen Gesichtern zu.
«Hört ihr gerne Musik?» fragte ich sie während des Spiels.
«O ja, sehr!» riefen sie.
«Fein, da sollt ihr Musik hören, sooft wir Zeit finden. Und wenn ihr wollt, könnt ihr eure Eindrücke dann niederschreiben oder bei gewissen Stücken vielleicht zeichnen. Und vergeßt nicht, daß wir eines Tages einen kleinen Chor mit euch bilden wollen, ihn mit selbstgespielten Instrumenten begleiten, also eine richtige musikalische Gruppe bilden!»
Thomas und Christine freuten sich darauf. Sogleich zählten sie ihre Freunde auf und berieten, wer wohl in Frage käme. Ob es Buben und Mädchen sein dürften? Natürlich beides. Kleine oder größere? Blonde oder dunkle? Ich mußte lächeln. Es solle kommen, wer immer wolle, antwortete ich. Christine sagte, eine ihrer Freundinnen würde gerne kommen, aber sie sei schrecklich unmusikalisch. Da schüttelte ich den Kopf.
«Ich habe euch doch schon erklärt, daß es das nicht gibt! Alle Kinder kommen mit Gehör und Stimme zur Welt, sie sind also musikalisch ...»
Die beiden blickten mich immer noch ein wenig ungläubig an, sicherlich hatten sie aus der Schule andere Erfahrungen.
«Aber es gibt doch Kinder, die gut singen, und andere, die das nicht können?» fragten sie.
«Es gibt auch Kinder, die gut laufen, und andere, die weniger schnell sind, nicht wahr? Kinder, die beim Sprechen bessere Sätze bilden können als andere, stimmt's? So gibt es natürlich auch Unterschiede beim Singen. Aber gehen oder laufen können doch alle Kinder, nicht wahr? Und sprechen doch auch? Und wenn ein Kind nicht singen kann, so ist es zumeist deshalb, weil sich niemand genügend Mühe damit gegeben hat, es ihm beizubringen. Denkt einmal, wie viele Wochen und Monate ein Kind braucht, um gehen zu lernen, und wie lange es dauert, bis es richtig sprechen kann! Wenn es aber nicht sofort richtig singt, halten manche Leute es für unmusikalisch. Was für ein Unsinn! Schon beim kleinsten Kind zeigt sich oftmals Freude an der Musik ...»
«Ja», unterbrach mich Christine, «unser kleiner Bruder hört schon gerne Musik!»

«Und dabei ist er erst ein Jahr alt», setzte Thomas hinzu. «Wenn er weint, singt Mama ihm etwas vor, und dann wird er sofort ruhig und scheint zuzuhören, mit ganz großen neugierigen Augen.»
«Ja, ja, so ist es», fuhr ich fort. «Wie oft haben Eltern mir geklagt, ihr Kind sei unmusikalisch, es habe keine Stimme, kein Gehör. Und dann waren sie sehr erstaunt, wenn ihr Kind schon wenige Wochen später in meinem Chor mitsingen konnte, ganz richtig und mit großer Freude.»
«Wie machen Sie das?» fragte Christine begierig.
«Nun, sehr einfach. Denke dir, du sollst deinem kleinen Bruder das Gehen beibringen. Würdest du da gleich mit Treppensteigen oder Springen anfangen?»
«Natürlich nicht?» rief Christine entrüstet.
«Wie würdest du es denn machen?»
«Nun ..., langsam ..., ein Schrittchen ums andere.»
«Sehr gut. Genauso muß man es auch in der Musik machen. Mit einem oder wenigen Tönen anfangen und dann — wie du sagst — langsam, immer einen Schritt nach dem anderen. Drei Töne, dann vier Töne, dann fünf ...»
«So wie Sie es heute mit mir machten?» fragte die Kleine.
«So ähnlich, nur viel langsamer, besonders wenn das Kind noch klein ist. So kann man bei allen Kindern, sogar schon bei Zwei- und Dreijährigen, die angeborene Musikalität entwickeln. So lernen sie Tonfolgen sich einprägen und nachsingen, können in Chören mitsingen und bekommen Freude an der Musik, was die Hauptsache ist. Natürlich erreichen nicht alle eine — wie soll ich sagen? — höhere Musikalität, geradeso wie auch nicht alle Kinder fähig sind, Meister im Schnellauf zu werden, obwohl sie gehen können, oder große Redner, auch wenn sie gut sprechen gelernt haben ...»
«Was ist das, höhere Musikalität?»
«Das ist die Fähigkeit, es im Spielen eines Instruments oder im Singen besonders weit zu bringen. Oder vielleicht ein Dirigent zu werden oder gar ein Komponist ...»
«Das sind die Leute, die Melodien und Musikstücke machen? Das sind also Künstler?» fragte Thomas voll Interesse.
«Das ist eine schwierige Frage, mein lieber Thomas. Sieh dir einmal die Häuser unserer Stadt an; für jedes hat der Erbauer, ein Architckt, einen Plan gemacht, so wie er es auf

der Hochschule gelernt hat. Baut er es aber nur so, wie er es gelernt hat, so entsteht vielleicht ein gutes, aber kein außergewöhnliches Haus. Hat er eigene Ideen, so entsteht ein besonderes Haus, vielleicht sogar ein sehr schönes oder gar ein wundervolles. So ist es auch mit der Musik. Melodien schreiben lernt man auf großen Schulen, Akademien oder Konservatorien genannt. Viele Leute können Musikstücke schreiben, weil sie es gelernt haben. Sie sind zwar Komponisten, denn dieses Wort kommt vom Lateinischen, wo es nichts weiter bedeutet als ‹zusammensetzen› — also Töne, Klänge zusammensetzen —, aber ich würde sie nicht Künstler nennen. Denn diesen Namen verdient nur, wer etwas Außergewöhnliches schaffen kann, nach eigenen Ideen ...»

«Dann kann also auch ein Architekt ein Künstler sein?» meinte Thomas nachdenklich.

«Gewiß. Und nicht nur der Architekt und der Musiker. Jeder Mensch, der etwas außergewöhnlich Gutes und Schönes schaffen kann, hat etwas von einem Künstler in sich. Doch gebraucht man dieses Wort im allgemeinen nur dort, wo es sich um eigentliche Kunst handelt, wie zum Beispiel bei der Musik. Oder bei ... Was gehört sonst noch zu den Künsten?»

«Die Malerei», antwortete Thomas sofort. «Die Dichtung ..., der Tanz ..., die Bildhauerei ...»

«Ausgezeichnet! Du weißt schon eine Menge Dinge, Thomas!»

«Sagen Sie mir bitte» — in seinem Gesicht war noch ein Zweifel zu sehen — «dann war also Mozart schon als Kind ein Künstler?»

«Mozart war etwas viel, viel Selteneres: Er war ein Genie. So nennt man die Menschen, die die größten Dinge der Menschheit schaffen, die ganz neue Gedanken entwickeln. Es können Staatsmänner, Erfinder, Entdecker, Wissenschaftler, Künstler sein. Ich will einen Vergleich suchen: In einem Berg liegen vielerlei Steine, die meisten sind gewöhnliche Steine, aber es gibt möglicherweise eine Reihe von solchen, die Silber enthalten; wenn man sehr geduldig sucht, findet man vielleicht solche mit einer Spur von Gold; und wenn man viel Glück hat, kann man auf etwas ganz Seltenes stoßen, auf eine ganz winzige Menge Platin, das wertvollste aller Metalle. Nun, die gewöhnlichen Steine im Berg, das sind die

Menschen der gewöhnlichen, der normalen Musikalität. Die silbernen entsprechen jenen mit höherer Musikalität. Die seltenen Spuren von Gold, das wären die Künstler. Und das Platin — das sind die Genies ...»

«O wie schön!» rief Christine aus. «Werden Sie das alles aufschreiben für unser Buch?»

«Nun, wenn es euch gefällt, so gefällt es vielleicht auch den anderen Kindern», meinte ich.

Als meine kleinen Freunde mich verließen, brannten schon die Lichter auf der Straße. Thomas summte laut und vernehmlich eine der Melodien, die ich auf dem Klavier gespielt hatte.

4
Ein Sonntagsspaziergang und ein Gespräch über merkwürdige Dinge

Der nächste Tag war ein schöner Sonntag. Während ich mit meinem Hund im Park spazierenging, hörte ich die fröhlichen Stimmen meiner kleinen Freunde, die mich schon von weitem begrüßten. Bei ihnen war ein Mädchen, Elsa mit Namen, eine Freundin von Christine.
«Wollt ihr mich ein wenig begleiten?» fragte ich die Kinder, und sie waren gerne einverstanden.
«Heute hörten wir schöne Musik in der Kirche», erzählte Thomas.
«Und auf dem Platz spielte eine Kapelle?» rief Christine.
«Heute gibt's überall Musik», fügte Elsa hinzu, «ich sah Kinder spielen, und sie sangen dazu.»
«Ja, die Musik begleitet unser ganzes Leben, und so ist es seit uralten Zeiten», begann ich zu erzählen.
«Hat es immer Musik gegeben?» wollte Thomas wissen.
«Sicherlich. Ich glaube, daß schon die frühesten Menschen auf der Erde die Musik gekannt haben. Denn sie hatten ja schon das Instrument der Stimme. Aber wie damals die Musik geklungen haben mag, darüber wissen wir nichts. Die Menschen hatten damals wohl nur wenige Worte, etwa für Sonne und Mond, für Berg und Baum und Fluß, für Vater, Mutter, für Tiere und Pflanzen, für Feuer und Himmel ... Und gerade darum brauchten sie Musik, weil sie ihre Gefühle nicht mit Worten ausdrücken konnten. Und das ist heute noch so: Auf keine Art können wir Gefühle so gut ausdrücken wie durch Musik, Freude und Trauer, Liebe und Glaube ... Aber wißt ihr, daß wir da über etwas recht Schwieriges sprechen — über den Ursprung der Musik?»
Die drei Kinder sahen mich gespannt und erwartungsvoll an. Nicht einmal Christine fragte, warum oder wieso, wie sie es doch sonst so gerne tat.

«Ja, die Musik kommt aus der Freude und aus der Trauer, aus der Liebe und aus der Arbeit, aus dem Glauben und aus dem Tanz. Das sind recht verschiedene Dinge, nicht wahr? Aber so ist es. Wenn wir fröhlich sind, so singen wir. Alle frohen Feste sind von Musik begleitet. Das war gewiß schon in frühesten Zeiten der Fall. Wenn die Jagd oder der Fischfang ergiebig war, wenn Kinder im Dorf geboren wurden, wenn der Stamm einen Sieg über seine Feinde errang, wenn nach dem kalten Winter der Frühling kam, so drückte sich die herrschende Freude im Gesang aus. Aber auch die Trauer hat die Menschen oft zur Musik angeregt: die Sehnsucht nach der fernen Heimat etwa, aus der man fort mußte, oder der Tod eines lieben Menschen. Und dann habe ich die Liebe genannt; singt nicht eure Mutter euer kleines Brüderchen in den Schlaf? Alle Mütter auf der ganzen Welt haben solche Wiegenlieder, jede in ihrer Sprache, jede in ihrer Weise, aber alle voller Liebe. Und schon in alten Zeiten sang der Jüngling ein schönes Lied für seine Braut. Vielleicht dünkt es euch seltsam, daß ich von der Arbeit als Quelle der Musik gesprochen habe? Nun, die Menschen entdeckten frühzeitig, daß die Musik ihnen eine schwere Arbeit erleichtern konnte. Sicher habt ihr schon selber bemerkt, wieviel leichter das Marschieren wird, wenn man einer Militärkapelle nachläuft oder ein Wanderlied singt. In alter Zeit sangen die Schmiede, wenn sie auf den Amboß schlugen, die Schuster, während sie im Takt hämmerten, die Bauern bei ihrer Arbeit. Habt ihr schon von den berühmten Wolgaschleppern gehört? Das waren die Männer, die am gewaltigen Wolgastrom in Rußland die schweren Kähne an Tauen vom Ufer aus gegen die Strömung zogen; dabei sangen sie jahrhundertelang ein Lied, das genau den schweren, langsamen Rhythmus ihrer Schritte hatte. Das Lied lenkte sie von der körperlichen Anstrengung ab, und so wurden sie viel weniger müde, als sie es ohne Gesang geworden wären. So hat also auch die Arbeit vielerlei Verbindungen zur Musik. Und dann nannte ich den Glauben. Eben hat Thomas uns von der schönen Musik erzählt, die er in der Kirche hörte. Alle Völker singen ihrem Gott Lieder, und das war wohl schon immer so. Viele alte Völker betrachteten die Musik als Geschenk Gottes an die Menschen, und so dankten sie ihm mit Liedern, flehten zu ihm mit Gesängen, priesen seine

Macht und Herrlichkeit mit Musik. Und schließlich der Tanz: Ohne Musik können wir uns ja Tanz kaum vorstellen, nicht wahr? So weit und groß die Erde ist, so gibt es doch kein einziges Volk, das nicht Tanz und Tanzmusik kennen würde.»

Schweigend gingen wir dann weiter durch den schönen, sonnigen Park. Die Kinder machten sehr ernste Gesichter, und das schien mir gar nicht recht zum fröhlichen Morgen zu passen. Sicher hatte ich zuviel und zu Ernstes gesprochen! So fuhr ich in einem anderen Ton fort: «Ja, wenn auch alle Völker Musik kennen und lieben, so sind ihre Auffassungen darüber doch ganz verschieden. Was dem einen gefällt, kann der andere häßlich finden. Da kam vor einigen Jahren ein Fürst aus einem fernen Erdteil in eine europäische Stadt, und ein Orchester gab ihm zu Ehren ein Konzert. Nachher fragte man ihn, was ihm am besten gefallen habe. «Der Anfang», antwortete er, und man glaubte, er meine das erste Stück. Aber er erklärte, daß ihm das am besten gefallen habe, was vor dem ersten Stück erklang. Vor dem ersten Stück aber hatten die Musiker ihre Instrumente gestimmt, so wie sie es immer vor einem Konzert tun müssen! Da spielt jeder ein paar Töne an, schraubt eine Saite fester, so daß sie höher klingt, lockert eine andere, wodurch ihr Klang tiefer wird, kurz und gut, es herrscht da ein wirres Durcheinander. Aber dem fremden Fürsten gefiel gerade das sehr gut!»

«Wozu stimmen die Musiker eigentlich ihre Instrumente?» fragte Christine.

Thomas lachte. Aber ich fand ihre Frage gar nicht dumm. Ja, wozu stimmt man die Instrumente, bevor man sie gebraucht? Oder: Stimmt man alle Instrumente, bevor man auf ihnen spielt? Nun wurde auch Thomas aufmerksam, so hatte er diese Frage noch nie betrachtet. Ein Klavier stimmt man natürlich nicht jedesmal, bevor man es benützt; aber vor jedem wichtigen Konzert wird es doch gestimmt, von einem eigenen Klavierstimmer sogar, nicht vom Pianisten selbst, wie man die Klavierspieler nennt. Eine Orgel muß nur sehr selten gestimmt werden, und das ist auch keineswegs sehr einfach; auch das kann nur ein Fachmann tun. Doch nun zur Frage von Christine: Man stimmt ein Instrument, damit es «richtig» klinge. Klingt es nicht richtig, dann ist es «verstimmt». Christine lachte wieder einmal, als ich

das sagte. Ihre Mutter sage vom Großvater manchmal, er sei verstimmt. Wir lachten alle. Nun, wer weiß, ob die Verstimmung des Großvaters nicht etwas mit dem Verstimmen zu tun hatte, von dem wir sprachen? Es «stimmte» auch bei ihm etwas nicht, so wie es sollte, und so war er böse, übelgelaunt, eben verstimmt. Ein Instrument ist verstimmt, wenn seine Töne nicht völlig rein dem Klang entsprechen, den man von ihnen erwartet. Und vor einem Konzert muß ein Orchester so lange «stimmen», sagte ich ...
«Bis alles stimmt!» warf Thomas ein.
«Stimmt!» bestätigte ich. Und da fiel mir ein, daß auch dieses «Stimmt!» ein Richtigsein bedeutet. Also der Klang aller Instrumente wird in Einklang, in Übereinstimmung gebracht. Das ist nicht so leicht, wie man glaubt, aber unbedingt notwendig, damit eben alles «gut klingt». Die Kinder nickten. Das hatten sie verstanden.

«Sind Sie schon viel gereist?» fragte mich Thomas.
«Gewiß, ich reise viel», entgegnete ich, «und überall habe ich mich mit der Musik der Völker beschäftigt. Da gibt es die seltsamsten Dinge! Sagt einmal, wenn ihr krank werdet, dann rufen eure Eltern doch den Arzt, nicht? Und was tut der?»
«Er fühlt den Puls ..., sieht die Zunge an ..., verschreibt Medizin oder Injektionen ...», antworteten die Kinder überrascht. Was hatte das mit Musik zu tun?
«Aber es ist ihm noch nie eingefallen, an eurem Bett Flöte zu blasen?»
Die Kinder brachen in schallendes Gelächter aus, doch ich blieb ernst und fuhr fort: «Ihr lacht, aber das habe ich einmal mit eigenen Augen gesehen! Es war in einem sehr fernen Bergtal Boliviens, wo nur Indianer leben. Da kam der Medizinmann des Stammes zu einem kranken Mädchen, das schon lange bewußtlos lag und mit dem es sehr schlimm zu stehen schien. Er hockte sich neben ihr Lager und spielte auf seiner Hirtenflöte stundenlang die gleiche, sehr einfache und einförmige Melodie ...»
«Und wurde das Mädchen gesund?» fragten die Kinder gespannt.
«Ja, es wurde gesund. Ich habe mir seitdem oft Gedanken darüber gemacht. Unsere Ärzte versuchen stets, unseren

Körper zu heilen, wenn wir krank sind, aber sie vergessen oft, daß auch die Seele oder das Gemüt krank sein können und daß unser Körper in hohem Maße von Geist oder Seele abhängt. Die Musik hat einen starken Einfluß auf unsere Seele, unser Gemüt, und so gab sie dem kranken Mädchen Kraft, gegen die Krankheit anzukämpfen, was oft wichtiger ist als die Arznei. Für diese einfachen Menschen bedeutet die Musik eben viel mehr als für uns Menschen der modernen Zivilisation. In unseren Städten betrachten wir sie oftmals als bloße Unterhaltung, während sie für jene Menschen eine wirkliche Lebensnotwendigkeit ist. Ich denke immer, die Menschen wären glücklicher, wenn sie mehr singen würden ...»

«Und sie wären auch gesünder!» unterbrach mich ein Herr, der anscheinend schon eine Weile hinter uns hergegangen war und zugehört hatte.

«Dann hättet ihr Ärzte weniger zu tun!» rief ich und drückte ihm erfreut die Hand, die er mir lächelnd entgegengestreckt hatte.

Die Kinder blickten uns verwundert an. Wer war dieser Herr, und was hatte die Musik mit der Gesundheit zu tun? Da wandte sich der Herr an die Kinder und fragte sie: «Da habt ihr ja interessante Dinge besprochen, aber wißt ihr auch, was in eurem Körper und in eurer Kehle vorgeht, wenn ihr singt?»

«An einem der nächsten Tage wollte ich es meinen kleinen Freunden erklären», warf ich ein.

«Wenn du willst, kann ich dir dabei gerne helfen», sagte der Arzt. «Ich habe ein paar gute Apparate, wo man das wundervoll beobachten kann!»

Diese Einladung nahm ich sehr gerne an. Mein Freund ist ein bekannter Arzt, Spezialist für Hals, Nase und Ohren, also gerade für jene Körperteile, die für die Musik so wichtig sind. Ich erinnerte mich auch, wie fein Onkel Heinrich den Kindern den Schall erklärt hatte, seine Entstehung und seine Ausbreitung, die Grundregeln der Akustik, so daß ich es nachher nur noch aufzuschreiben brauchte. Vielleicht hatte ich wieder solches Glück? Wir versprachen dem Doktor, morgen in seine Sprechstunde zu kommen. Dann aber trennten wir uns rasch, denn es war Zeit zum Mittagessen geworden.

5
Gesunde Kinder gehen zum Arzt, und warum die Hunde nicht sprechen können

Am Montag nachmittag fanden sich die drei Kinder in meinem Haus ein. Es war noch früh, ich beendete eben erst meine Mahlzeit. Neben mir saß mein Hund Renzo, der mir stets Gesellschaft leistete.

«Warum können eigentlich die Hunde nicht sprechen, wenn sie doch so intelligent sind?» fragte Elsa und brachte mich in gewaltige Verlegenheit. Ja, warum eigentlich nicht? Renzo war der klügste Hund, den es gab, und das gleiche glaubten natürlich alle anderen Hundebesitzer von den ihren. Warum also konnte Renzo nicht sprechen? Hatte ich davon in der Schule erfahren? Dann mußte ich es gründlich vergessen haben. Ich antwortete vorsichtig: «Das wird uns am besten mein Freund, der Doktor, erklären. Ich glaube, er erwartet uns schon. Wir können gleich aufbrechen!»

Das Haus des Arztes lag ganz in der Nähe. Er empfing uns sehr freundlich in seinem Sprechzimmer, wo eine Menge geheimnisvoller Apparate standen.

«Das ist prima, zum Doktor zu gehen, wenn man nicht krank ist», meinte Thomas.

Und Elsa wiederholte gleich ihre neugierige Frage: «Warum können die Hunde nicht sprechen?»

Der Arzt lächelte, aber er erschrak durchaus nicht, er wußte es natürlich. «Kein Tier kann Worte sprechen oder singen, kann artikulieren, wie wir das nennen. Denn seine Stimmlippen sind anders gebaut als die des Menschen, der dieses Privileg hat.»

«Was sind Stimmlippen?» fragte Thomas.

«Du hast recht, mich das zu fragen. Ihr kennt wohl eher den Namen ‹Stimmbänder›», antwortete der Doktor, «aber dieses wichtige Organ unseres Körpers, unserer Kehle, hat eher die Form von Lippen und bewegt sich auch so. Darum sprechen wir Laryngologen gerne von Stimmlippen ...»

«Wir ... was?» fragte Christine sehr verdutzt. Wir lachten.

«Das ist das gebräuchliche Fremdwort für unsere Spezialität», erklärte der Arzt lächelnd. «Auf deutsch sagen wir: Facharzt für Nase, Hals und Ohren. Doch sehen wir zuerst einmal, wie der Mensch spricht und singt. Womit macht er das?»

«Mit dem Mund», meinte Christine.

«Mit der Kehle», sagte Elsa.

«Mit der Luft», ließ sich Thomas vernehmen.

«Drei verschiedene Antworten, und alle drei sind richtig», sagte der Arzt, «aber nicht jede für sich, sondern alle drei zusammen. Jetzt wollen wir einmal sehen, wie Luft, Hals und Mund zusammenarbeiten. Wie kommt denn die Luft in unseren Körper?»

«Durch die Atmung!» rief Thomas schnell.

«Und diese besteht aus zwei Bewegungen ...»

«Einatmen und ausatmen», ergänzte der Junge.

«Richtig», bestätigte der Arzt. «Beim Einatmen gelangt Luft in unseren Körper ... Wir wollen uns das einmal ansehen!» Er zeigte auf einen großen Apparat und forderte Christine auf, sich da hineinzustellen. Die Kleine hatte ein wenig Angst, doch ihr Bruder lachte sie aus, und der Doktor beruhigte sie: «Das ist nur ein Röntgenapparat, mit dem kann man durch den Körper hindurchsehen und beobachten, was darin vorgeht. Es tut nicht weh!»

Nun faßte die Kleine Mut und stellte sich so, wie der Doktor es gewünscht hatte. Eine Krankenschwester zog inzwischen die Vorhänge zu und entzündete das Licht. Nach einer kleinen Weile knipste sie es aus, und als wir gespannt im dunklen Raum standen, flammte ein grünliches Licht auf: ein leuchtendes Viereck, das der Arzt in den Händen hielt und dicht vor Christines Brust vorsichtig hin und her bewegte.

«Seht ihr die dunkle Linie?» fragte er dabei, «das ist Christines Rückgrat. Und die hellen Flecke auf beiden Seiten, das sind ihre Lungen. Sie funktionieren ein wenig wie Schwämme, die sich voll Wasser saugen. So saugen sie sich voll Luft, wenn wir einatmen. Achtung, jetzt, Christine, atme langsam ein ..., so tief du kannst ..., nun wieder aus ...» Wir konnten sehr gut beobachten, wie die Lungen durch das Einatmen bedeutend wuchsen und sich beim Ausatmen wieder verkleinerten.

«Gut», sagte der Arzt nach einer Weile, stellte den Röntgenapparat ab, der nun wieder seinen gewöhnlichen Anblick einer Mattscheibe annahm, während die Krankenschwester das elektrische Licht im Zimmer einschaltete, «du hast sehr gut geatmet, Christine!»

«Atmen denn nicht alle Menschen gleich?» fragte Thomas verwundert.

«Leider nicht. Die Mehrzahl der Menschen atmet sogar sehr schlecht und ahnt gar nicht, welchen Schaden sie damit ihrem Körper und ihrer Gesundheit zufügt. Sie nimmt das Atmen als die selbstverständlichste Sache der Welt ...»

«Ist sie das nicht?» überraschte uns die Frage von Thomas.

«Ursprünglich gewiß. Aber in der modernen Zivilisation vergißt der Mensch gewisse Funktionen, deren richtige Betätigung lebensnotwendig ist: Der Städter hat aufgehört, seine Beinmuskeln in langen Spaziergängen zu betätigen, und darunter leiden verschiedene Organe des Körpers. Und das vie-

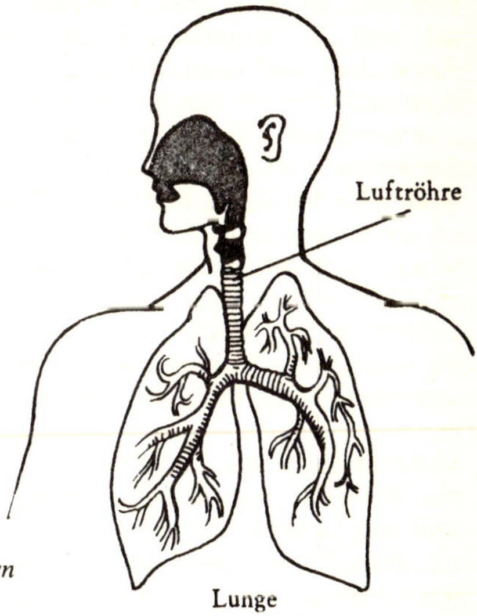

Luftwege im menschlichen Körper

le gebückte Sitzen — im Büro, im Auto, vor dem Fernsehschirm — entwöhnt uns des richtigen und tiefen Atmens. Auf Essen und Schlafen achten viele Menschen, aber auf das Atmen nicht, und gerade das ist für unseren Organismus von allergrößter Bedeutung! Mit dem Atmen hängt das gute Funktionieren vieler innerer Organe unseres Körpers zusammen, ja vielleicht aller! Meistens atmen die Menschen viel zu oberflächlich, also zuwenig tief, ihr Brustkasten bewegt sich kaum und ihr Zwerchfell noch weniger; und gerade das wäre wichtig. So füllen sie nur einen kleinen Teil der Lungen mit Luft, der Rest bleibt untätig. Was geschieht mit einem Motor, von dem stets nur ein kleiner Teil tätig ist? Er ...»

«... rostet!» warf Thomas ein, und der Doktor nickte erfreut.

«Ja, er rostet. Unsere Lungen rosten nicht, weil sie nicht aus Eisen sind. Aber sie werden geschwächt, für Krankheiten anfällig. Und ihre verminderte Leistung schwächt den ganzen Körper. Gerade für uns Städter wäre es sehr notwendig, täglich Atemübungen zu machen, also richtig zu atmen; aber leider ist die Luftverschmutzung in den großen Industriestädten und durch die Autos so groß geworden, daß man auch damit aufpassen muß. Das Ideal wäre, so oft wie möglich ins Freie hinauszugehen, in den Wald vor allem, und dort tief zu atmen, um die Lungen gut zu reinigen, mit frischer Luft zu durchpumpen und so widerstandsfähig zu machen für das leider so ungesund gewordene Leben in der Stadt.»

Die Kinder begannen sofort tief zu atmen, so wie sie es verstanden: Thomas zog die Schultern ruckweise aufwärts, Elsa blähte ihren Hals auf, und Christine schluckte die Luft wie ein Fisch, den man aus dem Wasser gezogen hat.

«O nein, halt, nicht so!» rief der Arzt. «Das wollen wir gleich einmal richtig lernen. Das erste Gesetz lautet: ohne jede Anstrengung. Das zweite: wenn möglich, immer durch die Nase!»

«Warum?» wollte Christine wissen.

«Das ist leicht zu begreifen. Wißt ihr, wie warm es heute ist?»

«Fünfzehn Grad, hat man im Radio gesagt», antwortete Thomas.

«Und wieviel Grad hat euer Körper?» fuhr der Doktor fort. Die Kinder schwiegen. «Habt ihr nie eure Temperatur gemessen, wenn ihr krank wart?»
«Vierzig?» fragte Thomas etwas zögernd.
«Nun, mit vierzig Grad hast du hohes Fieber. Der gesunde Mensch hat ein wenig unter siebenunddreißig Grad Körpertemperatur. Also besteht zwischen den fünfzehn Graden der Luft und euren siebenunddreißig ein ziemlicher Abstand, der an kalten Wintertagen noch viel größer wird, manchmal über fünfzig Grad betragen kann. Wenn die kalte Luft direkt durch den Mund in unseren Hals kommt, dann können sich die empfindlichen Organe, die dort liegen, möglicherweise zu rasch abkühlen, erkälten, wie wir sagen. Ich will allerdings gleich feststellen, daß man sie kräftigen kann, abhärten, so daß das schließlich keine Gefahr mehr für sie bildet. Wenn die Luft dagegen ihren Weg durch die Nase und deren lange und enge Kanäle nimmt, so erwärmt sie sich, bevor sie in die Bronchien und in die Lunge gelangt. Aber es gibt noch einen anderen wichtigen Grund, warum die Nasenatmung vorzuziehen ist: Die Nasenkanäle erwärmen die Luft nicht nur, sondern reinigen sie auch von Staub. Also: Durch die Nase einatmen! Ohne Anstrengung! Ohne den Körper zu bewegen! Weder die Schultern heben noch das Gesicht oder den Hals aufblähen! Laßt die Luft durch die Nase ganz ruhig und gleichmäßig in eure Lungen einströ-

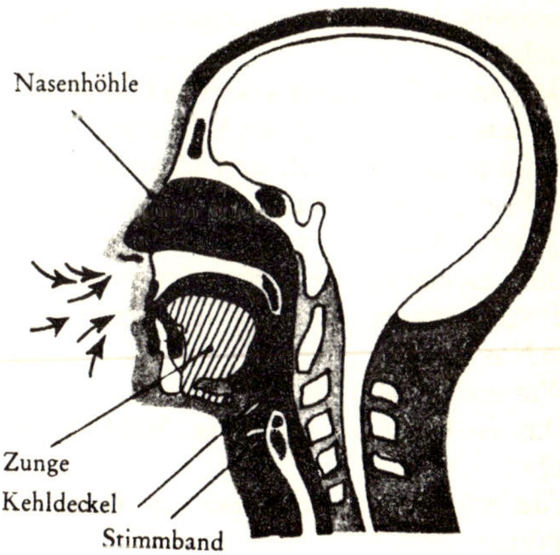

Schnitt durch den Kehlkopf

men, seht, so … Und dann könnt ihr sie dort ein klein wenig zurückhalten. Und dann beginnt die wichtigste Phase des Atmens, wenn wir an Sprechen und Singen denken. Denn das tun wir ja bekanntlich mit der auszuatmenden Luft. Öffnet leicht den Mund, etwa so, daß die oberen Zähne die Unterlippe berühren … Da könnt ihr leicht kontrollieren, ob die Luft langsam und gleichmäßig entweicht, denn ihr hört dann einen Laut, der wie f klingt …, ffff … So, versucht es einmal! Und wenn dann der Körper gewissermaßen luftleer geworden ist, beginnt das Spiel von neuem …»

«Diese Übungen werden wir bald machen», warf ich ein, «sie werden den Anfang unserer Singstunden bilden. Richtig atmen bedeutet beinahe schon soviel wie richtig singen!»

«Und beinahe soviel wie Gesundheit!» fügte der Arzt hinzu. «Aber nun laßt uns einmal sehen, was mit der Luft geschieht, wenn sie aus unseren Lungen ausströmt. Sie gelangt zum Kehlkopf und damit zu jenem kleinen Organ, das wir schon nannten: zu den Stimmbändern oder Stimmlippen. Denkt euch die einmal so wie zwei Türflügel, gegen die der Wind schlägt. Er kann sie ganz aufstoßen oder nur leicht öffnen oder vielleicht gar nicht, wenn er zu schwach ist. Dieses Hindernis, das die beiden Türflügel auf dem Weg des Luftzuges bilden, reguliert jedenfalls den Luftstrom, das ist das Wesentliche. Und die Schwingungen, in die der Luftzug diese Flügeltüren versetzt, bringen Sprache und Gesang hervor, den Klang unserer Stimme. Aber auch das wollen wir uns einmal ansehen …»

A

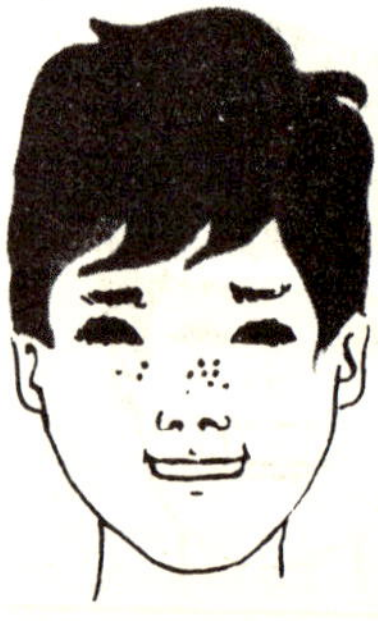

E

«Wie denn?» fragten die Kinder neugierig. Der Doktor lud Thomas ein, auf einem Stuhl Platz zu nehmen. Dann hieß er ihn den Mund öffnen, und mit einem sogenannten Kehlkopfspiegel zeigte er uns, was sich im Hals abspielt, wie da die verschiedenartigsten kleinen Organe funktionieren und zusammenwirken.
«In diesem Spiegel können wir allerdings die Bewegung der Stimmbänder selbst nicht beobachten, sie vibrieren viel zu schnell, um dem bloßen Auge sichtbar zu sein, tausendmal und mehr in einer Sekunde! Blickt noch einmal genau hierher, ich will euch jetzt eure allererste Frage beantworten: warum der Hund, so klug er auch sein mag, nicht sprechen kann. Die Stimmbänder sind an ihren Enden zusammengewachsen, geradeso wie die Lippen des Mundes. Bei den Tieren hingegen, soweit sie überhaupt Stimmbänder besitzen, schließen sie nicht. Und darum können sie nicht artikulieren, das heißt, präzise Laute formen.»
«Ja …, aber der Papagei?» meinte da Christine.
Der Doktor lachte: «Der ist ein ganz Schlauer! Er ahmt unsere Sprache recht geschickt nach, nur mit Hilfe von Zungenbewegungen! Aber noch haben wir den Weg der Luft nicht zu Ende verfolgt: Durch die Türe der Stimmlippen kommt sie in die Mundhöhle, und dort formen wir, mit Hilfe der Zunge hauptsächlich, die Sprache oder den Gesang. Beobachtet einmal, wie verschieden die Mundstellung bei den einzelnen Vokalen ist: A …, E …, I …, O …, U … Darüber wird mein Freund euch sicher mehr zu erzählen haben.»

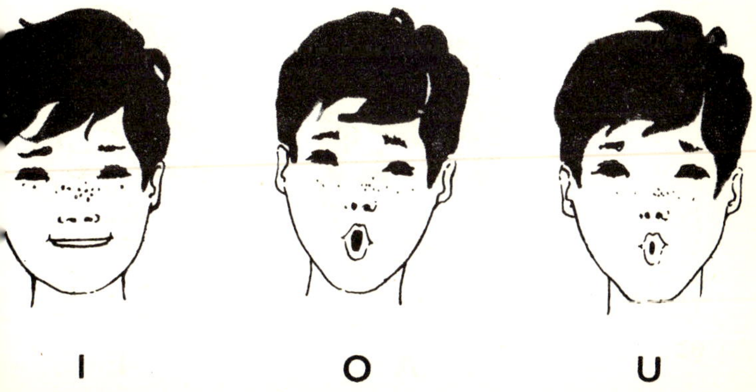

«Gewiß», ergänzte ich, «denn die deutliche Aussprache der Vokale wie der Konsonanten ist unerläßlich im Gesang!»
Während dieser Worte war die Arztgehilfin eingetreten und hatte sich mit einigen leisen Worten an den Doktor gewendet; sicherlich erinnerte sie ihn daran, daß im Wartezimmer Kranke seiner harrten.
«Schade», meinte er daraufhin, «ich habe nicht mehr viel Zeit. Trotzdem möchte ich euch noch gerne etwas über das Gehör sagen. Einen Teil dieses Organs sehen wir ja ...»
«Die Ohren!» riefen die Kinder sofort.
«Ja. Die Ohren fangen den Schall aus der Luft auf wie Trichter. Innen ist der Hals dieses Trichters durch ein dünnes Häutchen abgeschlossen, das durch die herankommenden Schallwellen in Schwingungen versetzt wird. Es vibriert wie das Fell einer Trommel, und darum nennt man es Trommelfell. Hinter dem Trommelfell liegt der Wunderapparat unseres Gehörs ... Ja, ich finde keinen anderen Ausdruck, denn er ist wirklich wundervoll, so wie das Auge! Vielleicht habt ihr schon einmal beobachtet, daß das Schwingen einer Saite andere Saiten oder andere Gegenstände gewissermaßen ‹anstecken› kann; unter gewissen Umständen beginnen sie ebenfalls zu vibrieren, zu schwingen und damit zu klingen ...»
Thomas nickte eifrig: «Auch bei Gläsern kann man das probieren, die klingen mit, wenn man Musik macht ...»
«Stimmt genau. Jeder Klang hat seine bestimmten Schwingungen. Und wenn die auf etwas treffen, was genau die gleichen Schwingungen hervorbringen kann, so geschieht diese Übertragung. Auf diesem Prinzip ist unser Ohr aufgebaut. Alle Klänge, die aus der Außenwelt an unser Gehör dringen, müssen darin auf etwas stoßen, das sie in Vibration, in Schwingung, versetzen können. Und so hat die weise Natur uns einen ungeheuer komplizierten Apparat ins Gehör gebaut, eine Art winziger Harfe, wenn wir so wollen ...»
Die Kinder staunten, und der Arzt fuhr fort: «Die Zahl der Saiten, die unsere kleine Harfe besitzt, könnt ihr euch gar nicht vorstellen: Mehr als zehntausend dürften es sein! Und so versetzt jeder Klang, der eindringt, gerade die Saite oder Saiten in Schwingung, die — sagen wir — genauso gestimmt sind wie er. Das Schwingen dieser unendlich kleinen Saiten pflanzt sich, wie alle Sinneseindrücke, in unser Gehirn fort.

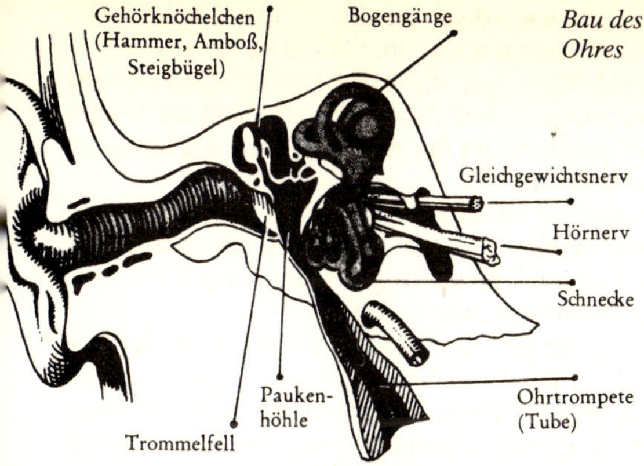

Bau des menschlichen Ohres

Dort haben wir ja das Zentrum aller unserer Wahrnehmungen. Und dort wird uns der Klang bewußt, der an unser Ohr dringt. Wenn ihr älter sein werdet, wird die fabelhafte Organisation unseres Gehirns euch sicher fesseln, heute weiß man schon eine Fülle von Dingen darüber, von denen sich frühere Generationen nichts träumen ließen. Je höher das Lebewesen geartet ist, desto vollendeter ist die Organisation seines Gehirns. Beim Menschen und bei den höheren Tierarten ist es wirklich großartig ...»
«Sind die Tiere auch musikalisch?» fragte Christine.
«Im Zirkus ...», wollte Thomas erzählen, aber ich unterbrach ihn: «Der Herr Doktor muß sich nun seinen Patienten widmen. Wir wollen ihm herzlich danken für den interessanten Nachmittag ...»
Die Kinder gaben dem Arzt die Hand, sie freuten sich sichtlich über alles, was sie gesehen und gehört hatten. Beim Hinausgehen aber wendete sich Christine an mich und wiederholte ihre Frage wegen der Musikalität der Tiere. Im Scherz antwortete ich ihr: «Nun, wir können ja einmal in den Zoologischen Garten gehen und den Tieren Musik vormachen ...»
Als ich nachher daheim alles niederschrieb, wie gewöhnlich, tauchten mir trübe Ahnungen auf, daß aus dieser scherzhaften Antwort noch Verwirrungen entstehen könnten ...

6
Ein kurzer, aber aufregender Besuch im Zoologischen Garten

Thomas, Christine und Elsa hatten mein Versprechen, mit ihnen in den Zoologischen Garten zu gehen, ernst genommen! Heute kamen sie frühzeitig in mein Haus und brachten sogar noch zwei andere Kinder mit. Ich tat alles, um sie jenen Scherz vergessen zu machen, aber es half nichts. Sie hatten sich in den Kopf gesetzt, den Einfluß der Musik auf die Tiere zu beobachten. So blieb mir endlich nichts anderes übrig, als nachzugeben. Wir nahmen ein paar Flöten mit, dazu noch eine Trommel, und gingen.

«Es gibt viele Märchen und Sagen», begann ich zu erzählen und hegte noch eine schwache Hoffnung, die Kinder vielleicht ablenken und von ihrem Vorhaben abbringen zu können, «in denen von der Macht der Musik die Rede ist. Wir hören auch in der Geschichte von manchem König, der nur durch Musik aufgeheitert werden konnte ...»

«Ich habe ein Buch zu Hause», erzählte Thomas, «da ist ein Bild vom König David drin, wie er Harfe spielte, immer wenn der alte König Saul traurig war.»

«Das ist ein berühmtes Beispiel. Auch der spanische König Philipp der Fünfte wurde nur durch Musik aufgeheitert, wenn er in Schwermut verfiel und sich von allen Menschen abschloß. Sicher kennt ihr auch die Sage von Orpheus, dem griechischen Sänger ...»

«Erzählen Sie uns lieber, was die Tiere bei Musik machen», unterbrach Christine.

«Gerade das erzählt die Sage von Orpheus! Wie er mit seinem Gesang die wildesten Tiere dazu brachte, sanft zu seinen Füßen zuzuhören ...»

«Fein!» jubelte Elsa, «das werden wir heute versuchen!»

Aber der Junge, der heute zum ersten Mal gekommen war — er heißt Rudi —, zeigte sich etwas mißtrauischer und meinte, man solle doch besser den Orpheus dazu rufen. Ich erklärte ihm rasch, daß Orpheus vor vielen tausend Jahren gelebt habe, nicht in unserer Stadt, die es damals noch nicht gab, sondern in Griechenland. Wenn es ihn überhaupt gab! Vielleicht hat ihn einmal ein Dichter erfunden …

«Ich kenne noch eine Geschichte von der Musik und den Tieren», nahm Thomas wieder das Wort, «aber sie ist sehr traurig.»

«Das macht nichts», meinte Christine, die immer neugierig war. «Wir werden nicht weinen.»

«Das passierte in einer alten deutschen Stadt», begann ihr Bruder, «ich glaube, sie hieß Hameln. Da gab es furchtbar viele Ratten, und niemand konnte etwas gegen sie tun. Da erschien eines Tages ein Fremder und erbot sich, sie alle zu vertreiben, wenn man ihm viel Geld dafür zahle. Man versprach es ihm, und er nahm seine Flöte und spielte, während er durch die Straßen ging. Da kamen aus allen Häusern die Ratten hervor, viele tausend, und liefen ihm nach. Er führte sie zum Fluß, wo sie alle ertranken.»

«Kolossal!» staunte Rudi.

«Das ist wirklich eine traurige Geschichte», meinte Elsa, «die armen Ratten!»

«Die Geschichte ist noch nicht zu Ende», setzte Thomas fort. «Denn die Bewohner der Stadt zahlten dem Fremden nicht, was sie versprochen hatten. Und da ging er abermals durch die Stadt, spielte eine andere Melodie auf seiner Flöte, und nun kamen die Kinder aus allen Häusern zu ihm gelaufen und folgten ihm …»

«Oh, der Böse!» rief Christine aus, die schon das Ende voraussah.

Und Elsa fragte: «Wohin führte er die Kinder?»

Thomas fuhr fort: «Ich weiß nicht mehr genau, ob in eine Bergschlucht oder auch ins Wasser, aber jedenfalls kamen auch sie nie wieder in die Stadt zurück …»

Unser Einzug in den Zoologischen Garten vollzog sich ohne Schwierigkeiten. Noch hoffte ich, zu großes Aufsehen vermeiden zu können, obwohl viel Publikum anwesend war und vor den meisten Käfigen dichte Menschengruppen standen. Ich erzählte den Kindern die Geschichte von der großen Spinne, die täglich im armseligen Gemach eines Knaben auftauchte, sobald er begann, Geige zu spielen. Ja, die bei-

den freundeten sich derart miteinander an, daß das Tier sich auf seinem Arm niederließ, sobald die ersten Töne erklangen, und dort ruhig, wie lauschend, blieb.
Aber es half alles nichts. Meine kleinen Freunde brannten darauf, ihren Plan zu verwirklichen. Vor dem Platz, auf dem die großen Tiger waren, zogen die Kinder Flöten und Trommeln hervor und begannen wild durcheinander zu blasen und zu schlagen. Einer der Tiger hob langsam und außerordentlich hochmütig den Kopf, blickte uns so gleichgültig an, als hätte er im Urwald eine Maus entdeckt, die ihn zu stören wagte, und schritt dann hoheitsvoll in seine Höhle.
«Er scheint nicht sehr musikalisch zu sein», meinte Christine ein wenig beleidigt.
«Vielleicht ist er zu musikalisch», entgegnete ich, aber die Kinder überhörten meine Anspielung.
«Der Tiger reagiert ähnlich wie seine Verwandten, die Katzen», fuhr ich fort. «Auch die interessieren sich anscheinend wenig für musikalische Klänge. Vielleicht ist ihr Gehör eben anders als das unsere? Gehen wir?»
Aber mein Vorschlag wurde nicht einmal in Erwägung gezogen. Christine lief mit ihrer Flöte zu einem nahegelegenen großen Käfig, wo sich uns ein lustiger Anblick bot. Die Affen saßen ganz nahe beim Gitter und schienen unserem Konzert mit großer Freude gelauscht zu haben. Als wir uns von den Tigern weg- und ihnen zuwendeten, begrüßten sie uns lebhaft. Es war, als wollten sie uns einladen, die Instrumente wieder in Betrieb zu setzen. Die Kinder taten das auch sofort, aber ich muß zugeben, daß sie nun ein wenig mehr darauf achteten, was sie spielten. Sie mußten oft unterbrechen, weil sie vor Lachen über die Bewegungen der Affen nicht weiterspielen konnten. Die Tiere ahmten alles getreulich nach, das Flötenspiel und das Trommelschlagen, und dabei gaben sie die komischsten Laute von sich. Aber es war kein Zweifel möglich: Sie amüsierten sich glänzend.
«Sind das ‹höhere Tiere›, wie der Doktor gesagt hat?» fragte mich Thomas.
«Natürlich», antwortete ich lächelnd, «es sind unsere nächsten Verwandten ...»
«Stammt der Mensch nicht vom Affen ab?» fragte Thomas.
«Du vielleicht, ich bestimmt nicht!» antwortete ihm Christine sehr böse.

«Haha», lachten Elsa und Rudi, «du bist ja seine Schwester!»
Doch dann unterbrachen sie ihre Diskussion und begannen das Konzert von neuem. Eine große Menschenmenge hatte sich um uns versammelt, es ging zu wie auf einem Jahrmarkt. Aber den Lärm der Kinder, der Instrumente, der Affen und der Zuhörer übertönte mehr und mehr ein hundertstimmiges Singen und Zwitschern und Jubilieren, das aus dem nahen riesigen Vogelkäfig kam. Alle seine gefiederten Insassen, ob groß oder klein, unscheinbar oder bunt, sangen aus voller Kehle: Es war ein großartiges Konzert!
Doch das war noch nicht alles. Von verschiedenen Seiten kamen Kinder gelaufen und brachten uns die seltsamsten Nachrichten: Die Bären vollführten auf ihrem vom Wasser umgebenen Stück Land richtige Tänze, wobei sie sich übermütig im Takt wiegten. Ja sogar der graue, weise Elefant aus Indien hob seine mächtigen Beine im Rhythmus unserer Musik, streckte von Zeit zu Zeit seinen gewaltigen Rüssel in die Luft und trompetete!
«Fein! Wir haben ein Instrument mehr!» schrien die Kinder.
Unklar blieb uns die Reaktion der Wölfe: Mit langgestreckten Hälsen heulten sie in höchsten Tönen, so wie es Hunde manchmal tun, wenn sie singen hören. Waren sie nun zufrieden … oder das Gegenteil?
Unser Erfolg schien durchschlagend — «kolossal», wie Rudi immer sagte. Eine Menge Menschen umstanden uns und schauten belustigt unserem Tun zu. Schon machte ich Pläne für regelmäßige Konzerte im Zoologischen Garten. Am besten vielleicht gruppenweise? Konzert für Raubtiere? Serenade für Vögel? Morgenständchen für Wasserbewohner? Aber plötzlich …
Was dann geschah, läßt sich gar nicht so schnell erzählen, wie es sich abspielte. Ein Wächter erschien — nein, zwei, drei Wächter oder noch mehr. Sie schrien noch lauter als alle Tiere zusammen und warfen uns kurzerhand hinaus.
Das war mein kürzester, aber ereignisreichster Besuch im Zoologischen Garten. Er dauerte kaum eine Viertelstunde. Immer noch verstehe ich nicht, warum man uns hinauswarf. Darf man den Tieren keine Konzerte geben, wenn es ihnen doch anscheinend so gut gefällt? Ich werde mich bei der Stadt beschweren.

7
Ein fröhliches Spiel auf der Treppe meines Hauses

Unser Abenteuer im Zoologischen Garten mußte sich herumgesprochen haben, denn heute erschienen nicht nur die fünf Teilnehmer jenes Ausflugs, sondern auch drei «Neue». Wie gewöhnlich fragte Christine sofort, ob ich wirklich alles aufgeschrieben habe, so wie wir es erlebten, das mit den Affen, den Bären, dem Elefanten? Ich wendete ein, daß das eigentlich nicht unbedingt in ein Musikbuch gehöre, aber die Kinder meinten, das Buch sei eine Art Tagebuch unserer Zusammenkünfte, und da dürfe nichts fehlen. Nun gut, unsere jungen Leser werden beurteilen, ob das Kapitel mit den Tieren hineinpaßt oder nicht. Ich hielt jedenfalls mein Versprechen vom ersten Tag, alles getreulich aufzuschreiben.

Christine ging der Schar voran, wie immer. Sie war die Kleinste. Hinter ihr kam Elsa, dann, wieder ein wenig größer, Rudi. Auf ihn folgte ein Mädchen, das Karin heißt, dann ein Junge namens Peter, dann zwei Mädchen, Birgit und Gabi, und den Schluß bildete Thomas, der Größte und Älteste. So kamen sie im Gänsemarsch herein, und ich rief: «Gerade wie eine Tonleiter!»

«Wieso?» fragte Christine, wie immer.

«Gleich werde ich es euch erklären. Kommt einmal hier auf die Treppe und stellt euch so auf, wie ihr eben zur Tür hereinkamt! Ja, Christine hier unten ..., dann Elsa hinter ihr auf die nächste Stufe ... und so weiter!»

Die Kinder nahmen Aufstellung, jedes auf einer Stufe: Christine, Elsa, Rudi, Karin, Peter, Birgit, Gabi und schließlich, ganz oben, Thomas. So standen sie auf der Treppe, die von meinem Arbeitszimmer hinaufführt in den Oberstock.

«Sagt einmal», fragte ich sie, «wenn ihr etwas recht Interessantes gehört habt und es gerne behalten wollt, was tut ihr da?»

«Wir schreiben es auf!»

«Gut. Und wie?»
«Seltsame Frage», dachten sie gewiß. «Mit Buchstaben natürlich!»
«Und wenn ihr eine Melodie behalten wollt, was tut ihr da?»
«Wir schreiben sie ebenfalls auf!»
«Auch mit Buchstaben?»
«Nein, mit Noten!» riefen mehrere.
«So ist es. Wie jeder Sprachlaut seinen Namen hat, so auch jeder Ton. Von diesen Namen der Töne will ich euch erzählen, oder, noch besser, wir spielen ein Spiel von den Tönen und ihren Namen!»
«Wenn's nicht zu schwer ist», seufzte Birgit, die ein wenig bequem ist.
«Zuerst will ich jedem von euch eine Nummer geben, der Reihe nach, das ist sehr einfach. Christine ist Nummer eins, Elsa zwei, Rudi drei, Karin vier, Peter fünf, Birgit sechs, Gabi sieben und Thomas acht. Verstanden?»
Alle nickten.
«Machen wir rasch eine Probe, ob ihr euch eure Nummern merkt. Ich werde immer eine nennen, und derjenige, dem sie gehört, hebt die Hand. Also: eins!»
Christine hob nach kurzem Zögern die Hand. Dann rief ich drei und fünf, und schnell reagierten Rudi und Peter.
«Das ist furchtbar einfach», beklagte sich Thomas.
«Wartet nur», erwiderte ich, «es wird bald schwieriger werden!»
Wir spielten noch ein wenig weiter mit den Nummern, bis alle Kinder es gut konnten. Dann ging ich zum Klavier und spielte eine Tonleiter, das heißt eine Reihe von acht Tönen, die in bestimmten Zwischenräumen aufeinander folgen müssen. Ich schlug Ton für Ton in langsamer Aufeinanderfolge an und gab dabei jedem Ton seine Nummer, von eins bis acht. Sofort begriffen meine Freunde, daß nun zu jedem von ihnen nicht nur eine Nummer gehörte, sondern auch ein Ton – der Ton, der ihre Nummer führte. Der tiefste Ton war Nummer eins, der Ton Christines. Der zweite der Elsas und so fort bis zum achten, der Thomas entsprach.
«Und nun Achtung!» befahl ich dann. «Nun spiele ich die Töne, und jeder erkennt den seinen. Und wenn er ihn erkennt, hebt er die Hand!»

Ich spielte den ersten Ton, Christine erkannte ihn und hob ihre Hand. Ebenso ging es Elsa. Nicht ganz so schnell erfaßte Rudi seinen Ton, ich mußte ihn einige Male wiederholen, bis er ihn erkannte. Dann ging es schneller und immer besser, die Hände von Karin, Peter, Birgit, Gabi und Thomas schossen in die Höhe, fast sogar bevor ich ihre Töne anschlagen konnte: Sie hatten herausgefunden, daß ich der Reihe nach aufwärts ging.

«Nun wird's aber schwerer!» warnte ich und begann wiederum Töne anzuschlagen. Statt mit dem tiefsten begann ich mit dem höchsten Ton. Thomas erkannte ihn sofort als den seinen. Ich ließ dann den siebenten Ton folgen: Gabi sah mich fragend an und war ihrer Sache nicht recht sicher. Erst als Thomas sie ermunterte, die Hand zu heben, tat sie es. Dann folgte der sechste Ton, und nun hatten die Kinder schon erkannt, daß ich stufenweise von oben nach unten ging, so wie früher von unten nach oben. Also wieder wie auf einer Leiter!

«Jedesmal ein wenig schwerer!» kündigte ich an und begann wiederum. Christine erkannte sofort wieder «ihren» Ton, aber als ich gleich darauf den dritten spielte, erhob sich keine Hand.

«Sagt einmal, wenn ihr eine Treppe hinauf- oder hinuntergeht, nehmt ihr immer Stufe für Stufe?»

«Niemals!» riefen die Jungen entrüstet.

«Genauso kann auch unsere kleine Melodie springen. So wie ihr genau wißt oder fühlt, wie viele Stufen ihr beim Treppensteigen überspringt, so sollt ihr auch bei unserem Spiel an die Zwischentöne denken, die ihr auslaßt. So wird's für den Anfang leichter und sicherer.»

Ich wiederholte den ersten Ton und schloß den dritten an, wobei ich singend ganz leise den zweiten, den ausgelassenen, berührte. Sofort erfaßten die Kinder das Spiel, verstanden, daß dieser zweite Ton die Brücke bildete vom ersten zum nächsten, den ich gespielt hatte, der also nichts anderes sein konnte als Nummer drei. Und so erfand ich immer neue Verbindungen: eins-vier, dann eins-drei-fünf. Diese Tonfolge gefiel den Kindern besonders. Ich erklärte ihnen, daß sie tatsächlich eine besondere Bedeutung in der Musik habe und Dreiklang heißt. Dann wurden meine Melodien immer länger: 1, 2, 3, 5, 3, 2, 1 oder 1, 3, 4, 5, 3, 1. Schließlich 1, 3, 4, 3, 5, 2 und ähnliches. Schon lief alles wie am Schnürchen, die Kinder hatten sich schnell daran gewöhnt, die Töne zu erkennen. Nur zwei Proteste gab's: Birgit und Gabi, unsere Nummern sechs und sieben, beklagten sich, daß sie in den Melodien kaum vorgekommen seien. Sofort erfand ich eine, die den Ton Birgits einschloß: 1, 3, 5, 6, 5, 3, 1.

«Der siebente Ton ist vielleicht der schwerste», sagte ich dann.

«Nicht der achte?» fragte Thomas leicht enttäuscht, denn er als Ältester wollte in unserem Spiel die schwerste Rolle haben.

«Im Gegenteil, der achte ist fast der leichteste von allen. Vielleicht findest du den Grund hierfür?»

Ich schlug nun einige Male hintereinander die Töne eins und acht an, um ihn daraufzuführen.

«Es ist …, es ist eigentlich … der gleiche Ton …», meinte der kluge Junge, «nur höher …»

«Ausgezeichnet!» pflichtete ich ihm bei, «der gleiche Ton, nur höher. Denken wir einmal an ein Hochhaus mit vielen Stockwerken. Von jedem Stockwerk führt zum nächsten eine Treppe, und nehmen wir an, jede dieser Treppen habe acht Stufen. Mit der achten erreichen wir vom Erdgeschoß den ersten Stock. Dort beginnt eine neue Treppe und führt, wieder mit acht Stufen, zum zweiten Stock. Und so geht es weiter bis zum siebenten Stock. Seht ihr, genauso ist unser Klavier gebaut. Es gibt sieben verschiedene weiße Tasten, und die achte ist gleichzeitig die erste der neuen Treppe. Kommt her, ich zeige es euch auf dem Klavier.» Während sie zu mir kamen, spielte ich nochmals alle Töne der Reihe nach. Doch machte ich dieses Mal beim achten nicht halt, sondern spielte weiter, und alle merkten sofort, daß mit dem achten Ton eine neue «Tonleiter» begann, die genauso klang wie die vorhergehenden, nur jedesmal «höher», wie Thomas ganz richtig bemerkte.

«Jetzt schaut euch diese ‹Stockwerke› einmal an», sagte ich, und alle blickten gespannt auf die Tasten. Einige kannten die Töne bereits, aber mit den Worten vom Hochhaus und den Stockwerken hatten sie einen neuen Reiz bekommen. Ich spielte nochmals, einmal ganz durch, das heißt vom linken Rand bis zum rechten alle weißen Tasten.

«52!», riefen einige, andere aber waren nur bis 50 gekommen. Ich erklärte ihnen, daß das recht unwichtig sei, denn die äußersten Tasten links und rechts benütze man ohnedies nicht oder kaum.
«Wieviel Stockwerke hat dieses Klavier also?» Meine kleinen Freunde dachten nach. Ich half ein wenig: jedes Stockwerk hat sieben Stufen …
«Sieben Stockwerke!» riefen die Größeren da. «Fünfzig durch sieben …»
«Stimmt!» Dann spielte ich abermals von links nach rechts alle weißen Tasten, und die Kinder zählten bei jedem «Treppenabsatz» mit: «Eins … zwei … drei … vier … fünf … sechs … sieben!» Ein paar ganz hoch und fein klingende Töne blieben übrig. Alle verstanden nun den Aufbau unserer Musik, und die Freude war groß.
«Spitze», sagte Gabi, «kolossal», meinte Rudi.
«Genug für heute. Kommt morgen wieder, dann zeige ich euch noch mehr Spiele auf der Treppe! Eigentlich sollten wir sagen: auf unserer ‹Tontreppe› oder, wie sie wirklich heißt: Tonleiter! Gute Nacht!»

Die Tastatur des Klaviers

8
Von Wohlklängen und Mißklängen, und wie mein Hund Klavier spielte

Unser Ruf scheint sich rasch auszubreiten. Heute erschienen nicht nur die acht Spieler von gestern, sondern noch vier neue Kinder dazu. Sie saßen als «Publikum» auf den Stühlen meines Arbeitszimmers, während die anderen auf der Treppe Aufstellung nahmen, gerade wie gestern. Wir wiederholten rasch die kleinen Übungen, die wir schon kannten, vor allem das Erkennen der Töne.
«Nun kommt etwas Neues», kündigte ich an, «und zwar etwas Schwieriges. Ich spiele nun nichts mehr auf dem Klavier, sondern sage nur eine eurer Nummern, und ihr singt die Töne dazu! Also wenn ich eins sage, singt Christine ihren Ton, bei zwei Elsa, bei drei Rudi und so fort bis zu Thomas. Singt einfach mit einem a oder mit eurer Nummer, wie ihr wollt!»
Das war nun wirklich nicht mehr so einfach. Aber nach einiger Unsicherheit zu Beginn klappte es. Zwar mußte ich noch hie und da ein wenig auf dem Klavier nachhelfen, stützen, aber das war nicht anders zu erwarten. Ich rief eine Nummer zwischen eins und acht, und der betreffende Spieler sang seinen Ton. Wieder begann ich, um es leicht zu machen, mit dem ersten Ton und ging dann stufenweise aufwärts. Hernach von acht wieder zurück, was etwas schwieriger war. Aber nachdem wir das drei- oder viermal gemacht hatten, erinnerte sich jedes Kind genau des Klangs seines Tons. Und nun verlangte ich Töne außerhalb der Reihenfolge: 1, 2, 3, 2, 3, 1 etwa. Zuerst immer nur einen Ton und erst, wenn er erklungen war, den nächsten. Dann aber schlug ich ganze kleine Melodien auf einmal vor, vier Töne oder fünf oder sogar sechs. Und die Kinder hatten bald gelernt, sie zu finden und zu singen.
Da geschah etwas Überraschendes; ich hatte verlangt: 1, 3,

5, 3, 1, und da ereignete es sich, daß die Stimme Christines noch klang, als Rudi bereits begann, und sofort setzte auch Peter ein, so daß man alle drei Töne auf einmal vernahm. Und ähnlich wie gestern erfreuten sich die Kinder wieder an diesem Klang.

«Wie schön! Toll!» riefen viele durcheinander. «Wieso kommt das? Dieser schöne Klang?»

Ich überlegte einen Augenblick, wie ich das meinen Freunden erklären sollte. Waren sie nicht noch recht jung, um das zu verstehen? Ich versuchte es trotzdem: «Wenn wir Ton auf Ton hören, jeden einzelnen, einen nach dem andern, so bilden wir eine Melodie. Wir können sie vielleicht mit einer Perlenkette vergleichen: So wie dort die Perlen aufgereiht sind, eine nach der anderen und niemals zwei am gleichen Platz, so ist es in der Melodie mit den Tönen. Erklingen dagegen zwei oder mehr Töne zur gleichen Zeit, dann bilden sie keine Melodie mehr, sondern eine Harmonie, einen Zusammenklang. Was ihr da eben gehört habt, drei Töne gleichzeitig, das ist ein Dreiklang ...»

In diesem Augenblick öffnete sich die Tür, und herein stürzte mit freudigem Gebell Renzo, mein Foxterrier. Er sah mich am Klavier sitzen und sprang, wie er es gewöhnt war, sofort auf meinen Schoß. Dabei verlor er das Gleichgewicht, seine Pfote schlug auf die Tasten. Es erklangen mehrere Töne auf einmal, aber niemand konnte behaupten, daß es so schön geklungen hätte wie unsere «Harmonie», unser Zusammenklang der drei Kinderstimmen! Meine Freunde brachen in Gelächter aus. Nur der immer ernste Thomas wurde nachdenklich und fragte mich: «Das war bestimmt kein Dreiklang! Gibt es auch Zusammenklänge, die nicht schön tönen?»

«Deine Frage ist sehr klug, Thomas. Die Musiklehre unterscheidet zwei Arten von Zusammenklängen, man nennt sie ‹Konsonanzen› und ‹Dissonanzen›. Das sind zwei lateinische Worte, im Deutschen sagt man ‹Wohlklänge› und ‹Mißklänge›, aber das gefällt mir weniger gut. Denn bei einem ‹Mißklang› denkt natürlich jeder Mensch, daß diese Klänge zu nichts gut seien. Das stimmt aber ganz und gar nicht! Die Dissonanzen sind sehr wichtig für die Musik, ungefähr so, wie es die Gewürze für die Speisen sind oder die Regentage für den Menschen ...»

«Och», rümpfte Christine die Nase, «ich mag den Regen gar nicht...»
«Das solltest du aber», sagte ich, «denn wenn es ihn nicht gäbe, wüßtest du gar nicht, wie schön die Sonne ist! Und genauso wüßten wir nicht, wie schön gute Zusammenklänge sein können, wenn es die Dissonanzen nicht gäbe! Die erfülllen in der Musik eine sehr wichtige Aufgabe, die machen sie spannend und interessant, manchmal sogar richtig spannend ... Was deine Kameraden vorher sangen, war eine Konsonanz, ein Wohlklang, und was Renzo spielte, eine Dissonanz ...», sagte ich zu Thomas. Doch der kluge Junge wollte noch mehr wissen.
«Die Kinder sangen doch die Töne 1, 3, 5, nicht wahr?» Ich nickte. «Und was spielte Renzo?»
«Hm, er spielte ungefähr 1, 2, 3, 4, das heißt ein paar aufeinanderfolgende Töne, geradeso wie seine Pfote darauffiel. Und aufeinanderfolgende Töne, gleichzeitig gespielt oder gesungen, ergeben niemals Konsonanzen.»
«Da muß man also, wenn man Konsonanzen haben will, immer Töne auslassen?» fragte Thomas.
«Jawohl, ganz richtig. Ob Konsonanz oder Dissonanz, Wohlklang oder Mißklang, das können wir am Abstand zwischen den Tönen messen, an der Zahl der ausgelassenen Töne, wie du ganz richtig sagtest. Diese Zwischenräume haben Namen, sehr einfache Namen: Sie kommen aus dem Lateinischen und dem daraus entstandenen Italienischen, das überhaupt die wichtigste Musiksprache darstellt. Die Zwischenräume heißen Intervalle, und man mißt sie ganz einfach nach ihrer Größe. Der Abstand vom ersten Ton zum zweiten, zum Nachbarn also, heißt ‹die zweite›, lateinisch ‹Sekunde›. Vom ersten zum dritten Ton heißt es ‹Terz›, vom ersten zum vierten ‹Quarte›, zum fünften ‹Quinte›, zum sechsten ‹Sexte›, zum siebenten ‹Septime› und zum achten ‹Oktave›. Probieren wir es auf dem Klavier!»
Ich spielte den ersten Ton unserer Spiele — den Christines — und dann den zweiten, den Elsas. Einige der Kinder hatten sich gemerkt, daß dieser Abstand, dieses Intervall, «Sekunde» hieß. Dann den ersten und anschließend den dritten Ton: Es war eine Terz. Dann eine Quarte, eine Quinte, eine Sexte, eine Septime. Und von Christines Ton zum achten, dem Ton ihres Bruders Thomas, war es eine Oktave.

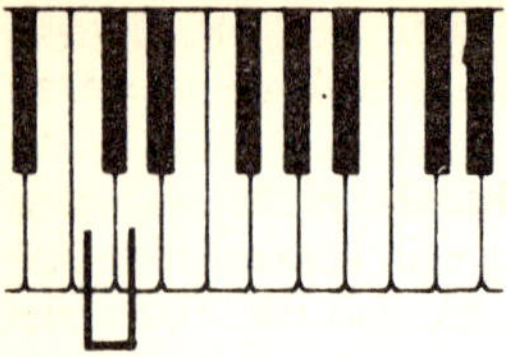

Sekunde

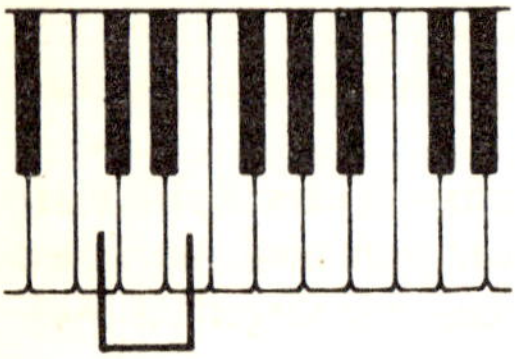

Terz

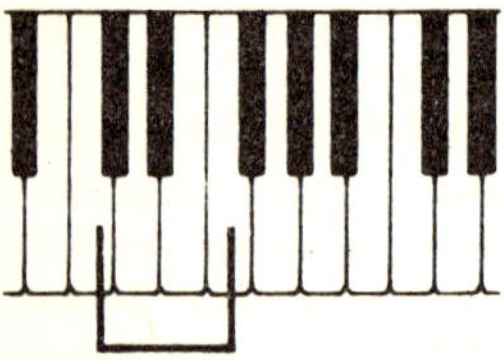

Quarte

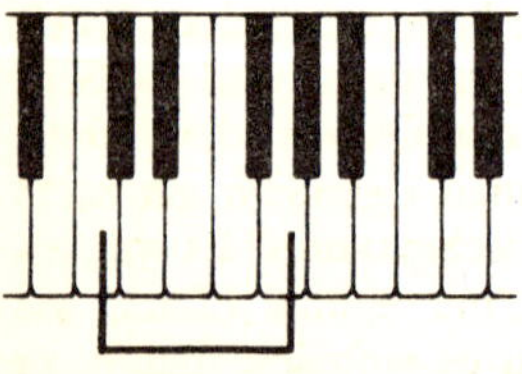

Quinte

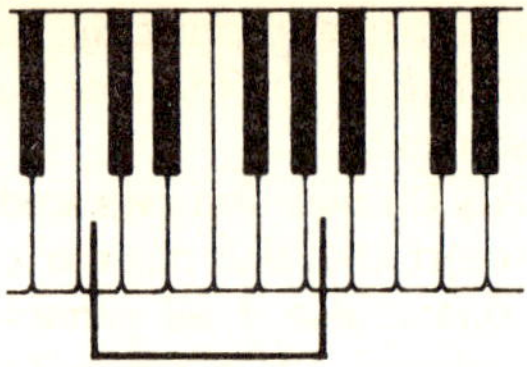

Sexte

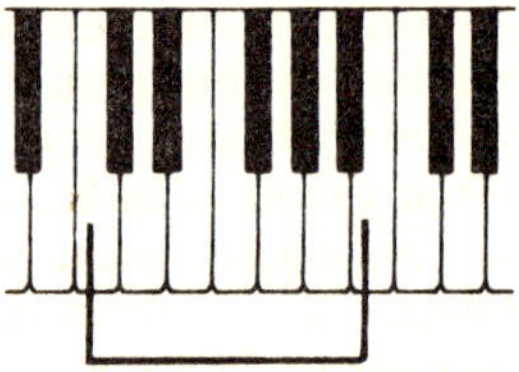

Septime

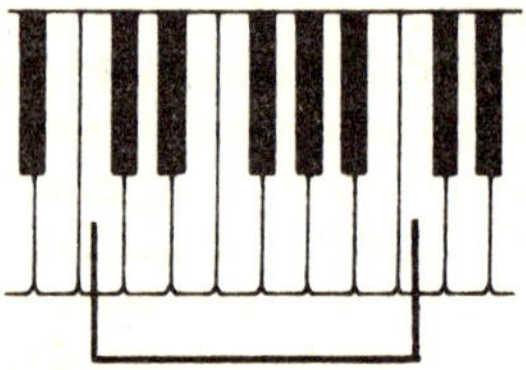

Oktave

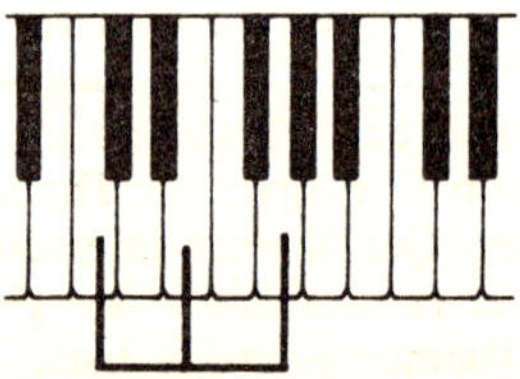

Akkord

«Und nun gleichzeitig, damit ihr versteht, was ein Zusammenklang ist, wie eine Konsonanz klingt und wie eine Dissonanz!»
Als ich nun Ton eins und zwei gleichzeitig spielte, war allen sofort klar, daß das nur ein Mißklang sein konnte, eine Dissonanz also. Und genauso klar war es, daß die Töne eins und drei, zur gleichen Zeit angeschlagen, schön klangen, also eine Konsonanz sein mußten. Viel weniger gut tönte der Zusammenklang eins-vier; wenn auch weniger schrill als eins-zwei, mußte es sich doch eher um eine Dissonanz handeln. Sehr geteilt waren die Meinungen bei eins-fünf, und ich mußte den Kindern recht geben: Selbst die Musiker haben bei verschiedenen Gelegenheiten verschiedene Auffassungen über dieses Intervall.
«Trotzdem ist es leicht, die Quinte sofort in eine Konsonanz zu verwandeln», setzte ich hinzu, «wir brauchen nur einen einzigen Ton in ihren Zusammenklang einzufügen ... Welchen schlagt ihr vor?»
«Den Ton drei!» rief Thomas sofort, der sich noch an den Wohlklang erinnerte, von dem unser Gespräch ausgegangen war: als Christine, Rudi und Peter gleichzeitig ihre Töne, eins, drei und fünf, gesungen hatten. Ich fügte also auf dem Klavier den Ton drei zwischen eins und fünf, und es zeigte sich, daß Thomas recht gehabt hatte.
«Das nennen wir einen ‹Akkord›», erklärte ich, «wenn wenigstens drei Töne gleichzeitig erklingen.»
«Wenigstens?» fragte Thomas erstaunt.
«Ja, denn es gibt auch Akkorde mit vier und mehr Tönen. Das Wichtige ist nur, daß die Töne stets gewisse Zwischenräume oder Intervalle untereinander wahren. Das, was Renzo spielte, war also kein Akkord, denn es waren aufeinanderfolgende Töne, die er anschlug.»
Dann kam die Sexte an die Reihe und klang wunderschön, über ihren Charakter als Konsonanz konnte es keinen Zweifel geben. Ebenso einig waren dann alle darin, daß die Septime eine Dissonanz sei. Und bei der Oktave, den Tönen von Christine und Thomas, hatte man eigentlich gar nicht das Gefühl eines Intervalls oder Zwischenraums. Es war, als sei es tatsächlich der gleiche Ton, nur einmal höher, wie Thomas gefunden hatte. Wenn man es einteilen mußte, so gehörte die Oktave zweifellos zu den Konsonanzen, den

Wohlklängen. Zusammenfassend stellten wir fest, daß Terz, Sexte und Oktave Konsonanzen, Sekunde, Quarte und Septime Dissonanzen waren. Über die Quinte konnte man streiten. Aber das Einteilen war schließlich nicht das Wichtigste. Alles, was wir da spielten und erklärten, sollte uns nur den Weg zur Musik erleichtern, zum Verstehen und zum besseren Fühlen der Musik …

«Muß man das immer alles mit Nummern spielen?» fragte mich Thomas beim Fortgehen.

«O nein, keineswegs. Morgen gebe ich euch hübsche Namen!»

9
Die Spieler erhalten seltsame Namen

Am nächsten Tag stellten sich meine kleinen Freunde gleich wieder auf die Stufen der Treppe, so wie sie es am Vortag gemacht hatten. Das «Publikum» war durch drei neue Kinder verstärkt, und ich erklärte, daß sie nicht immer Zuschauer bleiben, sondern sehr bald bei allem mitmachen würden. Die acht «Spieler» hatten ihre Plätze eingenommen, geradeso wie eine Fußballmannschaft es vor dem Anpfiff zu tun pflegt, und das «Publikum» beobachtete sie ebenso scharf und mit derselben Erwartung, mit der Jungen ihre Lieblinge auf dem grünen Rasen verfolgen.
«Sie versprachen, uns hübsche Namen zu geben!» erinnerte mich Peter.
«Ja. Beginnen wir bei Christine ..., aber nicht nur einen Namen soll jeder erhalten, sondern zwei, so wie ihr ja alle zwei Namen besitzt!»
«Ich habe drei!» sagte Karin.
«Und ich vier!» übertrumpfte sie Gabi.
«Aber, Kinder!» beschwichtigte ich. «Genug damit, hier sind wir alle gute Freunde und teilen alles redlich miteinander. Also, zwei Namen jeder! Den ersten Namen wendet man im einen Teil der Welt an, den zweiten im andern. Es ist leicht, sich beide zu merken, und so wollen wir es machen. Die Namen, die die Töne in deutscher Sprache führen, in England und Nordamerika sowie in Skandinavien, kommen einfach vom Alphabet her. Früher, vor vielen Jahrhunderten, begannen sie sicherlich mit A, gerade wie das Alphabet. Aber dann verschob sich die Sache ein wenig, man nahm einen anderen Ton als Grundton an, und so beginnen unsere Tonnamen mit C. Christine wird also C heißen ...»
«Und mit dem anderen Namen?» fragte die Kleine.
«Do!»
«Do?» Christine rümpfte ihre kleine Nase. «Warum? Haben Sie keinen schöneren Namen für mich?»

«Aber Christine, diese Namen habe ja nicht ich erfunden. Die verwendet man seit bald tausend Jahren! Zuerst allerdings hieß dein Ton nicht Do, sondern Ut, und die Franzosen sagen heute noch so, aber in Italien, in Spanien und Portugal, in Südamerika und in noch vielen, vielen anderen Ländern — ja oftmals auch bei uns — nennt man diesen Ton Do. Das ist doch sehr hübsch, findet ihr nicht?» Die anderen stimmten mir bei, und Christine beruhigte sich.
«Also, Christine heißt C und Do. Elsa geben wir die Namen D und Re …»
«Hübsch», sagte Elsa, «das reimt sich …»
«Rudi heißt E und Mi, ja?»
«Einverstanden», erwiderte Rudi.
«Karin soll die Namen F und Fa bekommen …»
«Das ist Schwindel», meinte das Publikum, weil das zu leicht zu merken war. Aber es blieb dabei: Der vierte Ton heißt F und Fa.
«Der fünfte Ton, Peter also, heißt G und Sol …»
«Fein», war dieser einverstanden.
«Birgit, mit ihrem sechsten Ton, heißt A und La!»
«Für die Mädchen haben Sie viel leichtere Namen als für uns», beklagte sich Rudi. Ich lächelte. «Das ist zwar hier wirklich nur Zufall, weil ich euch der Größe nach aufgestellt habe, aber hättest du als Kavalier etwas dagegen, wenn ich es absichtlich getan hätte?»
Sofort begann ein lebhafter Streit über diesen Punkt, dem ich nur mit Mühe ein Ende machen konnte. «Gabi, der siebente Ton, heißt H und Si …»
«Seht ihr, das ist gar nicht leicht!» meinte diese.
«Doch», erwiderte Peter, «das ist so, als ob du niesen würdest: Hatschi! Ha-si! H-si!» Alle lachten, aber das Wichtigste war, daß sie nun diese Namen nicht mehr vergessen würden.
«Und ich?» fragte Thomas, der ganz oben auf der Treppe stand. Aber er setzte sofort hinzu: «Ich weiß schon! Ich heiße natürlich wieder C und Do, wie meine Schwester!»
«Stimmt», bestätigte ich. «Wir haben ja gesehen, daß der Ton eigentlich derselbe wie der Christines ist, und so heißt ihr eben gleich, und nur in der Notenschrift wird man sehen, daß es doch nicht der gleiche Ton ist, sondern der deine ist höher, und der deiner Schwester ist tiefer.»

Karin sagte, sie habe beim Blockflötenspiel schon ein paar dieser Namen gelernt, aber einige seien anders, als wir sie eben verteilten.
Ich erklärte ihr, daß manchmal der Ton Sol nur So genannt werde und der Ton Si zu Ti umgetauft sei. Das eine, weil alle Tonnamen nur zwei Buchstaben hatten, und das andere, damit nicht zwei von ihnen mit dem gleichen Buchstaben -S- begännen. Doch seien diese Unterschiede so klein, daß man sie kaum bemerke.
«Woher kommen diese seltsamen Namen? Und was bedeuten sie?» wollten die Kinder wissen.
«Die Buchstaben brauchen keine Erklärung. Als man die Töne benannte, gab es zwei Möglichkeiten: Man konnte sie entweder mit Zahlen gleichsetzen, also so nennen, wie wir es bei unserem Spiel taten: eins, zwei, drei und so weiter, oder Buchstaben für sie verwenden, und das tat man. Die Geschichte der anderen Namen aber, der Silben, die ich euch gegeben habe, ist ganz anders. Sie stammen aus einem lateinischen Vers, in dem jede neue Zeile mit einer dieser Silben begann. Die Knaben, die damals singen lernten, hatten es nicht schwer, den Anfangston jeder Zeile sich mit dem Silbennamen, mit dem sie ihn sangen, einzuprägen. So entstanden Ut, Re, Mi, Fa, Sol, La. Später kam noch Si hinzu, und Ut wurde in Do umgetauft, weil das leichter zu singen war. Damit ihr euch diese Namen leicht merken könnt, will ich euch eine kleine Geschichte erzählen. Es war einmal ein alter König in Italien ...»
«Das fängt ja wie ein richtiges Märchen an!» lachten die Kinder.
«Ja, und dieser alte König hieß Do. Er hatte zwei Söhne. Er liebte beide gleich und wußte nicht, wem er sein Reich hinterlassen sollte, wenn er einmal stürbe. Da bestimmte er, derjenige solle König werden, der am nächsten Morgen als erster die Sonne sehe. Der eine war faul und konnte nicht rechtzeitig aufstehen, aber der andere war vor Sonnenaufgang wach, und kaum begann die rote Scheibe sich über den Horizont zu schieben, lief er zum Vater, dem König Do und rief: «Do, re mi fa! Sol la!» Und recht zufrieden antwortete der König Do: «Si!»
Die Kinder blickten mich recht verdutzt an: Machte ich mich über sie lustig? Das waren sie nicht gewohnt, aber

wahrscheinlich schaute ich ein wenig schelmisch und belustigt drein. Dann erklärte ich ihnen, daß die Geschichte ja, wie ich gesagt hatte, in Italien spiele, daß das also auf Italienisch einen lustigen Sinn ergebe: «Do» heißt der König. «Re mi fa« bedeutet «Mache mich zum König», «Sole» oder «Sol» heißt die Sonne, und «la» heißt «dort». Der Prinz hatte also gesagt: «Do, mache mich zum König, die Sonne ist dort!» Und der König antwortete: «Si», und unsere Kinder wußten, daß das «Ja» heißt. Und nun riefen sie alle laut und übermütig: «Do, re mi fa, sol la!» «Si!» und so lernten sie, ohne es zu merken, die Namen aller Noten.

Und nun begannen unsere Spiele von neuem, aber nicht mehr mit Nummern, sondern mit den Namen der Töne, wie wir sie eben gelernt hatten. Statt eins, zwei und fünf zu sagen, verlangte ich C, D und G. Es ging ausgezeichnet, die Spieler gaben ihr Bestes, und das «Publikum» nahm lebhaften Anteil an allem, verbesserte, wenn ein Irrtum vorkam, und applaudierte sogar gelegentlich, wenn eine besonders schwierige Sache gelang.

Dann wiederholten wir, was wir über die Intervalle gelernt hatten. Dabei stellten wir fest, daß eine Sekunde nicht nur vom C zum D gehen konnte, sondern auch vom D zum E, vom F zum G, vom G zum A. Und eine Quarte ging nicht nur vom C zum F, sondern ebenso vom D zum G und vom E zum A. Mit einem Wort, es war gleichgültig, wo wir zu messen begannen, wenn nur der Abstand stimmte. Meine kleinen Freunde fanden das sehr natürlich, denn schließlich sind zehn Zentimeter immer zehn Zentimeter, ob sie auf dem Metermaß zwischen 0 und 10 oder zwischen 45 und 55 abgelesen werden.

Ja, dann kann unsere Tonleiter einfach irgendwo auf einem beliebigen Ton beginnen? Es muß gar kein C sein? Natürlich kann sie überall beginnen, erklärte ich. Wir machten sofort ein paar Übungen: Ich sang einen beliebigen Ton, der die Grundlage der Tonleiter bilden sollte, und meine Freunde sangen die Tonleiter, die zu ihm gehörte. Alle Tonleitern klangen gleich. Gerade das, sagte ich, war das Wichtigste an unserem Tonsystem. Thomas trat ans Klavier, und ich ließ ihn, vom Ton C oder Do angefangen, eine Tonleiter spielen. Es war sehr einfach, er mußte nur die folgenden sieben weißen Tasten niederdrücken, eine nach der anderen.

«Kann ich auch mit einer anderen Taste beginnen?» fragte er mich dann.
«Das ist allerdings nicht mehr so einfach», erklärte ich. «Versuche es einmal selbst, du wirst es sofort hören!»
Thomas wählte einen anderen Ton aus; durch Nachrechnen konnte er feststellen, daß das ein G sein mußte, es war der fünfte Ton, vom C gerechnet. Und dann versuchte er, eine Tonleiter zu spielen. Zuerst ging es ohne Schwierigkeiten: Auf G oder Sol folgte A oder La, dann H oder Si, dann C oder Do, D oder Re, E oder Mi. Als er dann F oder Fa griff, merkte er und mit ihm die meisten Kinder, daß da «etwas nicht stimme», wie sie sagten. Sie sahen mich fragend an.
«Dafür genügen unsere bisher erworbenen Kenntnisse nicht», erklärte ich. «Ihr seht, wir haben bisher nur mit den weißen Tasten des Klaviers gespielt, aber es gibt noch andere …»
«Ja, die schwarzen! Was bedeuten die? Warum sind die schwarz?» so umschwirrten mich die Fragen.
«Nun, vor allem: Die schwarze Farbe hat nichts zu bedeuten, sie könnten ebenso rot oder grün sein, ja sogar weiß wie die anderen, aber dann würden sie sich nicht so deutlich abheben, und das wäre beim Spielen unpraktisch. Sie gelten genausoviel wie die anderen, haben genau den gleichen Wert …»
«Warum sind sie dann anders? Kleiner? Und weiter hinten?»
«Das ist eine große Ungerechtigkeit, ich muß es zugeben. Das kommt daher, daß die guten Plätze schon vergeben waren, als man sie entdeckte. Und so blieb nichts anderes übrig, als sie zwischen die weißen Tasten einzuschieben, ein wenig schmäler und ein wenig oberhalb. Übrigens: Es gab einmal eine Zeit, da waren die weißen Tasten schwarz und die heutigen schwarzen weiß! Das Wichtigste ist, daß man diese Tasten, die da eingeschoben wurden, nicht als etwas anderes oder Schwierigeres betrachtet, sondern genauso nimmt wie die weißen.»
«Und wie heißen die schwarzen Tasten?»
«Auch das ist wieder eine Ungerechtigkeit, die man mit diesen Tönen begangen hat, und nur deshalb, weil sie später kamen. Man hat ihnen keine eigenen Namen mehr gegeben,

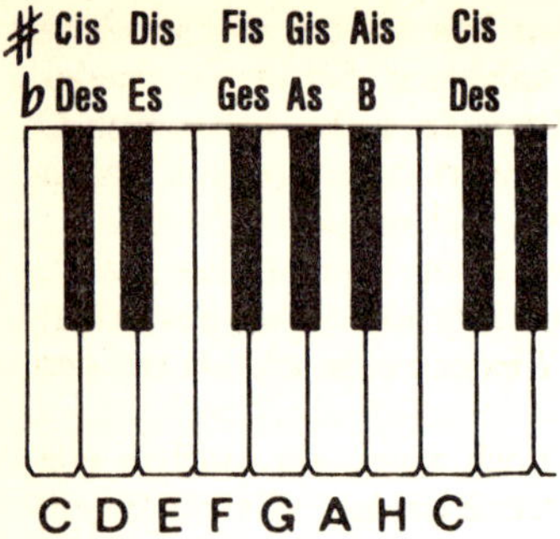

Die Töne auf dem Klavier

denn auch die Namen waren ja gewissermaßen schon besetzt. Man hat für sie Namen von den weißen Nachbartasten abgeleitet. Seht einmal her!»
Ich schlug den Ton C an und ging dann mit dem Nachbarfinger auf die schwarze Nachbartaste, die gleich rechts vom C lag. Und ich erklärte den Kindern, daß diese schwarze Taste Cis heiße: C von ihrer Nachbartaste, und «is» als Zeichen ihrer Nachbarschaft gewissermaßen.
Das ist bei allen schwarzen Tasten so: Man nimmt den Namen des weißen Tons, der links von ihnen liegt, und fügt die Silbe is an: D ergibt Dis, F Fis, G Gis, A Ais ...»
«Das ist nicht schwer», meinten die Kinder. Aber ich mußte antworten:
«Nein, gewiß nicht, aber noch einfacher wäre gewesen, man hätte jedem dieser Töne einen eigenen Namen gegeben. Und dann wäre nicht der Eindruck entstanden, Cis wäre ein ‹abgeleiteter› Ton, der unbedingt etwas mit C zu tun habe. Das hat er keineswegs. Sie sind wie Nachbarn, die zufällig Tür an Tür wohnen, aber nicht verwandt sind. Leider muß ich euch noch etwas erklären: Die schwarzen Tasten haben nicht nur einen Namen, sondern zwei! Oder, wenn wir die fremdländischen Namen dazurechnen, sogar vier! Aber wir wollen die Sache nicht unnötig komplizieren und die lateinischen Namen weglassen. Im Deutschen hat jeder dieser Töne zwei Namen, der eine kommt von der weißen Taste auf der linken Seite her und der andere von der weißen Taste auf der rechten. Nehmen wir den Namen vom Ton auf der linken Seite, so fügen wir die Silbe ‹is› dazu, das sahen wir schon.

Und wenn wir den Namen vom Ton auf der rechten Seite nehmen, so müssen wir ‹es› anhängen. Sehen wir wieder aufs Klavier: Diese schwarze Taste, die rechts neben dem C liegt, haben wir Cis genannt, erinnert ihr euch? Nun wollen wir ihr den anderen Namen geben. Wer versucht es?»
Thomas war sofort dabei: «Der Name kommt also von D, nicht wahr?» Ich nickte. Thomas fuhr fort: «Und man hängt die Silbe ‹es› an, sagten Sie?» Wieder nickte ich. Da rief der Junge aus: «Des!»
«Stimmt!» konnte ich gerade noch sagen, da brachen alle Kinder in Applaus aus. Dann setzte ich fort: «Es gibt da ein paar kleine Ausnahmen: Der nächste schwarze Ton sollte E-es heißen, aber man hat es vereinfacht: Es. Und diese Taste hier, die zwischen G und A liegt, sollte, wenn wir sie von A ableiten, natürlich A-es heißen. Statt dessen sagt man einfacher: As. Und noch eine Ausnahme gibt es: Der nächste schwarze Ton müßte richtig H-es heißen, denn sein rechter Nachbar heißt H. Man nennt ihn aber nicht H-es, sondern B. Nun haben wir alle Namen beisammen, und jetzt brauchen wir nur ein wenig zu üben, um sie uns einzuprägen …»
Ich begann wieder bei «Christines Ton», wie wir das C oder Do zumeist nannten. Nachdem ich ihn angeschlagen hatte, begann ich aufwärts, das heißt nach rechts, zu spielen, wobei ich dieses Mal nicht nur die weißen, sondern auch die schwarzen Tasten einbezog. Kurz, ich spielte alle Töne, die unser Klavier hat. Und die Kinder sagten die Namen: C, Cis oder Des, D, Dis oder Es, E, F, Fis oder Ges, G, Gis oder As, A, Ais oder B, H, C.
«Wieviel Töne gibt es also insgesamt?» fragte ich. Die Antwort war nicht schwierig: Sieben weiße und fünf schwarze Tasten, das ergibt insgesamt zwölf Töne. Denn der dreizehnte — Thomas' Ton, wie wir sagten — war nichts anderes als der erste, der Ton Christines, wieder ein C oder Do.
«Aus zwölf Tönen ist das gesamte Wunderreich unserer Musik gemacht», sagte ich dann. «All die herrlichen Musikstücke, sei es für Gesang oder für Instrumente oder für ein gesamtes Orchester, all das besteht nur aus zwölf verschiedenen Tönen!»
Dann ging's ans Verabschieden, und die neuen Kinder fragten mich, ob sie morgen wiederkommen dürften. Gerne

stimmte ich zu. Nun hatten wir schon eine stattliche Schar beisammen. Ich ahnte nicht, daß sie bald noch viel größer werden würde.

«Morgen will ich mit euch in ein Museum für alte Musikinstrumente gehen», sagte ich zum Schluß. «Kommt, so früh ihr könnt! Und gute Nacht, träumt vom alten italienischen König Do!»

10
Ein Museum mit seltsamen Musikinstrumenten

«Gibt es im Museum alle Instrumente?» fragten mich die Kinder auf dem Weg zu dem großen Haus, in dem eine Fülle von Musikinstrumenten ausgestellt ist.
«Alle gewiß nicht. Es gibt zu viele auf der Welt, besonders wenn wir zu den heute gebräuchlichen noch die aus alten Zeiten hinzurechnen. Die modernen Instrumente wollen wir heute gar nicht sehen, die werden wir bald in einem Orchesterkonzert beobachten können. Auch von den unzähligen Volksinstrumenten wollen wir heute nicht sprechen, auch die werden wir ein anderes Mal besprechen. Heute wollen wir nur einige alte Instrumente anschauen und uns über ihre Geschichte unterhalten.»
Wir kamen an. Der Direktor des Museums, ein bekannter Professor, erschrak ein wenig, als er mich mit etwa zwanzig Kindern anrücken sah.
«Sicherlich kennt ihr schon eine Reihe von Instrumenten?» begann er.
«Das Klavier ...», erwiderte Thomas.
«Die Gitarre», sagte seine Schwester fast gleichzeitig.
«Die Geige ..., die Flöte ..., die Harfe ..., die Trommel ...», zählten die anderen Kinder auf.
«Sehr gut, das sind schon sechs», sagte anerkennend der Professor.
«Das Cello», schlug Peter vor.
«Die Orgel», fügte Gabi hinzu.
«Das Radio!» rief Elsa vergnügt und begriff nicht, warum wir lachten.
«Einen Augenblick, mein Kind», unterbrach der Professor. «Einigen wir uns zuerst darüber, was ein Musikinstrument ist!»
Die große Schar blieb stumm. Alle wußten, was ein Musikinstrument ist, aber wie es ausdrücken? Dann schlug Thomas vor: «Was einen Klang hervorbringt ...»

«Ausgezeichnet!» stimmte der Professor bei. «Was einen musikalischen Klang hervorbringt oder sagen wir: einen in der Musik verwendbaren Klang. Die menschliche Stimme ist ein Musikinstrument — aber nicht das Radio, denn das erzeugt keinen Klang, sondern gibt ihn nur wieder. Geradeso sind das Tonbandgerät, der Plattenspieler, der Fernsehapparat keine Musikinstrumente, ist das klar?»

«Das Saxophon ..., die Klarinette ..., die Trompete ...», ging es weiter.

«Sehr gut, da haben wir ja schon eine Menge beisammen. Es gibt unter den Instrumenten sehr primitive, wie die Wilden sie bauen, und äußerst kunstvolle, zu deren Herstellung höchstes Können nötig ist. Es gibt alte Instrumente, die heute nicht mehr in Gebrauch sind, und neue. Kurz: eine recht bunte Reihe. Aber trotzdem können wir feststellen, daß sämtliche Instrumente drei großen Gruppen zugehören: den Blasinstrumenten, den Schlaginstrumenten und den Saiteninstrumenten. Man hat viel darüber nachgedacht, welche dieser Gruppen die älteste sei, aber das kann mit Sicherheit niemand mehr feststellen. Aus jeder dieser Gruppen war zumindest ein Instrument unseren allerältesten Vorfahren bereits bekannt. Denn schon damals gab es Musik ...»

«Ja, das wissen wir schon, daß die Musik so alt ist wie die Menschheit!» sagte Thomas stolz, und die anderen stimmten zu.

«So ist es», fuhr der Professor fort. «Beim Tanz etwa brauchten die Menschen etwas, das den Rhythmus angab. Zuerst klatschten sie wohl einfach in die Hände, aber bald begannen sie, mit einem Stück Holz auf einem hohlen Baumstamm zu trommeln oder auf ein gespanntes Stück Fell zu schlagen. Doch wer weiß, ob sie damals nicht schon entdeckt hatten, daß ein gewöhnliches Stück Rohr oder ein hohler Knochen als Blasinstrument verwendet werden konnte? Auch der Weg zum ersten Saiteninstrument dürfte sehr früh gefunden worden sein. Unsere fernen Vorfahren jagten noch nicht mit Flinte und Schrot ...»

«Sondern mit Pfeil und Bogen!» ergänzten die Jungen rasch.

«Richtig. Und der Bogen wurde wahrscheinlich das erste Saiteninstrument des Menschen. Ihr staunt? Nun, die gespannte Saite bringt beim Abschnellen des Pfeils einen Ton hervor. Er ist zwar schwach, aber man kann ihn sehr einfach

Oboe

Flöte

Klarinette

Baß-Saxophon

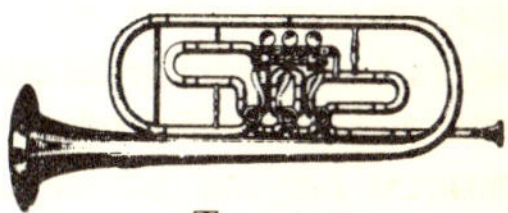
Trompete

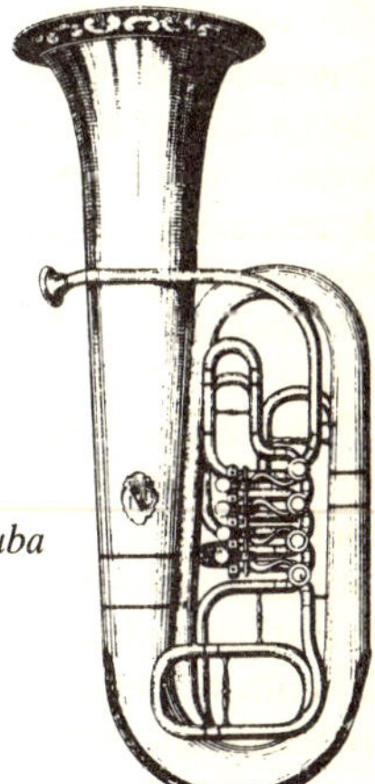
Tuba

Horn

verstärken, indem man die Saite vor oder besser in den geöffneten Mund hält. So machen es noch heute manche Stämme Zentralafrikas, wenn sie musizieren. Kaum hatten die Menschen das entdeckt, so gingen sie auf die Suche nach immer besseren Resonanzkörpern, wie man das nennt ...»

«Ja, das wissen wir schon!» sagte da Thomas wieder voll Stolz. «Das ist, wenn ein Klang verstärkt wird durch einen anderen, größeren Körper ...»

Der Professor staunte nicht wenig über so viele Kenntnisse, und die Schar geriet sichtbar in gehobene Stimmung.

«Die ersten Resonanzkörper, die unsere Ahnen fanden — das liegt nun viele Jahrtausende zurück —, waren hohle Früchte, eine halbe Kokosnuß zum Beispiel, wie sie auch heute noch von afrikanischen Völkern für diesen Zweck verwendet wird. Über diesen Resonanzkörper spannten sie eine Saite, die sie aus Tierdarm machten, später zwei oder gar drei. So konnte ihr Instrument schon mehrere Töne hervorbringen. Und diese Töne konnten verändert werden durch verschiedene Spannung und Länge der Saiten. Wißt ihr schon, wovon die Höhe des Tons einer Saite abhängt?»

Das wußten meine kleinen Freunde noch nicht. Der Professor nahm eine Violine zur Hand, und er erklärte es: «Die Höhe des Tones hängt von drei Dingen ab: von der Länge, der Dicke und der Spannung der Saite. Machen wir rasch eine Probe!»

Er zupfte an einer der Saiten. Diese schwang und brachte einen Klang hervor. Dann drückte er seinen Finger fest un-

Viola

Violine

gefähr auf die Mitte der Saite und zupfte wieder. Nun schwang nur der Teil der Saite, den er gezupft hatte, während der andere stillag; und der Ton klang viel höher.
«Lernen wir», sagte der Professor, «daß von zwei Saiten, die gleich dick und gleich stark gespannt sind, die kürzere höher klingt.»
Dann ließ er uns die Geige näher betrachten. Die Kinder beobachteten sehr genau. Sie fanden bald, daß alle Saiten genau gleich lang, aber nicht gleich dick waren. Der Professor ließ sie an den Saiten zupfen, und schnell hatten sie heraus, daß die dickste Saite am tiefsten und die dünnste am höchsten klang. Der Professor nickte erfreut.
Dann machte er selbst einen Versuch. Er zupfte ziemlich stark an einer der vier Saiten, und während sie schwang, zog er den «Wirbel», um den die Saite gewickelt war, schnell an. Sofort wurde der Ton höher; es war fast wie bei einer Sirene. Die Kinder lachten, als der Professor dann das Gegenteil versuchte und den «Wirbel» lockerte, während der Ton klang, und dieser wurde nun schnell tiefer.
«Dritte Regel», sagte der Professor: «Von zwei gleich langen und gleich dicken Saiten klingt die straffer gespannte höher. Und nun kommt euch ein paar Instrumente ansehen!»
Der Professor zeigte uns nun Geigen sowie ähnliche Instrumente, die nur wesentlich größer waren. «Das ist die Familie der Violinen», sagte der Professor, «so nennt man sie, und sie sehen wirklich wie eine Familie aus, alle einander ähnlich, ja gleich in der Bauart, nur verschieden in der Größe. Da ist die Violine oder Geige selbst, mit vier Saiten, die in Quinten gestimmt sind ...»
«Wir wissen schon, was Quinten sind», sagte Thomas, und die anderen nickten eifrig, nur ich zweifelte ein klein wenig, ob sich das wirklich alle gemerkt hatten.
«Hier, nur ein wenig größer, die Viola oder mit ihrem deutschen Namen: die Bratsche. Viel größer — hier — das Violoncello oder Cello, das nicht mehr, wie Violine und Viola, im Arm gehalten, sondern auf den Boden gestellt wird. Und hier, ganz groß, höher als der Mann, der es spielt, der Kontrabaß. Die Regeln, die ich euch genannt habe, gelten natürlich für alle diese Instrumente, und so ist es klar, daß die Violine von diesen den höchsten Klang hat. Die Viola oder Bratsche klingt etwas tiefer, das Cello noch tiefer und der

Kontrabaß, der die längsten und dicksten Saiten hat, hat den tiefsten Klang ...»
«Wie kann ein Kind Kontrabaß spielen lernen?» fragte Christine, während sie ihre kleinen Finger über die dicken Saiten streichen ließ und ehrfurchtsvoll bis zur vollen Höhe des Instruments hinaufblickte. Alle lachten, und nicht einmal der Professor wußte eine Antwort darauf.
«Hier», erklärte er uns dann, «gibt es eine Reihe von Vorläufern der Familie der Violine zu sehen.» Er nahm ein seltsames Ding aus einem Glasschrank, das kaum wie ein Musikinstrument aussah. Es waren ein paar Bretter, schlecht zusammengefügt; darüber liefen zwei Saiten.
«Dieses Instrument hat eine sehr, sehr alte Geschichte. Es ist der fernste Vorläufer unserer Violine und soll in Indien schon vor siebentausend Jahren bekannt gewesen sein. Man nannte es dort Ravanastron, nach dem sagenhaften König Ravana von Ceylon, das jetzt Sri Lanka heißt, den man auch den ‹König mit den zehn Köpfen› nannte, ich weiß nicht warum. Es wurde mit einem Bogen gespielt, doch der war,

Cello

Kontrabaß

im Unterschied zu den heutigen Violinbogen, ein wirklicher Bogen, also ein gebogenes, elastisches Holz, dessen Enden durch eine Schnur oder eine Darmsaite verbunden waren. Hier ist er.»
Der Bogen sah wie der eines Schützen im afrikanischen Busch aus. Der Professor setzte ihn auf die Saiten, und wir hörten einen leisen, quietschenden Ton.
«Alle alten Streichinstrumente wurden mit wirklichen Bogen gespielt, das sehen wir auch beim nächsten, das dort drüben liegt ...»
«Sie sagten jetzt Streichinstrumente und vorher immer Saiteninstrumente, das ist doch nicht das gleiche?» wollte Thomas wissen.
«Nein, nicht alle Saiteninstrumente sind Streichinstrumente. Auf welche Weise kann man Saiten zum Klingen bringen?»
«Durch Streichen mit dem Bogen!» antwortete Peter.
«Durch Zupfen!» rief die kleine Elsa, die sich erinnerte, was der Professor ein wenig früher mit den Violinsaiten gemacht hatte.
«Sehr gut!» sagte der Professor, «das sind schon zwei Arten, es fehlt nur noch eine dritte ...»
Die Kinder dachten angestrengt nach, aber keines kam darauf.
«Denkt doch einmal an das Klavier!» half ihnen der Professor, und da erinnerten sie sich der hübschen kleinen Hämmerchen, die auf und ab hüpften, wenn ich ihnen etwas vorspielte. Doch sie konnten es nicht sogleich richtig ausdrükken, bis Thomas die Lösung fand: «Durch ... Schlagen!»
«Ausgezeichnet! Also: Streichen, zupfen, schlagen — so bringt man Saiten zum Schwingen. Gestrichen werden die Saiten bei allen Instrumenten der Geigenfamilie. Gezupft — wo?»
«Bei der Gitarre ..., der Mandoline ..., der Harfe ...», wußten die Kinder.
«Auch bei den Streichinstrumenten werden die Saiten gelegentlich gezupft, das nennt man dann, mit einem italienischen Wort, ‹pizzicato›. Und bei welchem Instrument werden die Saiten weder gezupft noch gestrichen, sondern geschlagen?»
Die Kinder dachten nach, dann wußten einige von den Älteren die Antwort: «Beim Klavier!»

Der Professor nickte, doch war es, als erwarte er noch eine weitere Antwort. Als niemand sprach, fragte er: «Habt ihr einmal eine Zigeunerkapelle spielen hören? Deren Hauptinstrument ist das Zimbal, das ist wie eine sehr große Zither oder wie eine Harfe, die auf einem Tisch liegt: Deren Saiten werden mit zwei Klöppeln oder Schlegeln geschlagen ... Doch nun zurück zu den Vorläufern der Streichinstrumente. Hier seht ihr ein weiteres, sehr wichtiges. Es ist nicht so alt wie das Ravanastron, aber immerhin auch viele Jahrhunderte, und stammt aus Arabien und Persien. Es klingt schon etwas voller und unseren Instrumenten ähnlicher ...»
Der Professor spielte das seltsame Instrument. Es war nicht viel länger als einen halben Meter, aber er hielt es nicht im Arm, sondern stellte es auf den Boden, hockte sich selbst dazu nieder und strich mit einem Bogen die wenigen Saiten. Das Instrument hatte einen sehr langen Hals und einen nur sehr kleinen Körper, der annähernd rund war und zwei kleine Löcher aufwies.
«Wie heißt dieses Instrument?», interessierte sich Thomas.
«Kemanje oder Kemansche. Es ist mit diesem anderen hier verwandt, das auch ein Ahnherr unserer Geigen ist.» Der Professor zeigte uns ein ungefähr ebenso langes Instrument, das aber einen schachtelartigen, viereckigen Körper hatte, über den auf einem ziemlich langen Hals eine einzige Saite gespannt war. «Es kommt auch aus arabischen Ländern, hat aber vielerlei Namen: Rebab heißt es auf arabisch, auch Rebeb oder Rabab, was alles arabische Worte sind. In Spanien nannte man es Rabel, auch Rabé, es gab die Bezeichnung Ribeca oder Rubeca ...»
«Hat man es auch bei uns gespielt?» fragte der kluge Thomas.
Der Professor strahlte vor Freude über das große Interesse, das sein Museum bei unseren kleinen Freunden fand. Doch zugleich machte er ein fragendes Gesicht:
«Das ist sehr schwer zu beantworten. Diese Instrumente stammen alle aus anderen Erdteilen, zumeist von den Nordküsten Afrikas oder aus dem Nahen und Mittleren Orient — das waren Stätten sehr alter Kultur, die wir meist als mittelmeerische bezeichnen — und wir nehmen an, vieles davon hätten die Araber mitgebracht, als sie im Jahre 711 über die Meerenge von Gibraltar nach Spanien einfielen und sich in

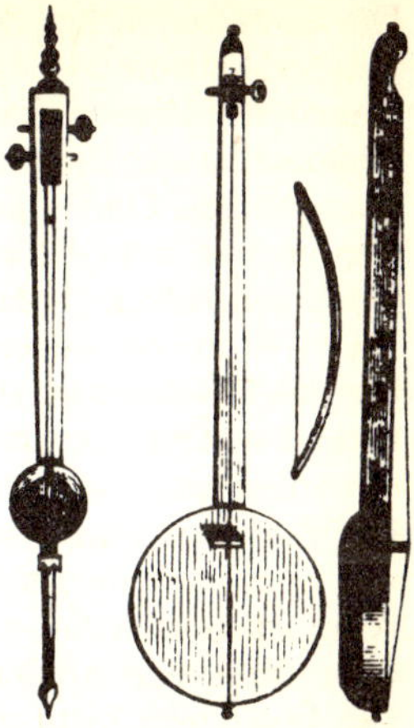

Streichinstrumente (Arabien, Persien, Indien)

diesem Land für Jahrhunderte festsetzten. Da führten sie wohl Gitarren und Lauten mit sich — in ihrer damaligen Form, versteht sich — und wohl auch Kemanjehs und Rebabs. Von Spanien aus gelangten alle diese Instrumente dann immer weiter nach Norden. Aber es gab auch in Europa schon Saiteninstrumente in frühen christlichen Jahrhunderten. Da seht ihr hier zum Beispiel eines ...»

Er entnahm einem Glasschrank ein Instrument, das wie ein Brett aussah, aus dem eine Hälfte ovalförmig ausgesägt worden war, so daß dort nur ein dünner Rand stehen geblieben war. Sechs oder sieben Saiten waren nebeneinander darübergespannt.

«Dieses Instrument wird nicht gestrichen, sondern gezupft. Am ehesten sieht es einer Leier ähnlich. Wahrscheinlich stammt es aus England oder Irland, man dürfte es aber auch in anderen Teilen, vor allem Nordeuropas, gespielt haben ...»

«Wie heißt es?» wollten die Kinder wissen. Da lächelte der Professor und sagte: «Das kann ich euch nicht sagen, sondern nur aufschreiben!» Die Kinder sahen ihn sehr verwundert an. Der Professor nahm ein Papier und schrieb mit großen Buchstaben: CRWTH.

Wir lachten, während wir uns fast die Zungen zerbrachen, um dieses schwierige Wort auszusprechen. «Es ist ein keltisches Wort», erklärte der Professor, «die Kelten waren ein sehr interessantes altes Kulturvolk, von dem wir eigentlich viel zu wenig wissen. Jedenfalls musizierte es, das wissen wir aus vielen alten Quellen ... Ihr müßt euch übrigens mit diesem Wort nicht so plagen, man kann es auch Chrotta nennen oder Cruth. So nannte man es anscheinend auf dem europäischen Kontinent, wo es schon im 8. Jahrhundert vorkam. Allerdings scheint es dann zum Streichinstrument geworden zu sein, während es vorher ein Zupfinstrument gewesen sein dürfte ... Später taucht dann der Namen Viela oder auch Viella für ein mittelalterliches europäisches Streichinstrument auf, und davon dürfte das Wort Viola abstammen, und von dem dann nachher Violine ... Aber das sind Dinge, die müßt ihr noch nicht wissen, die lernt man erst auf der Universität, wenn man die Musik und ihre Ge-

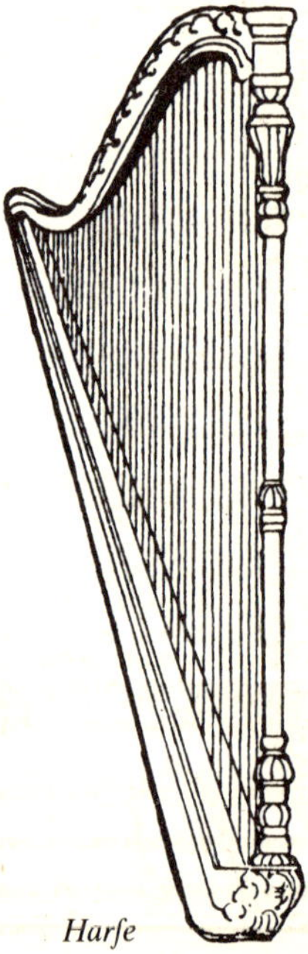

Harfe

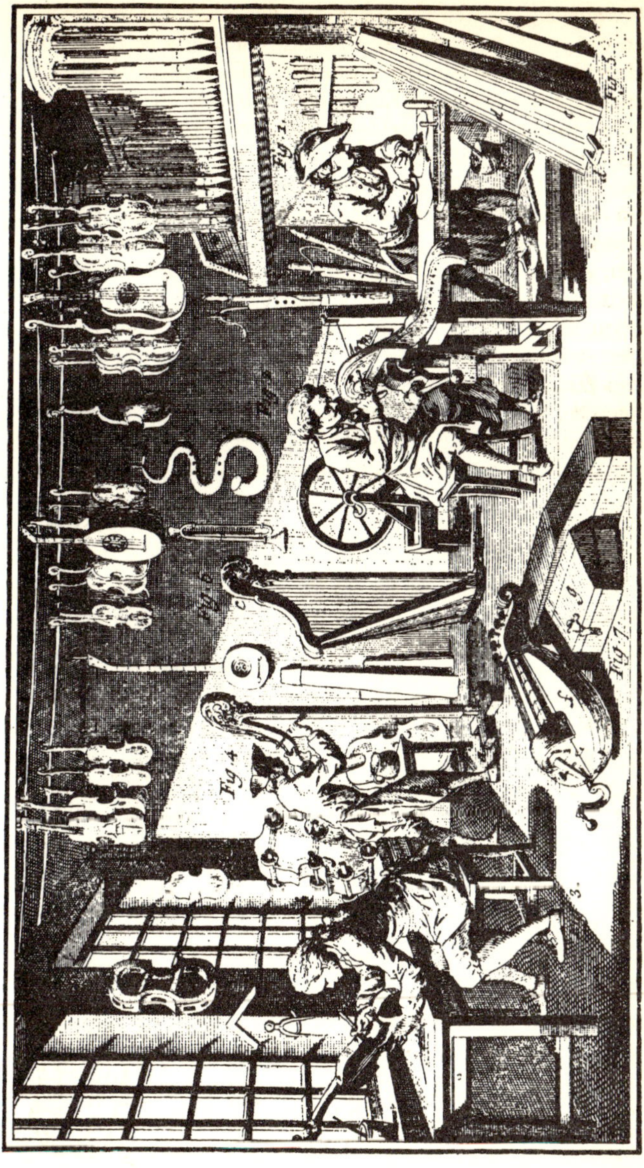

Werkstatt im 18. Jahrhundert

schichte studiert … Hier habe ich übrigens eine besonders schöne Viola, die ungefähr dreihundert Jahre alt sein dürfte …»
Nun sahen wir einige herrliche Instrumente, viel schöner als alle, die gegenwärtig in Gebrauch stehen. Sie hatten Formen, die denen der heutigen Violen und Violoncelli ähnlich sahen, aber sie waren viel kunstvoller ausgeführt, mit holzgeschnitzten oder elfenbeinernen Verzierungen. Und die Schnecke, wie man den obersten Teil des Geigenhalses nennt, wo die Saiten mittels Wirbel gespannt und gestimmt werden, waren oftmals zu wunderschönen Figuren oder Köpfen geformt.
«Der Bau dieser Instrumente war», so begann der Professor zu erzählen, «eine Kunst und eine Wissenschaft zugleich. Oftmals vererbte sich dieses Können von Großvater zu Vater, von diesem auf die Söhne und von diesen wieder weiter auf deren Söhne. Viele Generationen arbeiteten daran, die Geheimnisse des Klanges zu ergründen und anzuwenden …»
«Die Geheimnisse?» fragten die Kinder neugierig.
«Nun ja. Denn um solche edlen Instrumente konstruieren zu können, bedarf es vieler Kenntnisse und viel Gefühls. Man muß manches von Mathematik verstehen, muß die Gesetze der Akustik beherrschen, also die Lehre vom Klang. Man muß die Eigenheiten jeder Holzart gut kennen, die man zu verwenden gedenkt. Viel hängt von den Proportionen ab: das heißt vom Maß jedes Teils. Ein Geigenbauer weiß zum Beispiel genau, daß er den Deckel eines Instruments nicht größer oder kleiner machen kann, ohne auch andere

Geigenzettel, mit denen der Geigenbauer seine Instrumente kennzeichnete

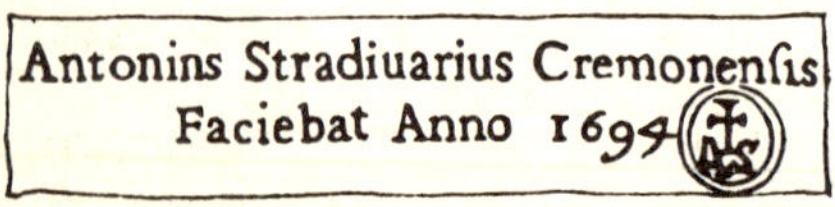

Bestandteile in gleicher Weise zu vergrößern, zu verkleinern, zu verbreitern oder schmäler zu machen. Dabei geht es oftmals um Millimeter, ja möglicherweise um Bruchteile von Millimetern, so fein muß da gearbeitet werden! Aber weiter noch: Man muß das Holz schnitzen und den Lack aus vielerlei Bestandteilen zubereiten können, muß ihn genau im richtigen Augenblick auftragen und in der notwendigen Dikke, muß wissen — auf Millimeter und noch genauer —, wo der Steg, wo das Griffbrett aufzusetzen sind, wie hoch und breit sie sein müssen, wie die Wirbel gedrechselt werden sollen und noch viel, viel mehr. Wenn ein Instrument ganz besonders schön gelingen sollte, dann durfte man nicht die

Lautenbauer (nach einem Holzschnitt von Albrecht Dürer)

Stunden zählen, die Tage und Nächte, die Wochen, die man darauf verwendete.»

«Kennt man die Namen dieser Männer ..., wie nennt man sie eigentlich?» fragte Thomas.

«Für gewöhnlich nennt man sie Geigenbauer, auch wenn sie damals mehr Violen und Lauten bauten als Geigen. In anderen Sprachen gibt es Bezeichnungen, die vom Wort ‹Laute› her kommen. Man kennt viele Namen aus der Geschichte der Instrumentenbaukunst. Die berühmtesten sind wohl Amati — das war eine ganze Familie, vom Großvater über den Vater zu den Söhnen und Enkeln — und Stradivari. Sie lebten in Cremona, einer italienischen Stadt, die lange Zeit der Mittelpunkt der Geigenbaukunst war. Auch im italienischen Brescia baute man wundervolle Geigen und Bratschen sowie in einigen Orten Tirols und im bayerischen Mittenwald ...»

«Wann war das ungefähr?» wollte Thomas wissen.

«Stradivari oder Stradivarius starb im Jahre 1737; der berühmteste der Amati, Nicola mit Namen, der sein Lehrer gewesen war, 1684 ...»

«Aber die Instrumente kann man auch heute noch spielen?» interessierte sich nun Peter.

«O ja, und sie klingen herrlich! Es gibt heute einige sehr berühmte Geiger, die auf Stradivari- oder Amati-Geigen spielen ...»

«Die sind sicher sehr wertvoll?»

«Sehr. Es gibt ihrer nicht mehr viele auf der Welt, und jede einzelne ist ein wahres Vermögen wert. Denn seitdem ist es niemandem mehr gelungen, so wohlklingende Instrumente herzustellen ...»

Wir waren weitergeschritten. In einem anderen großen Glasschrank lagen Lauten und Gitarren. Der Professor erzählte uns, daß auch diese beiden Instrumente von den Arabern in fernen Tagen nach Europa gebracht wurden. Sie nannten die schönen Lauten mit ihrem gewölbten Körper und ihrem nach hinten abgeknickten Hals «el'oud», woraus im Spanischen «El laud» und im Deutschen «Laute» wurde. Dann zeigte er uns eine seltsame afrikanische Lautenart. Ihre Saiten waren über einen Kürbis gespannt, der als Resonanzkörper diente.

Im nächsten Saal waren Blasinstrumente aufbewahrt. Da sahen wir die einfachsten Flöten, mit ganz wenigen Tönen, so wie sie die Hirten Europas in Vorzeiten spielten und heute noch die Indianer Lateinamerikas. Sie waren aus Ton, aus Bambus, sogar aus Silber, und eine war aus einem menschlichen Knochen gefertigt. Dann gab es sogenannte «Panflöten»: Sie bestehen aus mehreren, verschieden langen Flöten, die aneinander festgebunden sind. Deren Töne ergeben, einer nach dem anderen angeblasen, eine Tonleiter. Und die Kinder erkannten, daß auch hier ein ähnliches Gesetz wie bei den Saiteninstrumenten waltet: Je länger und je dicker das Instrument, desto tiefer der Ton. Er wurde höher und immer höher, desto kleiner und schmäler die Flöten wurden.

Genauso war es auch bei den Schlaginstrumenten, die wir in einem anderen Saal beobachteten. Auch deren Ton war tiefer, wenn das Instrument größer war. Es gab ihrer eine wahre Überfülle der verschiedensten Arten: ausgehöhlte Stücke

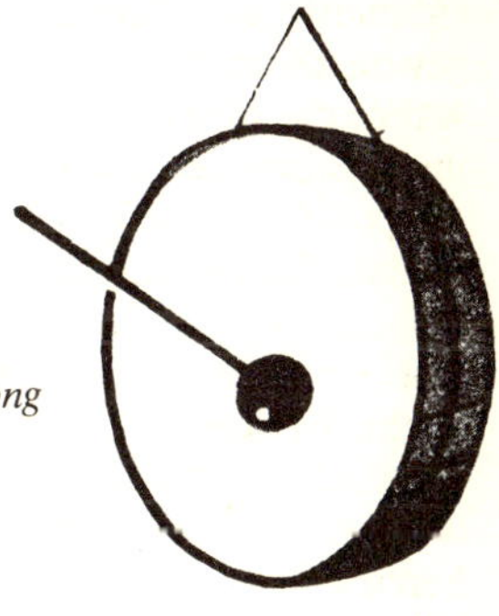

Gong

Triangel

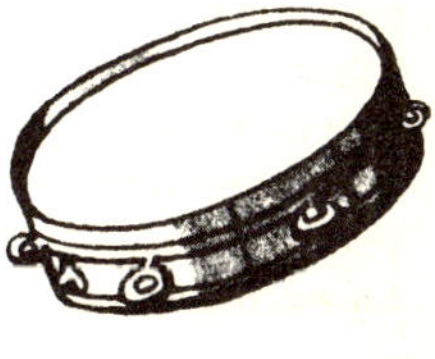

Tamburin

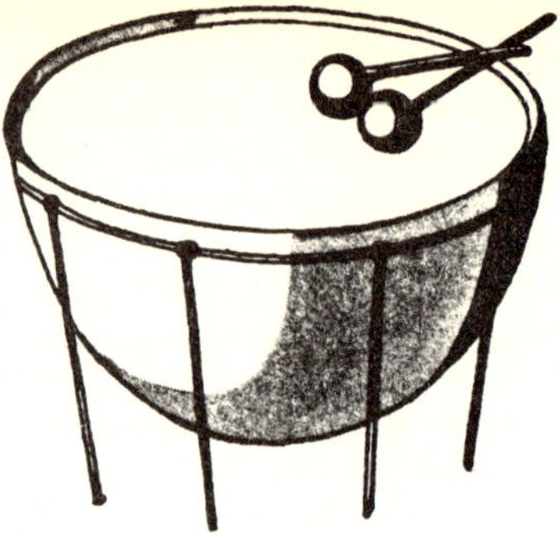

Kesselpauke

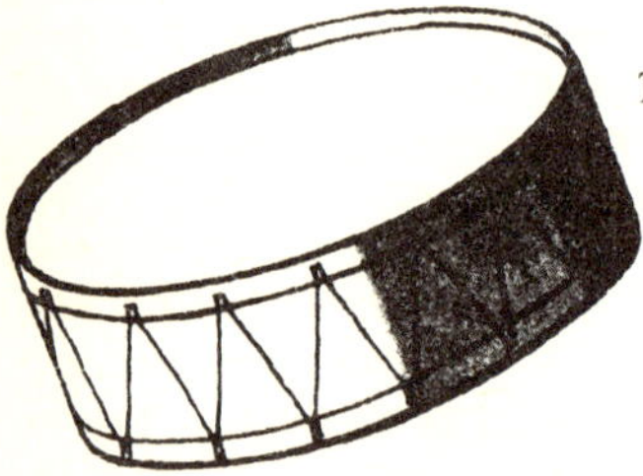

Trommel

Kastagnetten

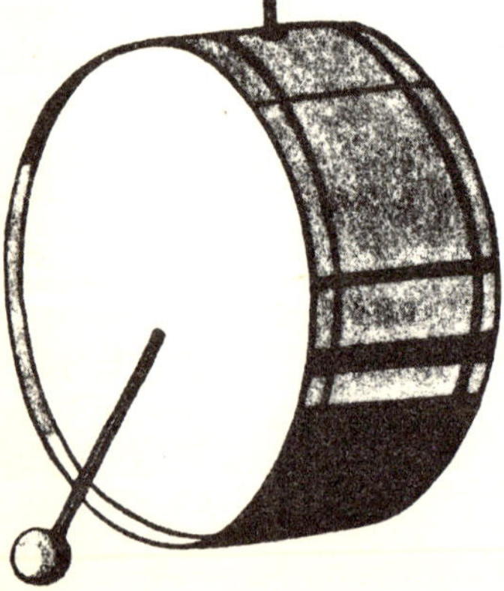

Pauke mit Becken

von Baumstämmen, die primitiven Völkern mehrerer Erdteile als Trommeln dienen; metallene Glocken jeglicher Größe; Metallstäbe; Holzklappern, ähnlich jenen kleinen Kastagnetten, wie sie die spanischen Tänzerinnen zum Schlagen des Rhythmus verwenden; Tamburine, runde Holzrahmen mit einem Fell darüber und kleinen Schellen; zahllose Arten von Trommeln; Gongs oder Tam-Tams, riesige Kupferscheiben, die, mit einem wuchtigen Schlegel geschlagen, einen weithin hallenden, dumpfen, aber feierlichen Klang hervorbringen.

Der Name Gong komme, erklärte uns der Professor, von diesem Klang her, den er mit Lauten der Sprache nachzuahmen suche. Das sei eine häufige Art von Namensgebung, nicht nur bei primitiven Völkern, sondern auch bei so hochentwickelten wie den ostasiatischen, die den Gong und manches andere Instrument nicht nur erfunden, sondern, vor allem in Indonesien, in verschiedenen Größen zu ganzen herrlich klingenden Orchestern zusammengestellt haben.

Bei vielen Völkern dienen ausgetrocknete Früchte als Schlaginstrumente, denn wenn man sie schüttelt, vollführen die losen Samenkörner in ihrem Innern ein rasselndes Geräusch, das zum Tanz eine passende, ja anfeuernde Begleitung ergeben kann; das ist nicht nur bei den Negern in Afrika und vielen Indianerstämmen Amerikas der Fall, sondern ist durch die Jazzmusik über die ganze Welt verbreitet worden.

Ich kann leider nicht alles aufschreiben, was ich mit meinen kleinen Freunden heute nachmittag alles sah, es war so viel und so interessant!

11
Eine Reise um die Welt in einem kurzen Vormittag

Heute haben wir eine ganz herrliche Reise gemacht, meine kleinen Freunde und ich! Schon lange wollte ich ihnen etwas über die Musik und die Tänze der Völker erzählen, aber das bloße Wort erschien mir für ein so buntes und belebtes Thema zu arm, auch das Klavier kann den vielfältigen Klang der Volksinstrumente nicht recht nachahmen. Schon wollte ich es mit Schallplatten versuchen, da las ich, daß am heutigen Vormittag eine Reihe von Filmen gezeigt würde, die Lieder und Tänze aus verschiedensten Weltgegenden in Farben und Tönen festhalten.
Alle Völker der Erde haben ihre eigene Musik, Musik, die oft sehr alt ist, schon von den Großeltern gesungen und gespielt wurde und von deren Großeltern. Und Tänze, die den Charakter der Völker deutlich widerspiegeln, graziös sind oder derb, kraftvoll oder lieblich, langsam oder schnell, humoristisch oder ernst, kompliziert oder einfach, kunstvoll oder natürlich. Oder ein Mittelding von dem allem oder von vielem davon.
Doch Tänze und Melodien können wandern, so wie Menschen es manchmal tun. Und können sich in der Fremde

Der Walzer

wohl fühlen oder aus Sehnsucht nach der alten Heimat verkümmern. Oftmals hatte ein Lied, ein Tanz, die Grenzen seines Ursprungslandes überschritten, zog von Stadt zu Stadt und eroberte die Welt. So erging es dem Walzer, der im vorigen Jahrhundert von Wien aus seinen Spaziergang antrat, bald überall getanzt und hundertfach nachgeahmt wurde. Gerade so war es bei der Mazurka und der Polonaise, die aus Polen kamen, bei der Polka, die um das Jahr 1850 von einem tschechischen Bauernmädchen erfunden worden sein soll und bald in Europa und Übersee getanzt wurde. So erging es auch dem argentinischen Tango, der sich zu Anfang unseres Jahrhunderts über die Welt verbreitete, nachdem er ungefähr zwanzig Jahre zuvor in Buenos Aires aufgetaucht war. Und natürlich mit den Jazztänzen, die aus den Negervierteln einiger Städte im Süden der USA stammen, im Gefolge des Ersten Weltkriegs Europa und bald die halbe Erde überschwemmten und seitdem in vielerlei Verwandlungen eine gewaltige Rolle in der Unterhaltungsmusik aller Länder spielen.
Davon erzählte ich meinen kleinen Freunden, als wir uns auf den Weg ins Kino machten. Heute aber sollten wir eine andere Art von Tänzen sehen: solche, die sich nicht über ihre Ursprungsländer hinaus verbreiteten und die man darum heute noch als charakteristisch für diese Länder ansieht, als «Folklore», wie man das nennt. Über dieses Wort entbrannte sofort eine Diskussion; die älteren Kinder kannten es, hatten es im Rundfunk oder Fernsehen gehört. Es ist ein heute auf der ganzen Welt verbreitetes Wort für «Volkskunst». Man könnte auch von «Volkswissen» sprechen. Denn zur Folklore gehören Lieder und Tänze, aber auch Märchen, Sagen und Legenden, Bräuche und Feste, Kleidung und eine besondere Art, Häuser zu bauen. Die Folklore widerspiegelt sozusagen das Volk, den Charakter, die Geschichte, die Landschaft, in der es lebt. In den letzten Jahren schenkt man der Folklore, der echten Volkskunst, große Beachtung, sie wird überall liebevoll gepflegt, und dem verdanken wir Filme wie die, die wir heute sehen sollten. Dieses Bestreben ist sehr gesund und sehr natürlich. Das moderne Leben geht auf eine immer stärker werdende Anpassung, Gleichmachung aus: Heute baut man in Japan so wie in Brasilien und wie in ganz Europa, man kleidet sich

in Afrika so wie in Australien, in Europa so wie in Amerika. Man sieht die gleichen Filme, die gleichen Programme des Fernsehens, man verwendet die gleichen Geräte, Maschinen und Instrumente überall. Da tut es gut, wenn jedes Volk doch noch etwas Eigenes behält, etwas, das aus seiner Vergangenheit, seiner Überlieferung stammt und genau seinem Denken und Fühlen entspricht. Und das ist die Folklore.
Wo das Wort herkäme, fragten mich die Kinder. Ein englischer Forscher schuf es vor mehr als hundert Jahren. «Folk» entspricht unserem Wort Volk, und «lore» bedeutet das Wissen. Also das, was das Volk weiß. Ohne daß man es lehren würde, natürlich; also das uralte, eingeborene Wissen, dessen Ursprung niemand mehr kennt. Folklore, das ist nicht nur Musik und Tanz; dazu gehören auch Sagen und Legenden, Trachten und Gebräuche.
Das erste, was wir im Film sahen, war ein spanisches Volksfest. Man sah das Orchester, das aus vielen Gitarren, aus einigen Blasinstrumenten und aus Dudelsäcken bestand. Manchmal waren es Gruppentänze, die vor uns abrollten, manchmal Paartänze, besonders eindrucksvoll aber waren die Einzeltänze, wenn ein junges Mädchen sich aus der Schar löste und einige Augenblicke lang allein tanzte, mit prachtvoller Körperbeherrschung, energischen und doch graziösen Bewegungen. Christine, die wie stets an meiner Seite saß, flüsterte mir zu, sie wolle heute abend versuchen, ebenso zu tanzen, aber sie habe leider keinen so langen, bunten Rock und auch keinen so hohen Kamm, wie ihn die Spanierin in ihrem glänzenden schwarzen Haar trug.

Bolero

Unsere Jungen aber begeisterten sich vor allem am folgenden Schwertertanz, den eine Gruppe von Basken vorführte und der mit seiner wilden Musik sehr aufregend wirkte. Glücklicherweise haben meine kleinen Freunde keine Schwerter zu Hause! Wie die vielen Tänze hießen, die in dem spanischen Film vorkamen? Ein paar haben wir uns gemerkt: etwa die «Jota», die «Chota» ausgesprochen wird; dann die «Sevillana» (Sewiljana), die aus dem sonnigen Süden, aus Andalusien und seiner Stadt Sevilla, stammt; die «Seguidilla» (Segidilja), die in der schönen Oper «Carmen» getanzt und gesungen wird. Wollten wir alle spanischen Tänze aufzählen, wir kämen auf viele Dutzend!
Dann wurden wir nach Holland versetzt. Wie gewaltig war dieser Unterschied! Die Geschicklichkeit, ja man könnte fast sagen Akrobatik, die stolze, hochaufgerichtete Haltung der Spanier war hier vertauscht gegen ein ruhiges, wiegendes, fast gemütliches Sichdrehen. Die großen, schweren Holzpantoffeln klapperten auf dem Boden, gemächlich und gleichförmig; es war freundlich und fast beruhigend nach der vorhergegangenen Erregung der Südländer. Die Mädchen trugen nette weiße Häubchen, hatten dicke Kleider an und lächelten. Bei den Spaniern hatte man das Gefühl gehabt, dort sei Tanz Anspannung, Straffung aller Muskeln,

Ballung von Energie. Hier in Holland war er Entspannung, fröhliches, geselliges Beisammensein. Woher mag das kommen? Die größeren unserer Kinder bemerkten das und stellten sich die Frage. Ob es am Klima liegt? Ob die dickere Kleidung, die die Menschen kälterer Zonen tragen müssen, sie an den raschen Bewegungen hindert? Ob der ruhigere Charakter der Nordländer ihren Tanz zum gemütlichen Zeitvertreib macht, während das südländische Temperament der Mittelmeervölker ihrem Tanz die Merkmale eines Wettkampfes verleiht?

Dann versetzte uns die tönende Leinwand nach Norwegen. In einem Fischerhaus saßen Frauen und Mädchen an Spinnrädern. Ihre weißen Häubchen waren goldbestickt, die Haare schienen aus Gold. Zum Surren der Rädchen sangen sie ein Lied. Wir verstanden die Worte nicht, aber wir fühlten, daß sie vom Meer sangen, das ihr Leben bestimmt.

Jedes Volk besingt die Natur, in die das Schicksal sein Leben eingebettet hat: Von den schneebedeckten Gipfeln singt der Bewohner der Alpen, von Weite und Einsamkeit der Mensch der großen Tiefebenen, das Bild des Flusses ersteht aus den Melodien der Bewohner, die an seinen Ufern leben. Das Heideland hat seine eigenen Lieder, geradeso wie die Hügellandschaft, die großen Wälder sowie die dunklen Sümpfe und Moore.

Die Norwegerinnen also sangen vom Meer, auf das Väter, Brüder, Ehemänner, Verlobte hinausfuhren zum Fischfang, auf dem sie Stürme und Gewitter erlebten, Flauten und Sonnenschein und von dem sie eines ersehnten Tages heimkehrten zu den wartenden Frauen.

Dann ging unsere Reise nach Polen, und wiederum waren Musik und Tänze ganz anders. Die Melodien hatten jenen ganz besonderen Charakter, der für die slawische Musik typisch ist. (Denn Polen ist ein slawisches Land, geradeso wie Russen, Tschechen, Serben, Slowenen, Slowaken, Bulgaren und noch andere mehr Slawen sind.) «Sie stimmt einen traurig, diese Musik», drückte Karin es aus, aber «angenehm traurig», wie Gabi hinzufügte. Aber gleich sollten wir merken, daß slawische Musik nicht immer traurig oder melancholisch ist: Es folgte unmittelbar auf das von einem Chor gesungene Volkslied ein rascher Tanz, zu dem die Burschen lange, durch einen Gürtel zusammengehaltene Jacken, die

Mädchen helle Blusen, Schürzen, Blumen und Bänder trugen. Es gab viel graziöse Drehungen der Mädchen, die sich auf den Fußspitzen drehten und deren Röcke sich dann wie Glocken weiteten. Die Burschen sprangen oftmals hoch in die Luft und vollführten schnelle Beinbewegungen während der Sprünge. Dieser Tanz hieß Krakowiak, hatte seinen Namen also von der Stadt Krakau erhalten, die in Polens Vergangenheit eine bedeutende Rolle spielte. Er war ursprünglich gar kein Volkstanz gewesen, ja nicht einmal ein fröhlicher Tanz. Ich erklärte den Kindern seine Geschichte, die sich ähnlich wie bei vielen folkloristischen Tänzen abgespielt hat. Man hatte diesen Tanz am Hofe getanzt, gemessen und feierlich, ähnlich der Polonaise. Aber dann war er ins Volk gedrungen, das stets gern die Tänze der oberen Schichten nachahmt. Und so hatte er allmählich seinen heutigen Charakter angenommen, in dem von der alten Feierlichkeit einer Hofzeremonie nichts mehr zu spüren ist. Zu dieser Unterhaltung gab uns eine Pause Gelegenheit, aber nun wurde es wieder dunkel, und ein farbenprächtiges Bild fesselte unsere Aufmerksamkeit.

Da waren wir in Ungarn. Auf der Pußta, wie man die Tiefebene dort nennt, fand ein Volksfest statt. Violinklänge drangen an unser Ohr. Habt ihr schon einmal eine richtige ungarische Zigeunerkapelle spielen gehört? Das klingt so wunderschön, so ganz anders als andere Orchester! Es ist, als könnten die Geigen lachen und weinen, und jeder Musiker spielt mit ganzer Seele und erfindet immer wieder Neues und wird nicht müde, auch wenn er ohne Unterbrechung stundenlang spielt oder eine ganze Sommernacht hindurch.

Csárdás

Er spielt immer auswendig; er kann gar nicht anders, denn Notenlesen hat er nie gelernt. In der Mitte eines solchen Orchesters, zwischen Geigen und einem oder zwei Kontrabässen, steht ein seltsames Instrument: Es sieht einer großen Zither oder einer liegenden Harfe ähnlich. Wir haben es schon beim Besuch im Instrumentenmuseum erwähnt: das Zimbal. Ein Musiker, dem zuzusehen ein wahrer Genuß ist, schlägt mit zwei Klöppeln auf die zahlreichen Saiten, oftmals so rasend schnell, daß das Zimbal, auch dank des Nachhalls, wie ein ganzes Orchester klingt.

Was die Ungarn tanzten, war ihr Nationaltanz, der berühmte Csárdás, den man «Tschardasch» ausspricht. Burschen und Mädchen in ihren sehr bunten Trachten, mit viel Grün und Rot in Bändern, Stickereien auf Jacken und Röcken, mit hohen Stiefeln und eleganter Körperhaltung, begannen nun mit einer langsamen, feierlichen Einleitung; es war wie eine Aufforderung zum Tanz. Und danach begann der rasche Teil, der schneller und immer schneller wurde. Das Orchester spielte sich in steigende Hitze und Begeisterung, und die Tänzer überboten einander in Drehungen und Sprüngen. Haare und Bänder flogen, immer toller wurde der Wirbel. Dann, mit drei starken Schlägen des Orchesters, endete der Tanz. Mit blitzschnellen Bewegungen nahmen die Tänzer die Schlußstellung ein — es war nicht zu verwundern, daß das gesamte Publikum in Beifall ausbrach und nicht am wenigsten meine kleinen Freunde.

Ich hatte kaum Zeit, mir ein paar Notizen zu machen, um nachher alles getreulich im Buch erzählen zu können. Ich glaube, auf Ungarn folgte Italien. Wer kennt die italienischen Volkslieder nicht? Jene weichen Melodien, die die Fischer singen im Golf von Neapel oder die Gondelführer in Venedig? Wieder folgten Lieder und Tänze in bunter Reihe, und gerade wie in Spanien konnten wir hier etwas Interessantes beobachten: wie die Musik innerhalb eines Landes beträchtliche Verschiedenheiten aufweisen kann. Anders klangen die Weisen des Nordens, anders in Piemont, in den Abruzzen, in der Toskana und ganz, ganz anders in Sizilien.

Unter den Instrumenten beobachteten wir viele Mandolinen, ein kleines, viersaitiges Zupfinstrument, bei dem rasche Tonwiederholungen einen rauschenden Klang ermöglichen. Der Tanz, der uns am besten gefiel, war eine wirbelnde, aus schnellen Schritten zusammengesetzte Tarantella. Die geschickte Tänzerin begleitete sich selbst durch Schläge auf dem Tamburin, das sie verblüffend gewandt in den Tanz einbezog. Dieser Name hat übrigens eine eigenartige Geschichte: Im Mittelalter, als diese Art des schnellen Tanzes aufkam und sich zu einer wahren Tanzwut entwickelte, da glaubten viele besonnene Leute, daß die Schuld daran eine giftige Spinne trage, die Tarantel heißt! Ihr Biß soll die Menschen in solche Raserei versetzt haben! Und so nannte man diesen Tanz, der oftmals Tage und Nächte lang ohne Ausruhen getanzt wurde und nicht selten sogar den Tod der Tänzer zur Folge hatte, den Taranteltanz oder Tarantella. Natürlich stellte sich bald heraus, daß das kleine Tier gänzlich unschuldig war, aber selbst heute sagen wir von jemandem, der sich zu lebhaft gebärdet, er scheine von der Tarantel gestochen.

Dann folgte ein hübsches Bild aus der Slowakei, mit weicher, sehr einschmeichelnder Musik, auf die dann eine lustige Polka folgte. Das begleitende Orchester bestand aus vielen Blasinstrumenten, vor allem Klarinetten, und wiederum fielen uns Dudelsäcke auf, deren seltsame Form wir schon im spanischen Bild gesehen hatten und die dann später nochmals in einer schottischen Musikkapelle zu sehen waren. Sie bestehen aus einem Sack, Windsack genannt, an dem mehrere Rohre oder Pfeifen stecken, von denen eine gespielt wird, während die andern mitklingen. Wer mochte dieses Instrument erfunden haben, daß es heute an so gänzlich verschiedenen und weit voneinander gelegenen Orten

Tarantella

Europas wiederkehrt? Ich konnte den Kindern nur sagen, daß schon die alten Griechen vor viel mehr als 2000 Jahren ein ähnliches Blasinstrument kannten. Aber es ist durchaus möglich, daß es vor noch viel längerer Zeit schon irgendwo in Asien gespielt wurde. Bei der Polka bemerkten unsere Mädchen sofort, daß die Tänzerinnen viele Röcke übereinander trugen, was beim raschen Drehen ein sehr hübsches Bild ergab. Da erklärte ich meinen kleinen Begleitern, daß die gleiche Gewohnheit auch bei Bewohnern anderer Erdteile zu beobachten ist, so etwa bei manchen Indianerstämmen Südamerikas — besonders im kalten Teil des Erdteils, in den hohen Anden, wo die Mädchen um so mehr Röcke tragen müssen, je höher der Rang und Wohlstand ihrer Familie ist.

Dann kam wieder etwas besonders Interessantes: Musik und Tanz aus Rußland. Hier erreichten die Lieder, die gesungen wurden, ergreifende Traurigkeit und die Tänze eine nicht zu überbietende Wildheit. Die ausführenden Burschen waren die reinsten Akrobaten! Sie sprangen hoch in die Luft, wie von einer Feder geschnellt, ließen sich aus dem Sprung in die Knie gleiten, um sofort wieder emporzuschnellen. Oder sie verblieben in kauernder Stellung und streckten in rasender Geschwindigkeit abwechselnd das rechte und das linke Bein nach vorn, so schnell, daß man kaum mit den Augen folgen konnte. Und die Mädchen waren nicht weniger gelenkig und geschickt in ihren Bewegungen, auch wenn es ihnen mehr auf Grazie und harmonische Bewegungen ankam als auf Akrobatik. Unter den Tänzen, die die Russen auf der Leinwand vorführten, befanden sich ein Hopak, auch Go-

Kosatschok

pak genannt, dann ein Kosakentanz namens «Kosatschok» und eine aus dem Kaukasus stammende «Lesginka». Ebenso vielfältig wie die Tänze waren auch die begleitenden Instrumente; einige ähnelten unserem Akkordeon, andere hatten Lautenform, eines sah sogar einer mittelalterlichen Leier ähnlich und wurde mittels eines kleinen Rades gespielt, und schließlich durfte Rußlands charakteristisches Instrument nicht fehlen, die Balalaika, eine kleine, dreieckige Gitarre mit sehr langem Hals und nur drei Saiten. Zwischen die Tänze waren immer wieder Lieder eingestreut, und die Stimmen, die sie vortrugen, waren von besonderem Wohlklang. Besonders die tiefen Männerstimmen klangen manchmal wie Orgeltöne, und wenn wir die Augen schlossen, dann war es uns, als sähen wir noch über das Bild auf der Leinwand hinaus in weite Steppen, über endlose Schneefelder, auf breite, ruhig dahinfließende Ströme.
Der musikalische Streifzug ging weiter. Auf ein Bild aus Schottland mit einer imposanten Musikkapelle, die hauptsächlich aus Dudelsäcken bestand, folgte eine Szene aus Frankreich, die ein fröhliches Winzerfest darstellte. Dann ging es in die bayerischen Alpen, wo Zithern ertönten, Burschen in Lederhosen einen «Schuhplattler» aufführten, mit Sprüngen, gebückten Drehungen, Händeklatschen auf die Schenkel und lustiger Laune.
Wir erlebten viel an diesem Vormittag. Die Kinder erfuhren nicht nur Wichtiges über die Musik der Völker, sondern über die Völker selbst, mehr als in vielen Geographie- und Geschichtsstunden erzählt werden kann.

Schuhplattler

12
Von fünf Linien, dicken Punkten und einem Wunder

Am nächsten Nachmittag versammelten wir uns wieder in meinem Haus. Nun war der Raum schon fast zu klein für so viele Kinder! Es waren an die dreißig! Meine Haushälterin machte ein bedenkliches Gesicht, aber Renzo freute sich über jeden Neuankömmling.
Die Fragen schwirrten nur so durch den Raum, man merkte, daß die Kinder noch die bunten Bilder und schönen Melodien der Filme im Kopf hatten. Schon im Museum hatten einige meiner kleinen Freunde den Wunsch geäußert, Instrumente spielen zu lernen, und der gestrige Tag hatte diesen Wunsch noch wesentlich verstärkt.
«Muß man eigentlich Noten lesen lernen, um ein Instrument spielen zu können?» fragten mich mehrere.
«Das ist nicht so einfach mit Ja oder Nein zu beantworten. Es gibt im Volk eine Menge von ausgezeichneten Musikanten, die keine Noten lesen können. Denkt auch an die ungarischen Zigeuner, die wir im Film sahen! Es gibt Menschen, sogar Kinder, die gehörte Melodien auf dem Klavier nachspielen können — oder auf der Gitarre oder dem Akkordeon —, ohne jemals die Noten gesehen oder Musik studiert zu haben. Wollen wir uns dagegen ernsthaft mit Musik befassen und ihre großen Werke besser verstehen oder ein Instrument wirklich richtig beherrschen, um mit anderen gemeinsam musizieren zu können, dann müssen wir Noten lesen lernen. Aber es gibt kaum etwas Leichteres als das …»
«O nein, das ist sehr schwer!» meinten einige meiner kleinen Freunde und seufzten. Sicherlich hatten sie böse Erfahrungen damit gemacht. Ich lachte.
«Sicher», versicherten sie eindringlich, «furchtbar schwer sogar!»
Ich lachte noch mehr. «Wollen wir heute nicht ein wenig davon sprechen?» schlug ich vor. Statt der sonstigen Begeisterung sah ich nun dreißig lange Gesichter.

«Habt doch keine Angst! Ihr habt euch doch hier noch nie gelangweilt, glaube ich? Nun also, es wird auch heute nicht geschehen! Ihr werdet sofort sehen, wie interessant und unterhaltend das sein kann.» Dabei holte ich Tafel und Kreide.
«Ach, jetzt die fünf Linien ..., das kennen wir schon ...», sagten ein paar der Älteren gelangweilt.
«Fünf Linien?» fragte ich verwundert. «Was sollen fünf Linien?»
Nun stutzten sie: Ein Musiker, der nicht weiß, daß man Musik auf fünf Linien schreibt? Das war etwas Ungewöhnliches, dachten sie sicherlich. Nur das Gesicht von Thomas war nicht verwundert, ja es zeigte plötzlich Freude. Er hatte Vertrauen zu mir.
«Sagt einmal, diese fünf Linien, die ihr da erwähnt habt ..., woher kommen die?»
Es wurde sehr still, niemand wußte zu antworten.
«Nun, die Menschen erfanden die Notenschrift nicht an einem einzigen Tag, sondern in vielen Jahrhunderten. Es war ein langer Weg, und ich möchte gern, daß wir jetzt wenigstens seine wichtigsten Etappen noch einmal nachgehen, also gewissermaßen die Notenschrift noch einmal erfinden ...»
Ah! Erfinden! Das klang schon anders. Rudi allerdings fragte unter allgemeinem Gelächter: «Werden wir auch Jahrhunderte dazu brauchen?»
«Nein! Ihr werdet das an einem einzigen Nachmittag machen!»
Ich setzte mich ans Klavier und spielte eine ganz einfache kleine Melodie. Ich wiederholte sie drei- oder viermal, und die Kinder sangen sie sofort nach. Dann rief ich Thomas zur Tafel und sagte zu ihm: «Also Thomas, du sollst dir jetzt vorstellen, daß dieses Zimmer nicht in meinem Haus liegt, sondern den Saal eines alten Tempels darstellt, etwa in Ägypten, vor dreitausend Jahren ... Und deine Kameraden sind Sänger, und du sollst diese kleine Melodie in ihr Gedächtnis zurückrufen, damit sie singen können. Aber du sollst sie ihnen nicht vorsingen. Was könntest du da tun?»
«Die Melodie aufschreiben!» riefen einige.
«Nein, das geht nicht! Es gibt noch keine Notenschrift!» erwiderte ich. «Wir fangen ja eben erst an, sie zu erfinden!»

Langes Schweigen. Währenddessen spielte ich die kleine Melodie fortgesetzt auf dem Klavier, leise und unaufdringlich. Alle dachten angestrengt nach. Schließlich hob Thomas seinen rechten Arm und begann, sehr zögernd, etwas in die Luft zu zeichnen.

«Bravo!» rief ich ihm zu. Er war ganz erstaunt. «Du hast den richtigen Weg gefunden! Wieso? Nun, du hast soeben die Melodie in der Luft nachgezeichnet. Genau das tat wahrscheinlich jener Dirigent vor dreitausend Jahren! Wo die Melodie steigt, hob er die Hand, und wo sie fällt, senkte er die Hand.»

Nach und nach verstanden mich alle und machten die Handbewegungen, während sie die Melodie sangen. Ich versuchte es dann mit einer Reihe anderer Melodien, und bald hatten es alle heraus, wann die Töne stiegen und wann sie fielen. Danach richteten sie dann die Bewegungen ihrer Arme ein. Einer Hebung der Melodie entsprach ein Heben, einer Senkung ein Abwärtsgleiten der Hand.

«Sehr gut. Das ist der erste Schritt», sagte ich. «Jetzt können wir uns vorstellen, wie der Dirigent seine Sänger an eine Melodie erinnert, wie er sie beim Singen gewissermaßen führen konnte. Nun der nächste Schritt: Was konnte der Dirigent tun, um sich selbst die Melodie zu merken? Um nicht die vielen, die er sicherlich kannte, zu verwechseln?»

«Aufschreiben!» schlug ein Junge vor.

«Wie denn, wenn es keine Notenschrift gab?» erwiderte Thomas schlagfertig.

Wieder ein längeres Schweigen. Dann sagte ich: «Nun, wie würdet ihr jemandem einen Weg erklären, zum Beispiel den Weg zu meinem Haus oder zur Schule, wenn dieser Jemand nicht Deutsch verstünde?»

«Durch eine Zeichnung!» schlug Karin vor, lief zur Tafel und zeigte es uns.

«Ausgezeichnet, Karin! Das, was du da gezeichnet hast, scheint der Weg von deinem Haus zur Schule zu sein, stimmt's?»

Sie nickte eifrig. Ich fuhr fort:

«Nun kehren wir von deinem Schulweg zu unserer kleinen Melodie zurück. Wie können wir sie festhalten, wenn es noch keine Zeichen für die Noten gibt?»

«Genauso! Mit einer Zeichnung!» riefen viele auf einmal.

«Also», schlug ich vor, «versuchen wir es. Nimm die Kreide, Thomas, und zeichne jetzt die kleine Melodie, während ich sie spiele ...»
Und während ich langsam spielte, zog Thomas eine Linie. Die ging zuerst aufwärts, gerade wie die Melodie, und dann wieder abwärts bis zum Ausgangspunkt.
«Seht ihr, diese Kurve, die Thomas gezeichnet hat, ist ein Abbild unserer kleinen Melodie. So begann vielleicht vor langen, langen Zeiten unsere Notenschrift. Nehmt jetzt ein Stück Papier zur Hand — hier habe ich es vorbereitet für euch — und Bleistifte. Ich werde ein paar Melodien spielen, und ihr zeichnet sie mit. Wo die Töne aufwärts gehen, hebt sich auch die Linie, die ihr zeichnen sollt; wo die Melodie länger auf einem Ton verweilt, da geht eure Linie waagrecht, ohne zu steigen oder zu sinken, und wo die Melodie fällt, da geht eure Linie abwärts, verstanden?»
Das taten wir nun etwa eine Viertelstunde lang. Auf manchen Papieren sah ich wahre Ungeheuer. Aber nahezu alle hatten sofort die Grundidee erfaßt, und das war die Hauptsache. Man konnte also von etwas Unsichtbarem, wie es Töne oder eine Melodie darstellen, ein Bild machen. Das war der Weg zur Notenschrift.
«Und nun der nächste, der dritte Schritt», kündigte ich an. «Seht einmal die Linie an, die Thomas hier an die Tafel gezeichnet hat. Sie war das Bild unserer ersten Melodie — ich will sie nochmals spielen, um euch zu erinnern. Sehr ihr die Ähnlichkeit? Aber noch bin ich nicht zufrieden. Wenn wir etwa auf dem Bild gleich sehen könnten, aus wieviel Tönen unsere Melodie besteht? Das wäre doch recht wichtig, nicht wahr? Was schlagt ihr mir vor, um das zu erreichen?»
Wiederum trat längeres Schweigen ein. Man sah es den Kindern an, daß sie scharf nachdachten. Dieses Mal fand Gabi die Lösung: «Es waren fünf Töne beim Hinaufgehen und wieder fünf beim Abwärtsgehen. Können wir nicht einfach einen Punkt für jeden Ton machen? Also fünf Punkte beim Hinaufgehen und wieder fünf Punkte beim Abwärtsgehen? Dann brauchen wir doch eigentlich die Linie gar nicht!»
Das war die Lösung! Gabi führte sie gleich an der Tafel aus. Nun sahen wir ein viel genaueres Bild unserer Melodie, denn für jeden Ton stand dort ein Punkt. Ich erklärte den Kindern, daß zu dem, was sie in einer knappen Stunde ge-

tan hatten, die Menschen viele Hunderte von Jahren gebraucht hatten. Das erhöhte die Freude meiner kleinen Freunde noch wesentlich. Doch ich wollte noch mehr erreichen:

«Jetzt sehen wir schon viel mehr, als es vorher mit der einfachen Linie der Fall war. Aber könnte man die Sache nicht noch klarer machen? Zum Beispiel weiß ich nicht, ob die Melodie hoch beginnt oder tief oder, sagen wir, in der Mitte ...»

Die Kinder nickten. Sie verstanden, worum es sich handelte, aber wie wollte man das in einer Zeichnung ausdrükken?

«Sagt einmal», half ich ein wenig nach, «wie mißt man die Höhe eines Berges?»

«In Metern!» riefen viele.

«Wie hoch ist Europas höchster Berg, der Montblanc?»

Einige wußten es sofort. «Viertausendachthundert Meter!»

«Sehr gut. Und von wo aus wird das gemessen?» fragte ich.

«Vom Meeresspiegel», sagte Ernst, der sich für Technik interessiert.

«Gut. Seht her: Hier ist eine waagrechte Linie, der Meeresspiegel. Und hier erhebt sich ein Berg ...»

«Ah, ich weiß schon!» rief Thomas. «Wir müssen es bei den Noten genauso machen ... messen!»

«Vom Meeresspiegel?» meinte Rudi und konnte sich nicht erklären, warum alle lachten.

«Aber nein», entgegnete ihm Thomas, «das mit dem Meer war doch nur ein Vergleich! Wir müssen eine Linie ziehen, von der aus man messen kann!»

Als ich ihm zustimmte und seine Kameraden ihn bewundernd anblickten, zog er nun in seine Zeichnung eine derartige Linie. Sie teilte die Punkte in solche, die darüber standen, und andere, die darunter blieben. Es war wieder alles ein wenig klarer geworden, aber noch fehlte einer der wichtigsten Schritte.

«Nun wissen wir also», sagte ich, «daß unsere Linie eine bestimmte Tonhöhe bedeutet. Die Punkte, die auf der Linie liegen, haben wir damit bestimmt — aber die anderen?»

«Wir messen sie!» meinte Peter, aber Ernst entgegnete sofort: «Womit? Wir haben ja kein Maß!»

«Ganz recht», bestätigte ich. «Im Falle des Berges hatten wir einen Ausgangspunkt: den Meeresspiegel, und ein Maß: unser Metermaß. Im Falle unserer Töne aber haben wir vorläufig nur einen Ausgangspunkt: die Linie, die wir irgendwo annehmen können. Wir brauchen nun ein Maß ...»

«Wenn wir noch eine zweite Linie zeichnen?» sagte Thomas nachdenklich, «oder mehrere?»

«Fein!» rief ich aus. «Da habt ihr den größten Teil des Problems gelöst. Denselben Weg gingen die Menschen im Mittelalter: Sie zogen zwei Nebenlinien, eine oberhalb und eine unterhalb der Hauptlinie. Ja, sie gaben ihnen sogar verschiedene Farben, damit man sie gut unterscheiden konnte. Jede der Linien bedeutete eine bestimmte Tonhöhe, so daß man also nun alle Abstände von einem Ton zum anderen messen konnte ...»

Thomas kam abermals zur Tafel und zeichnete, was wir soeben besprochen hatten. Eine mittlere Linie, eine höhere und eine tiefere. Und dann zeichnete er die Punkte, die unsere Melodie bedeuteten, so ein, daß der tiefste auf der unteren und der höchste auf der oberen Linie stand. Der mittlere stand genau auf der mittleren Hauptlinie. Es sah sehr hübsch aus. Aber Christine machte ein trauriges Gesicht: «Können wir nicht jedem Punkt eine Linie geben?»

«Natürlich können wir das. Und so ähnlich taten das auch unsere Vorfahren.»

«So kamen sie zu den fünf Linien, die wir haben?» fragte Richard.

«Ja, aus drei wurden vier, dann fünf, dann sechs ...»

«Sechs?» wunderten sich die Kinder.

«Ja, und sogar mehr. Aber man entdeckte bald, daß bei mehr Linien das Bild unklar wurde: Man mußte dann stets zählen, um zu wissen, auf welcher Linie ein Ton stand. So beschränkte man sich auf fünf, auf die fünf Notenlinien, die wir heute haben. Man nennt sie, mit einem griechischen Wort, das einfach ‹fünf Linien› bedeutet, auch Pentagramm.»

«Wie sieht man die Punkte auf den Linien?» fragte Elsa.

«Sie müssen eben dicker werden ...», schlug ich vor.

Meine kleinen Freunde lachten über die Punkte, die dicker werden sollten. Da zeichnete ich an der Tafel kleine Kreise statt der Punkte, und die konnte man viel besser auf den Linien unterbringen. Nun forderte ich Thomas auf, ein Penta-

gramm zu ziehen, das heißt fünf Linien, und auf jede Linie sollte er einen «dick gewordenen Punkt» setzen, also eine Note schreiben. Er tat das auch völlig richtig.
«Schön», sagte ich dann. «Jetzt haben wir fünf untergebracht, fünf Töne. Erscheint euch das nicht wenig? Wie viele gibt es denn eigentlich, erinnert ihr euch?»
«Acht!» schrien viele, aber sehr voreilig, denn ich gab Thomas recht, der mit ruhiger und fester Stimme behauptete: «Sieben!» Ach, nun erinnerten sie sich: C, D, E, F, G, A, H oder, wie es in anderen Ländern heißt, Do, Re, Mi, Fa, Sol, La, Si.
«Wie können wir mehr Töne auf unseren fünf Linien unterbringen?» fragte ich abermals.
Nach kurzem Nachdenken schlug Ernst vor: «Zwischen den Linien.»
«Ausgezeichnet. Der Zwischenraum gilt genauso viel wie die Linie.»
Und Thomas zeichnete an der Tafel in jeden Zwischenraum einen kleinen Kreis. Nun waren neun untergebracht: fünf auf den Linien, vier in den Zwischenräumen.
«Zwei mehr hätten noch Platz», meinte ich, «einer unter der ersten, der untersten Linie, und einer oberhalb der höchsten, der fünften. Jetzt sind es immerhin schon elf.»
«Welcher Punkt ist nun meiner? Ich meine, welcher heißt so, wie ich hieß in unserem Spiel auf der Treppe, C oder Do?» fragte Christine.
Da mußte ich ihr leider eine Enttäuschung bereiten: Ihr Ton war nicht da. Unsere Zeichnung begann mit D oder Re, dem Ton Elsas. Das war jener Ton unter der ersten Linie, und Elsa selbst schrieb den Namen über den Ton, und dann ging es einfach der Reihe nach weiter wie in unserem Spiel: E oder Mi, F oder Fa, G oder Sol, A oder La, H oder Si!

Und dann kam der Ton von Thomas, sein C oder Do, und dann natürlicherweise wieder ein D oder Re, ein E oder Mi, genau wie im «ersten Stock» nun auch im zweiten. Alle waren sehr zufrieden, nur Christine war dem Weinen nahe, gerade ihr Ton mußte fehlen!
«Nun wollen wir Christines Ton ebenfalls unterbringen», schlug ich vor.
«Wie denn, wenn keine Linie mehr da ist?» fragte sie traurig.
«Wenn keine Linie mehr da ist, dann müssen wir eben eine ziehen», erklärte ich, und alle blickten mich erstaunt an. «Wir können doch so viele Linien ziehen, wie wir wollen. Aber es wäre nicht praktisch, sie alle ganz durchzuziehen, es genügt ja schließlich ein kleines Stückchen, nur gerade so viel, daß wir unseren dicken Punkt darauf unterbringen können, so daß er nicht in der Luft hängt.»
Ich zog unterhalb unserer fünf Linien einen kleinen waagerechten Strich, nur gerade groß genug, um eine Note darüber-, darauf- oder darunterzuschreiben, und diese kleine Linie stand im gleichen Abstand von der ihr zunächststehenden wie alle anderen Linien voneinander. Und rund um diese kleine Linie zog ich einen Kreis, wie er nun unsere Töne darstellte. Das war Christines Ton, das untere C oder Do, mit dem wir unser Spiel auf der Treppe begonnen hatten. Die Kleine strahlte vor Freude. Und alle lernten, daß wir außer den fünf Linien noch «Hilfslinien» ziehen können, so viele wir brauchen.
«Aber nun sollen wir nicht mehr von dicken Punkten reden», schlug ich vor. «Nennen wir sie so, wie es ihnen gebührt: Diese Bilder oder Abbilder unserer Töne heißen Noten. Die elf oder richtiger zwölf Noten, die an der Tafel stehen, bedeuten jede einen anderen Ton. Aber eigentlich füh-

Violin- oder G-Schlüssel

Baß- oder F-Schlüssel

ren sie die Namen, die wir ihnen eben gaben, erst dann zu Recht, wenn ein sehr wichtiges Zeichen vor ihnen steht, das hier noch fehlt. Ohne dieses Zeichen bedeuten diese Noten gar nichts. Erst das Zeichen macht sie zu etwas. Es heißt: Schlüssel. So wie ein Schlüssel etwas aufschließt, so erschließt uns der Schlüssel vor den Linien den Inhalt dessen, was folgt. Ich setze also nun vor unsere fünf Linien den gebräuchlichsten aller Schlüssel. Er heißt Violinschlüssel oder auch G-Schlüssel. Und so nennt man ihn, weil sein innerer Bogen sich genau um die zweite Linie rankt, wo der Ton G oder Sol steht. Wenn ihr die Töne nach dem Violinschlüssel lernt, dann habt ihr schon viel gewonnen. Denn sie genügen zu eurem Singen, sie genügen auch für die Violine, die Flöte und die Gitarre ...»

«Für das Klavier nicht?» wollten einige Kinder wissen.

«Nein», antworteten ihnen andere, die sicherlich selbst Klavier spielten. «Da muß man noch einen anderen Schlüssel lernen ...»

«Warum?» fragte Christine.

«Das ist sehr einfach», erklärte ich. «Könnt ihr euch noch erinnern, wie viele weiße Tasten ihr auf meinem Klavier gezählt habt?»

«Achtundvierzig!» rief Thomas sofort.

«Nun denkt einmal: Alle diese achtundvierzig Töne wollen ihren Platz, ihre Note haben. Wir haben aber nur elf Plätze zu vergeben, alle anderen müßten wir auf Hilfslinien unterbringen! So viele Hilfslinien ergäben ein sehr konfuses Bild, da würde man sich nicht zurechtfinden. Darum erfand man die Schlüssel. Sie verschieben sozusagen unser ganzes Notensystem, unser Pentagramm. Bei einem Schlüssel, dem Violinschlüssel, den wir eben gezeichnet haben, bedeuten die Noten hohe Töne; bei einem anderen, dem sogenannten Baß- oder F-Schlüssel, bedeuten sie tiefe Töne. Seht, so sieht der Baßschlüssel aus.» Ich zeichnete einen Baßschlüssel auf die Tafel und erklärte den Kindern, daß er sich mit seiner Kurve um die vierte Linie zu schlingen habe; dort stehe bei diesem Schlüssel der Ton F oder Fa, und daher hieße er auch F-Schlüssel. Und das F oder Fa, das dort stünde, sei tiefer als die Töne, die wir bei unserem Spiel verwendet hatten.

«Warum?» fragte Christine wieder.

«Weil kein Kind eine so tiefe Stimme hat», sagte ich. «Der Baßschlüssel wird auch nur für tiefe Instrumente verwendet: für das Violoncello zum Beispiel, das ihr schon kennt, für das Fagott, das ihr bald in einem Konzert sehen sollt, für die Posaune ...»
«Und für das Klavier», setzte ein neuer Junge hinzu. Ich pflichtete ihm bei: «Ja, aber für das Klavier benötigen wir beide Schlüssel, den Violinschlüssel für die hohen Töne — etwa hier von der Mitte aus angefangen nach rechts, nach oben — und den Baßschlüssel für die tiefen Töne, von der Mitte aus nach links. So müssen also die Kinder, die Klavier lernen, beide Schlüssel gut kennen. Schwer ist das aber nicht, heute lernt ihr in der Schule viel schwierigere Dinge als das! Und nun wollen wir einmal die kleine Melodie, mit der wir heute unser Gespräch begannen, aufschreiben, ganz richtig mit Noten aufschreiben. Sie begann mit Christines Ton Do, stieg dann aufwärts über Re und Mi zum Fa und Sol. Und dann ging sie genauso wieder abwärts ... Wer will das hier auf der Tafel aufschreiben?»
Viele wollten das tun, denn nun hatten es alle verstanden. Ich rief Birgit, die immer so still war. Sie kam zur Tafel und schrieb ganz richtig, was ich nun nochmals auf dem Klavier spielte: C-D-E-F-G-F-E-D-C.
«Fein!» riefen ihre Kameraden erfreut, «nun sieht man wirklich gleich, wo es hinaufgeht und wo hinunter und auch gleich, um wieviel!»
«Ja, das ist ein Teil des Wunders unserer Notenschrift», sagte ich.
«Wunder?» staunten meine kleinen Freunde.
«Nun ja, mir kommt es wie ein Wunder vor. Unsere Notenschrift ist die internationalste Sprache, die es auf der Welt gibt. Andere Sprachen werden von fünfzig Millionen Menschen verstanden oder von hundert oder, wenn es hoch kommt, von zweihundert oder zweihundertfünfzig Millionen. Aber damit die Angehörigen zweier verschiedener Völker einander verstehen, muß einer die Sprache des anderen lernen. Unsere Notenschrift dagegen wird von allen zivilisierten Völkern der Erde verwendet, mit ihrer Hilfe können sich ein Engländer und ein Spanier, ein Italiener und ein Russe, ein Afrikaner und ein Japaner verständigen. Wir können zum Beispiel eine kleine Probe machen: Wir erfin-

den eine Melodie, schreiben sie hundertmal ab und senden sie an hundert verschiedene Orte der Welt. Überall wird diese Melodie gleich klingen, die Kinder aller Länder werden sie geradeso singen wie ihr. Wir können diese Kinder auch bitten, die Melodie auf ein Tonband aufzunehmen und uns zu senden. Dann würden wir hören, daß unsere Melodie überall verstanden wurde. In unserer Notenschrift kann man vom einfachsten Lied bis zum schwierigsten Werk alles niederschreiben, für alle Instrumente, für alle Stimmen und für das größte Orchester. Wir können vermerken, wie wir etwas gespielt haben wollen, ob laut oder leise, langsam oder schnell, und alle, die Noten lesen können, werden das verstehen und Bescheid wissen. So kann eine schöne Melodie rund um die Erde gehen und unzähligen Menschen Freude machen. Ist das nicht wirklich ein richtiges Wunder?»

13
Wir gehen in ein großes Konzert

Die Zahl meiner kleinen Freunde stieg mit jedem Nachmittag. Sie waren mit Feuereifer bei unseren Zusammenkünften und sahen mit Spannung, wie das Buch, in dem ich alles niederschrieb, von Tag zu Tag anwuchs. Christine sagte mir manchmal, ich solle nicht alles Dumme wiederholen, was sie sage, aber ich tröstete sie damit, daß sicher niemand sie dumm finden würde. Da war sie dann beruhigt, geradeso wie Rudi und mancher andere, der vor der Wiedergabe unserer Gespräche ein wenig Angst hatte. Einige schlugen mir vor, ich solle doch einfach ein Tonbandgerät laufen lassen, so hätte ich es am Abend leichter, alles niederzuschreiben. Aber das wollte ich nicht. Ich denke, daß sich mancher meiner Freunde doch ein wenig behindert fühlen würde, wenn er wüßte, daß jedes seiner Worte getreulich aufgezeichnet würde. So hingegen sind die Kinder ganz unbefangen, wir unterhalten uns und vergessen oft sogar, daß wir uns vorgenommen haben, alle miteinander ein Buch zu schreiben …

Es kam der Tag heran, an dem ich meine Freunde in ein Konzert führte. Zuerst sprachen wir natürlich über das, was sie dort hören sollten. Was das für ein Konzert sein werde? «Ein sinfonisches», sagte ich. Was das bedeute? Das Konzert eines großen, eben eines «sinfonischen» Orchesters. Ob das etwas anderes sei als ein «philharmonisches»? Nein, das sei genau das gleiche. Beide Namen kommen übrigens aus dem Griechischen, das erste bedeutet ungefähr «Zusammenklang», das zweite «Liebe zur Musik». Welchen Namen ein Orchester führt, ist nicht so wichtig. Wichtig hingegen ist, daß in allen sinfonischen Orchestern der Welt die gleichen Instrumente vorkommen.

«Welche Instrumente?» interessierten sich die Kinder, aber ich meinte, das würde ich ihnen im Konzert selbst besser erklären können.

«Gibt es auch andere Orchester als die sinfonischen?» fragte Richard.
«O ja. Das Sinfonieorchester spielt nur in großen, sogenannten sinfonischen Konzerten. Da stehen Sinfonien auf dem Programm, das sind lange, komplizierte Musikwerke, von denen wir bald einmal mehr sprechen werden. Aber es gibt auch andere Stücke für sinfonische Orchester: Ouvertüren, Konzerte, Suiten, die ich euch eines Tages alle erklären will. Etwas davon werden wir ja heute hören. Aber da es außer sinfonischer Musik noch eine Fülle anderer gibt — ja die sinfonische Musik bildet sogar nur einen recht kleinen Bruchteil all der Musik, die es gibt —, so muß es eben auch andere Arten von Orchestern geben. Da ist zum Beispiel die Militärkapelle oder das mit ihr verwandte Blasorchester. Wenn es auch oftmals militärischen Zwecken dient, dem Begleiten von Märschen, dem Spielen von Hymnen bei feierlichen Gelegenheiten, so ist es doch in ländlichen Gegenden von großer Bedeutung; es enthält nur Blas- und Schlaginstrumente, also solche, die beim Marschieren leicht mitzuführen sind. Manche davon sind allerdings manchmal doch recht groß; bei Militärkapellen kam es früher öfters vor, daß die große Trommel auf den Rücken eines Pferdes gepackt wurde. Was es noch an Orchestern gibt? Das Unterhaltungsorchester, das man früher auch Salonorchester nannte. Als es noch keine Schallplatten und kein Radio gab, hatte es sehr viel zu tun: Es spielte in Kurorten, in großen Hotels, auf Ozeandampfern und begleitete in den Kinos die damals noch stummen Filme. Es spielte alle Arten von Musik, auch Teile von Opern und Sinfonien, die oft erst durch diese Unterhaltungsorchester richtig bekanntgemacht wurden; dazu Lieder, Tänze, Schlager — die damals noch nicht so hießen —, kurz: alles. Es hatte keine feste Zusammensetzung: manchmal bestand es aus ganz wenigen Instrumenten, Klavier und Geige vor allem, dazu vielleicht Flöte, Klarinette, Cello, Schlagzeug, manchmal aber erreichte es eine recht stattliche Größe, zwanzig, dreißig Musiker oder mehr. Und schließlich gibt es noch Tanzorchester, ihr kennt sie bestimmt. Das können folkloristische oder Volkstanzorchester sein: dann bestehen sie, wenigstens teilweise, aus Instrumenten, die in dem betreffenden Land daheim sind. In den Alpenländern können zum Beispiel Zithern mitspielen und

Ziehharmonikas – die heute übrigens international bekannt geworden sind und Akkordeons heißen –, in Rußland spielen Balalaikas mit, bei den Schotten Dudelsäcke, in Italien Mandolinen. Die andere Art von Tanzorchestern ist auf der ganzen Welt gleich; es ist das sogenannte Jazzorchester, bei dem zumeist Saxophon, Trompete, Posaune, Schlagzeug verschiedenster Art die wichtigsten Instrumente sind. Auch Kontrabaß und Klavier sowie Gitarre kommen darin vor, aber der Kontrabassist spielt ohne Bogen, er zupft oder schlägt die Saiten; die Gitarre ist oft elektrisch verstärkt, was ihr auch einen anderen Klang gibt, der Klavierspieler kann sein Instrument mit einer kleinen elektrischen Orgel vertauschen oder dem Klavier einen Apparat anfügen, der den Klang verändert. Kurz und gut, die Jazzmusik hat neue Klänge eingeführt, die in der Musik unserer Zeit eine ziemlich wichtige Rolle spielen ...»
«Wie viele Musiker werden heute spielen?» interessierte sich Gabi.
«Ungefähr achtzig, denke ich; im letzten Teil sogar mehr.»
«Was?» fragte Christine, beinahe böse. «Kommen die Musiker denn zu spät?»
«Nein, nicht deswegen», lachte ich, «daß im letzten Teil mehr Musiker spielen werden, das hat seinen Grund darin, daß nicht in allen Stücken stets die gleiche Zahl von Instrumenten gebraucht wird. Und was das Zuspätkommen anbelangt, so liegt diese Unsitte nur auf seiten des Publikums.»
«Gibt es auch Konzerte, die nicht mit Orchester sind?» fragte mich Karin.
«Ja. Das Wort ‹Konzert› verwenden wir heute für jede öffentliche musikalische Vorführung. Es kann etwa ein Pianist allein ein Konzert geben oder ein Sänger, ein Geiger, ein Cellist, die allerdings fast immer von einem Pianisten begleitet werden. Dann gibt es Konzerte von kleinen Gruppen von Musikern: Man nennt das Kammermusik. Auch Chorkonzerte gibt es, von kleinen Chören, die man Kammerchöre nennt, oder von großen Chören, die entweder mit Begleitung von Orchester oder Klavier singen oder ohne jede Begleitung, was ‹a cappella› heißt ... Kurz, eine bunte Menge von musikalischen Veranstaltungen, die alle ihre Anhänger und Liebhaber finden.»
In solche Gespräche vertieft, waren wir bis zum Konzert-

haus gekommen. Es war ein mächtiger Bau, schön an einem Platz gelegen. Nun war er festlich erleuchtet, und viele Menschen strömten durch seine breiten Pforten hinein. In der weiten Halle entdeckten meine kleinen Freunde sofort eine Reihe von Marmorbüsten. Thomas erkannte die von Beethoven, und Richard identifizierte die von Mozart und Schubert. Dann mußten wir durch dicke Vorhänge schreiten und gelangten durch Gänge in den großen Saal. Wie herrlich war er! Ganz in Weiß und Gold, dazu die Sitzreihen in Rot, er machte einen großartigen Eindruck. Es war noch recht früh, und so hatten wir noch Gelegenheit, uns weiter zu unterhalten. Auf dem Podium standen die Stühle für die Musiker noch leer, und die Mappen auf den Pulten waren noch nicht aufgeschlagen.

«Wie viele Leute haben hier wohl Platz?» fragte Ernst, der Techniker.

«Fast zweitausend.»

«Gibt es noch größere Säle?»

«O ja, wenn auch zweitausend schon eine ansehnliche Zahl von Zuhörern bedeutet. London hat einen Konzertsaal mit fünftausend Plätzen, und es gibt Konzerte im Freien für zehntausend, ja sogar mehr als zwanzigtausend Zuhörer ...»

«Und hört man dort die Musik gut?»

«Das hängt von der Akustik ab, das heißt von der Kunst des Architekten, die Gesetze der Klangverbreitung anzuwenden. Das ist eine schwierige Sache, denkt euch doch, daß man den zarten Klang einer Geige überall in diesem großen Raum hören muß, bis hinauf zu den letzten Plätzen auf der Galerie. Man spricht von ‹guter Akustik› und ‹schlechter Akustik›, je nachdem, ob dieses Kunststück eben gelungen ist oder nicht. Es hängt nicht nur von den Maßen des Saals ab, sondern auch vom Material, das darin verwendet wurde, und noch von manchem anderen Faktor, den man nicht immer ganz genau vorbestimmen kann. So kann es also bei der Erprobung eines neuen Konzertsaals oder Theaters Überraschungen geben, und nicht immer angenehme ...»

Die Kinder blickten sich neugierig nach allen Seiten um, fragten dies oder jenes und waren sehr gespannt. Nun begannen die Musiker aus seitlichen Türen auf das Podium zu treten, nahmen ihre Plätze ein und prüften leise die Stimmung ihrer Instrumente. Richard entdeckte einen erhöhten

Platz im Vordergrund des Podiums und fragte mich: «Ist das der Platz für den Dirigenten?»
«Jawohl, von dort aus, für alle gut sichtbar, dirigiert er das Orchester ...»
«Warum braucht man einen Dirigenten?» wollte Christine wissen.
«Nun, das ist so einfach und schnell nicht zu beantworten, aber du wirst es sicher selbst spüren, wenn das Konzert einmal begonnen hat. Vier Musiker, auch fünf, sechs, acht können spielen, ohne daß ein Dirigent sie leitet. Aber ein großes Orchester benötigt einen einheitlichen Willen, geradeso wie eine große Fabrik von einem führenden Kopf geleitet werden muß, damit alle ihre Kräfte bestens einsetzen und Höchstleistungen vollbringen können. Ihr werdet es gleich sehen: Ein Orchester ist wie eine sehr feine Maschine, die achtzig oder hundert Rädchen oder Teile hat, die ineinandergreifen müssen ohne Reibung, ohne Hindernis, glatt und geschmeidig. Der Dirigent war ursprünglich nur dazu da, um den Takt anzugeben. Aber die heutigen Orchester sind längst so gut geworden, daß sie das nicht mehr brauchen, auch ohne den Dirigenten würde keiner der Musiker aus dem Takt geraten. Der Dirigent ist jetzt zu ganz anderen Aufgaben berufen. Er muß zum Beispiel dafür sorgen, daß unter den vielen Melodien, die in manchem Werk gleichzeitig erklingen, stets die wichtigste deutlich zu hören ist, er muß also etwa die Flöte etwas stärker spielen lassen und die Posaunen schwächer. Er muß vor allem aber den Charakter eines Musikstückes herausarbeiten: Eine Sinfonie kann vielerlei Stimmungen haben, melancholisch an gewissen Stellen, geheimnisvoll an anderen, fröhlich und ausgelassen sogar an einer dritten. Der Komponist hat sein Werk zwar schon möglichst genau niedergeschrieben, aber bei den Proben muß der Dirigent doch noch viel verbessern ...»
«Gibt es viele Proben für so ein Konzert?»
«Das hängt von der Schwierigkeit des Programms ab. Auf jeden Fall versucht man, so gut und gewissenhaft zu proben, das heißt einzustudieren. Vier, fünf, sechs zumeist dreistündige Proben sind heute fast für jedes Konzert üblich, damit dann alles wirklich bis ins kleinste klar ist und tadellos abrollt. Und bei den Proben liegt die Hauptaufgabe des Dirigenten. Da muß er beweisen, daß er ein hervorragendes Ge-

hör besitzt, das jeden noch so kleinen Fehler sofort hört und verbessern kann, viel Geschmack, um jedem Stück einen besonderen Reiz zu verleihen, und sehr viel Kenntnis der Musikgeschichte …»

«Wozu denn das?» wollten ein paar der älteren Kinder wissen.

«Nun, er muß wissen, wie jedes der Stücke, die er dirigiert, in ihrer Entstehungszeit gespielt wurden. Da gibt es vielleicht Werke, die zweihundert und mehr Jahre alt sind, andere sind im vorigen Jahrhundert komponiert worden, und damals waren die Orchester noch anders zusammengesetzt, mit weniger Musikern zumeist, und so klang alles eben ein bißchen anders, und das soll der Dirigent berücksichtigen.»

«Muß denn alles so klingen, wie es damals klang?» fragte Thomas.

«Nun, das ist zumeist gar nicht mehr möglich», erklärte ich ihm, «denn manche Instrumente klingen heute anders als ihre damaligen Vorläufer, die Säle waren kleiner usw. Aber im allgemeinen bemüht der Dirigent sich doch, alles so wiederzugeben, wie es damals wahrscheinlich klang. Stehen schwierigere, das heißt zumeist: neuere Stücke auf dem Programm, dann kann es auch viel mehr Proben geben.»

«Und spielen wirklich alle so, wie der Dirigent will?» fragte Christine erstaunt und erweckte, wie schon so oft, lebhafte Heiterkeit.

«Ich hoffe es», sagte ich lächelnd. «Schaut einmal, die Musiker sind ein wenig ähnlich wie ihr, wie die Schulkinder, meine ich, nur in einem viel höheren Sinne, versteht sich, denn jedes Mitglied eines guten Orchesters ist ein ausgezeichneter Musiker und wohl auch Musiklehrer. Aber ich meine das in dem Sinne, daß die Musiker, wie die Schulkinder, sehr bald heraushaben, wie weit es mit dem Dirigenten oder Lehrer, den sie vor sich haben, her ist. Versteht der seine Sache und weiß seine Kenntnisse und Wünsche klarzumachen, so folgen sie ihm willig, ja vielleicht sogar begeistert — die Orchestermusiker dem Dirigenten wie die Schulkinder dem Lehrer. Ist's aber nicht so …»

«… dann werden die Kinder unaufmerksam und unartig!» ergänzte Elsa, und Christine fuhr fort: «Und die Musiker spielen dann falsch?»

Wir lachten sehr. Ich antwortete: «Oh, was ihr mich alles fragt? Nun, falsch spielen sie wohl nicht, aber nicht so gut wie unter einem guten Dirigenten. Als ich Musik studierte, hatte ich einen sehr berühmten Dirigenten als Lehrer; der pflegte uns jungen Kapellmeistern stets zu sagen: ‹Es gibt keine guten oder schlechten Orchester, es gibt nur gute oder schlechte Dirigenten!› und ich habe oft entdeckt, daß er recht hatte, wenn es natürlich auch Ausnahmen geben kann. Das Orchester ist, wie ich euch schon erklärte, wie eine recht komplizierte Maschine, die in den Händen eines Meisters herrlich funktioniert, von einem Anfänger oder Stümper dagegen ruiniert werden kann. Aber zerbrecht euch darüber nicht den Kopf, ihr werdet heute bestimmt ein sehr schönes Konzert hören ...»

Das Podium hatte sich nun mit den Orchestermitgliedern, Männern im Frack und einigen Frauen in schwarzen Kleidern, gefüllt. Jeder hatte sein Instrument in Händen, prüfte seinen Klang und seine Stimmung, und es ertönte jenes charakteristische Schwirren und Summen, wie es stets einem Orchesterkonzert oder einer Oper vorausgeht. Besonders ein Ton erklang immer wieder. Ich erinnerte die Kinder daran, daß es der gleiche war, den wir bei einer unserer ersten Zusammenkünfte von der Stimmgabel vernommen hatten. Es war das A oder La, nach dem alle Instrumente gestimmt werden.

«Aber ich sehe keine Stimmgabel», sagte Thomas.

«Nein, das Orchester stimmt nicht nach einer Stimmgabel, sondern nach einem Instrument, das die Stimmung sehr rein wiedergeben kann, der Oboe. Seht dorthin, in der ersten Querreihe hinter den Saiteninstrumenten, dort sitzt der Oboespieler, der den Ton angibt, nach dem seine Kollegen stimmen.»

Die Lichter im Saal verdunkelten sich ein wenig, aber es wurde nicht so finster wie in einem Theater. Und über dem Podium wurden sogar noch mehr Lampen entzündet, so daß das Orchester in blendendes Licht getaucht war. Eine Seitentür ging auf, und es erschien der Dirigent. Er ging zwischen den Musikern hindurch, die sich erhoben hatten, bis zur vorderen Rampe. Dort dankte er mit einer eleganten Verbeugung dem Publikum für den herzlichen Begrüßungsapplaus, der ihm entgegenschwoll, dann wendete er sich

zum Orchester, gab dem links von ihm sitzenden Geiger die Hand, winkte allen zu und forderte sie auf, sich zu setzen. Nun nahm er den feinen, etwa 30 cm langen Taktstock zur Hand, hob den rechten Arm, während es im Saal ganz still wurde, und als er ihn mit machtvoller Gebärde abwärts führte, setzten volltönig die Klänge des Orchesters ein.
Meine kleinen Freunde, sonst so unruhig und schwatzhaft, wurden wie durch die Wirkung eines Zaubers ganz still. Die Töne fesselten ihre ganze Aufmerksamkeit. Wir hatten so viel zu sprechen gehabt, daß ich ihnen gar nichts über den Inhalt der Musikstücke hatte sagen können, die wir hören würden. Aber ein wenig Absicht war auch dabeigewesen. Ich wollte sehen, wie die Kinder das Gehörte aufnehmen würden, was sie dabei fühlen und verstehen könnten. Die Klänge zogen durch den weiten Raum, bald strömten sie feierlich, bald bewegt und aufwühlend, zuletzt wie ein großartiges Triumphlied.
«Herrlich! Wundervoll! ... Was war das?» so tönten die Stimmen der Kinder in den tosenden Beifall hinein, der nach Beendigung des Stückes losbrach.
«Ja, herrlich», stimmte ich bei, «das gehört zum Schönsten, was die Menschheit besitzt. Es ist die Ouvertüre — das heißt: das Einleitungsstück —, die Beethoven zu Goethes Schauspiel ‹Egmont› schrieb. Bald werden wir uns ausführlich über Beethoven unterhalten, über sein Leben und seine Werke ...»
«Das klang wie eine Schlacht ... wie ein Kampf ... zuletzt wie ein Sieg ... und sehr weich und lieblich an vielen Stellen ...», meinten die Kinder, und ich stimmte ihnen voll zu.
«Ja, was Beethoven da mit seiner Musik schildern wollte, ist tatsächlich das, was ihr herausgehört habt: der Kampf eines unterdrückten Volkes, der Aufstand, der Sieg. Und die lieblichen Stellen, die süßen Melodien schildern die Gefühle eines jungen Mädchens, das den Freiheitshelden Egmont liebt ...»
«Kann man immer so deutlich erkennen, was eine Musik ausdrücken will?» fragte mich Peter.
«O nein. Es gibt auch Musikstücke, die nichts Bestimmtes ausdrücken wollen, sondern eben einfach nur Musik sind. Bald werden wir auch darüber sprechen, und ein wenig davon werdet ihr noch heute hören ...»

Der Dirigent hatte, nachdem er sich oftmals vor dem stürmisch applaudierenden Publikum verbeugt hatte, das Podium verlassen. Hinter ihm tat das nun auch eine Reihe von Musikern. Die Kinder blickten mich neugierig an. Wollten diese Musiker nicht mehr spielen? Es traten auch keine Ersatzmänner ein wie etwa bei einem Fußballspiel. Was war los? Ich erklärte meinen kleinen Freunden, daß nun ein Stück komme, bei dem nur die Streichinstrumente beschäftigt seien. «Ach so ...», sagten sie mit einem Seufzer der Erleichterung.

Dann hatte ich gerade noch Zeit hinzuzufügen, daß das, was nun folgte, eine Serenade sei, eine Abendmusik also, denn das Wort komme von «sera», dem italienischen Ausdruck für «Abend». «Denkt euch einen schönen Sommergarten, eine laue Nacht, feingekleidete Herren und Damen in Trachten von 1787, das heißt: die Herren in bunten Anzügen, mit langen, weißen Perücken auf dem Kopf, die Damen mit sogenannten Krinolinen, gebauschten Gewändern, kunstvollen Haartrachten. Alle haben sich auf dem Rasen niedergelassen. Ein kleines Streichorchester, jedes Pult von einer Kerze beleuchtet, spielt zwischen den Büschen ...»

Süß, weich und graziös floß die Musik dahin, die nun begann. Liebliche Melodien, Klänge, die den Zauber einer milden Nacht im Hochsommer auszuströmen schienen. Nichts von Revolution oder Krieg wie im vorhergegangenen Stück; alles schien zu lächeln, wenn auch manchmal ein klein wenig nachdenklich. Das Werk bestand aus vier Teilen, und jeder war deutlich verschieden vom andern. Einer, der dritte, war dem Takt und Rhythmus nach ein richtiger Tanz. Die Kinder hörten entzückt zu, manche hatten die Augen zugemacht, um sich das Bild, das ich ihnen geschildert hatte, besser ausmalen zu können.

«Das war von Mozart, Kinder», antwortete ich dann, als wieder Applaus ertönte und das Stück beendet war, auf vielerlei Fragen. «Er lebte in jener Zeit, in der die Serenaden noch Mode waren und Musik hauptsächlich in den Palästen der Aristokraten gemacht wurde. Da ging alles ganz anders zu als heute bei uns, und darum klingt die Musik eben auch wie aus ferner, vergangener Zeit, die vom rasenden Leben, der Ungeduld und den Wirren der heutigen noch nichts ahnte ...»

Nun war das Orchester wieder etwa so groß geworden wie zu Beginn. Der Dirigent hob neuerlich die Hand zum Beginn, aber nun waren seine Bewegungen anders; es war schwer zu beschreiben, worin der Unterschied bestand, doch schien alles trauriger als in den Stücken, die vorausgingen. Das Werk, das wir nun hörten, bestand aus zwei längeren Teilen, und beide waren voll herrlichster Melodien.
«Was für eine traurige Musik», meinten einige Kinder nachher. Und Thomas setzte hinzu: «Im Herzen dieses Komponisten muß wohl eine große Sehnsucht gewesen sein ...»
Ich staunte, denn der Komponist hatte vor anderthalb Jahrhunderten fast genau die gleichen Worte über sich selbst gesagt!
«Wer war das? Wer hat diese schöne Musik geschrieben?»
«Schubert», antwortete ich, «ein einfacher, armer Wiener Musikant, der nur einunddreißig Jahre alt wurde und niemals ahnte, daß er eines Tages weltberühmt werden würde ...»
«Und wie hieß das Werk?»
«Er nannte es einfach ‹Sinfonie›, und zumeist setzt man noch die Tonart hinzu, in der sie komponiert ist: ‹in h-Moll›. Oft nennt man die Sinfonien auch mit Nummern, der Reihenfolge ihrer Entstehung nach. Bei dieser Sinfonie steht dann ‹Achte› — aber das stimmt nicht. Sie entstand viel früher, aber man wußte nichts von ihr, und so bekam sie, als man sie fand, eine Nummer, die falsch ist. Zumeist nennt man sie ‹die unvollendete Sinfonie›, denn eine Sinfonie sollte in jener Zeit vier Teile oder Sätze haben, und diese hat nur zwei. Warum, das erzähle ich euch ein anderes Mal. Doch nun ist die große Pause, die wollen wir gut nützen, kommt mit mir.»
Wir verließen den Saal, gingen durch einige Korridore und endlich durch eine Tür, auf der geschrieben stand: «Eintritt verboten», was den Kindern besonderen Spaß machte. Da standen wir in einem kleinen Saal, in dem die Orchestermitglieder die Pause verbrachten. Sie kannten mich alle und begrüßten uns sehr freundlich. Auf meine Bitte ließen sie die Kinder ihre Instrumente betrachten. Ja, sie erklärten sie in kurzen Worten, und jeder spielte sogar eine kleine Melodie für uns. Wir sahen die Flöten, die Oboen und Klarinetten, das große Fagott, das gewundene Horn, die Trompe-

ten und Posaunen, dann die verschiedenen Streichinstrumente, die wir schon im Museum betrachtet hatten: die Violine oder Geige, die etwas größere Bratsche oder Viola, das viel größere Violoncello oder Cello und den riesigen Kontrabaß. Es gab so viel zu sehen und zu hören, daß uns die Zeit rasch verflog. Schon ertönten Klingelzeichen, die dem Orchester das Signal zur Rückkehr aufs Podium gaben. Wir mußten uns beeilen, um unsere Plätze wieder einzunehmen. Auf dem Podium bemerkten wir nun eine Veränderung. Das Dirigentenpult war ein wenig zur Seite gerückt worden, und die Mitte des Vordergrundes nahm nun ein großes Klavier ein. Sein Deckel war weit geöffnet und sah wirklich aus wie ein Flügel, denn so nennt man die großen Klaviere.

Aus der seitlichen Tür traten nun zwei Herren im Frack. Vor dem Dirigenten, den wir schon kannten, schritt ein jüngerer Mann, nahm seinen Weg direkt auf den Flügel zu und setzte sich vor die Tasten, nachdem er sich mehrmals zum Publikum und auch zum Orchester verneigt hatte. Er ließ einen Augenblick lang, als wollte er es ausprobieren, seine Finger ganz leicht und lautlos über die Klaviatur gleiten, während es im Saal wieder ganz still wurde. Der Dirigent hob den Arm, und das voll tönende Orchester ließ rauschende Akkorde hören, über die sich bald die kristallklare Stimme des Klaviers erhob. Es war unschwer zu erkennen, daß dieses nicht einfach ein Instrument des Orchesters war, sondern gewissermaßen die Hauptrolle zu spielen hatte. Bald tönte es allein, bald untermalt von den vielfältigen Klängen des Orchesters. Die Kraft und Gewandtheit des Pianisten waren erstaunlich, er hielt wirklich den ganzen Saal im Bann!

Der Beifall zu Ende des Werkes war außerordentlich stark. Der Pianist erhob sich, gab dem Dirigenten die Hand, der sie herzlich schüttelte, verneigte sich gegen das Orchester, das ebenfalls Zeichen von Beifall gab — wir sahen, wie die Geiger und Cellisten mit ihren Bögen auf die Pulte klopften —, und machte dann einige tiefe Verbeugungen gegen das Publikum, das nicht aufhören wollte zu klatschen und unter dem meine kleinen Freunde nicht die Faulsten waren.

«Wundervoll, wie er spielt!» riefen sie ein ums andere Mal aus. Richard, unser kleiner Pianist, war sprachlos, er konnte nur immer wieder bewundernd den Kopf schütteln.

«Was hat er denn gespielt?» wollten einige dann wissen.
«Es klang ... so ein wenig ... ungarisch? Stimmt's?» fragte Gabi zögernd.
«Gewiß, du hast sehr recht! Der Komponist wurde an der Grenze zwischen Österreich und Ungarn geboren, hörte als Kind viel ungarische Volksmusik und trug sie im Herzen mit sich, als er dann in die Welt hinauszog und in vielen Ländern wirkte und lebte als berühmter Pianist und Komponist. Er hieß Franz Liszt, und was ihr hörtet, war eines seiner beiden Klavierkonzerte. Unter Konzert versteht man nicht nur eine musikalische Veranstaltung. Auch das Zusammenspiel eines Soloinstruments mit Orchestern kann ‹Konzert› heißen. Das war ein Klavierkonzert, denn das Soloinstrument war ein Klavier; es gibt auch Violinkonzerte, Cellokonzerte, seltener Flötenkonzerte und noch seltener Gitarrenkonzerte ...»
«Warum?» fragte Christine wie gewöhnlich.
«Weil zwischen dem Klang des Soloinstruments und dem des Orchesters natürlich ein klangliches Gleichgewicht bestehen muß, damit beide zu ihrem Recht kommen. Und die Gitarre hat einen schwachen Ton gegenüber den vielen Orchesterinstrumenten ...»
Der Flügel wurde rasch zur Seite geschoben, die Musiker, die durch dessen Gegenwart ein wenig in den Hintergrund gedrängt worden waren, nahmen nun wieder die früheren Plätze ein. Aber aus den Seitentüren kamen immer noch neue Musiker auf das Podium. Die Kinder sahen mich fragend an.
«Wieviele Musiker werden nun spielen?» wollten sie wissen.
«Mehr als hundert, denke ich», war meine Antwort. Dann machte ich schnell eine Schätzung: «16 erste Geigen und ebenso viele zweite, 12 Bratschen, 10 Celli, das macht 54, dazu 8 Kontrabässe, also insgesamt 62 Streicher. Nun die Bläser, zuerst die sogenannten ‹Holzbläser› — wenn auch ihre Instrumente keineswegs alle aus Holz sind: 4 Flöten, 4 Oboen, 4 Klarinetten, 4 Fagotte, also 16, was mit den 62 Streichern 78 Musiker ergibt. Nun die ‹Blechbläser›: Da sitzen 8 Hörner, 6 Trompeten, 3 Posaunen, eine Tuba, das sind 18, insgesamt also bisher 96. Zwei Harfen dazu, macht 98. Und vier Spieler, die viele Schlaginstrumente bedienten, insgesamt also 102. Eine stattliche Ziffer!»

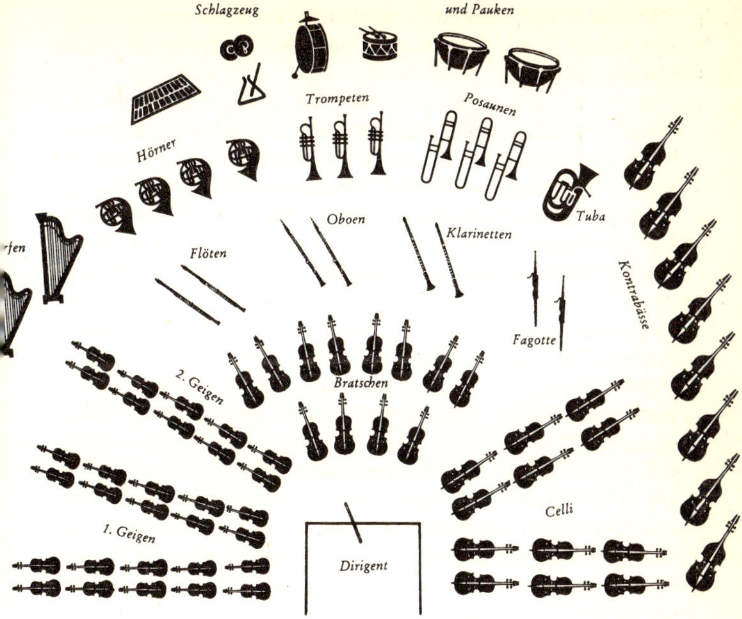

Sitzordnung eines großen Sinfonieorchesters

Das fühlten auch die Kinder voll Staunen, und Thomas fragte: «Sind alle Orchester so groß, und waren die Orchester immer so groß?»

«Nein. Ihr habt heute das Glück, ein besonders großes und klangvolles Orchester zu hören; und die Orchester waren zu Bachs oder zu Mozarts Zeiten noch viel kleiner als heute. Wir werden ja einmal über die großen Komponisten reden und dabei sicher auch manchmal besprechen, wie und wo sie ihre Konzerte gaben. Haydn zum Beispiel dirigierte 30 Jahre lang in einem Schloß, und dessen großer Festsaal faßte nicht mehr als ungefähr 30 Musiker, und es muß doch schön geklungen haben, denn die Gäste kamen oft von weither angereist, um es zu hören. Allerdings gab es manchmal auch Ausnahmen. Als Mozart 14 Jahre alt war, leitete er in Mailand eine eigene Oper, und da das bei einem festlichen Ereignis war, stellte man ihm ein Orchester von 70 Musikern zur Verfügung, das war im Jahre 1770 ein riesiges Orchester. Das allgemeine Wachsen der Orchester begann erst im 19. Jahrhundert, als die Säle immer größer wurden, da nun nicht immer nur geladene Gäste der Musik lauschten, sondern ‹Publikum› im allgemeinen, also Musikliebhaber aller Schichten, die sich eine Eintrittskarte kauften. Und zugleich begannen die Werke ‹größer› zu werden, länger und unter Verwendung immer größerer Orchester auch abwechslungsreicher im Klang. Und je mehr das Orchester wuchs, desto notwendiger wurde das Amt eines Kapellmeisters — das bedeutete natürlich: ein Meister der Kapelle, des Orchesters —, den man später ‹Dirigent› nannte. Am Anfang hatte er nicht viel mehr zu tun, als das Zeichen zum gemeinsamen Beginn zu geben und möglichst deutlich den Takt zu schlagen. Als die Orchester aber immer mehr verschiedene Instrumente aufnahmen, wurde seine Aufgabe schwieriger und vielseitiger ...»

Der Dirigent war wiederum erschienen. Das letzte Stück des heutigen Programms begann. Uns überfluteten nun Klänge, wie wir sie noch nicht gehört hatten. Die Melodien waren nicht mehr so einfach, so klar abgegrenzt wie im Werk Mozarts, die Klänge viel rauschender, viel mächtiger und verflochtener und viel fantastischer als in den vorausgegangenen Werken. Es waren wahre Wunderklänge, die in uns die buntesten Bilder hervorzauberten.

Das Werk hatte drei Teile, dazwischen gab es sehr kurze Pausen. Die erste benützte ich, um den Kindern zuzuflüstern: «Das Meer ...» Viele nickten, sie mußten sich so etwas Ähnliches wohl schon beim Hören der Musik vorgestellt haben. Das Ende des Konzerts brachte einen begeisterten Beifallsturm des Publikums. Einen Augenblick lang stand der Dirigent ganz still da, als müsse er zuerst zurückfinden in die Wirklichkeit: Er weilte in Gedanken wohl noch bei den gewaltigen Klängen, die er entfesselt hatte. Dann drehte er sich noch nicht um, sondern gab dem Orchester einen freundlichen Wink, und alle Musiker erhoben sich von ihren Plätzen. Dann erst drehte der Dirigent sich zum Publikum um, das nun seinen Beifall noch verstärkte, und wir waren ganz besonders dabei beteiligt. Ich sah auf den Gesichtern meiner Freunde, wie froh sie waren, etwas so Schönes gehört zu haben. Immer wieder mußte der Dirigent auf das Podium zurückkommen, nachdem er abgegangen war, um sich von neuem zu verbeugen, und noch lange ebbte der Jubel im Saal nicht ab. Und immer ließ der Dirigent das Orchester am Applaus teilhaben. Einige unserer Kinder fragten mich, warum er das tue?

«Findet ihr nicht, daß die Musiker glänzend gespielt haben? So verdienen sie den Dank des Publikums, und ich finde es ganz richtig, daß der Dirigent sich nicht allein verbeugt. Alle haben mitwirken müssen, um ein so schönes Konzert zustandezubringen, und so sollen alle dafür den Beifall erhalten. Findet ihr nicht?» Alle waren sehr einverstanden. Sie fragten mich noch eine Menge Dinge, bis ich dazu kam, ihnen zusammenhängend zu erklären:

«Das letzteWerk heißt ‹Das Meer›. Sein Komponist war der große französische Meister Claude Debussy, der während des Ersten Weltkrieges starb.»

«War das eine Sinfonie?» fragte der kluge Thomas.

«Es könnte freilich eine sein, da es sich um ein Werk in mehreren Teilen handelt, das für Orchester geschrieben ist. Aber Debussy wollte sich nicht den sehr strengen Regeln der Sinfonie unterwerfen, deren Aufbau im gesamten wie im einzelnen ziemlich genau festgelegt ist; er wollte eher Stimmungsbilder schaffen. Das nennt man eine ‹sinfonische Dichtung›. Der erste Teil heißt ‹Das Meer vom Sonnenaufgang bis zum Mittag›, der zweite ‹Spiel der Wellen› und der dritte ‹Zwiegespräch des Windes mit dem Meer›. Das Ganze gehört in das Gebiet der Programmusik, denn hier folgt der Komponist einem bestimmten dichterischen Programm, das er sich selbst gestellt hat. Er drückt etwas aus, malt etwas, beschreibt, schildert. Das Gegenteil davon nennt man ‹absolute Musik›: dazu gehören unter vielen anderen Mozart, auch Schubert und oftmals Beethoven. Sicher hatten auch sie etwas vor dem inneren Auge, während sie komponierten, aber sie sagten es uns nicht. Debussy hingegen weist uns mit Hilfe der Titel darauf hin, was er schildern will ...»

Thomas faßte kurz zusammen: «Dann haben wir also heute gehört: eine Ouvertüre, eine Serenade, eine Sinfonie, ein Konzert und eine sinfonische Dichtung!«

«Ausgezeichnet, mein Junge! Und das sind zugleich die wichtigsten Formen der Orchestermusik. Vielleicht fehlt die ‹Suite›, worunter man eine lose Aneinanderreihung kurzer, oft tanzartiger Stücke versteht. Oder die ‹Variation›, bei der ein gegebenes musikalisches Thema in immer anderen Abwandlungen verschiedenster Art wiederkehrt.»
Das Gebäude leerte sich, die Menge der Zuhörer verlor sich vor dem Konzerthaus in alle Richtungen. Unser Heimweg vollzog sich unter interessanten Gesprächen. Ob alle Städte ein so schönes Konzerthaus hätten? Nun, so schön sind vielleicht nicht alle, aber Konzertsäle gibt es heute in allen größeren Städten der Welt. Manche verlegen ihre Konzerte auch in die Theater, und kleinere Orte haben vielleicht eine große Schulaula oder eine Mehrzweckhalle, wo man Konzerte abhalten kann. Natürlich wird das zu Beginn nicht ganz so stimmungsvoll sein, wie wir es heute erlebt haben, aber schließlich kommt es auf die Musik an und nicht so sehr auf das Äußerliche. Und auf die Akustik — ob die gut sei oder nicht. Nicht in allen Räumen klingt Musik gleich: Manche haben eine bessere Akustik, das heißt die Klänge kommen als schöne Einheit zum Ohr des Hörers, nicht «verschwommen», nicht «verzerrt» — ja, das alles gibt es, und oft weiß man gar nicht recht, woran das liegt. Doch gibt es auch Probleme, die ich den Größeren unter euch erklären kann. Nehmt an, der Saal habe eine Länge von 75 Metern, gemessen vom Podium, wo das Orchester sitzt, bis zur hinteren Wand. Der Schall durchläuft in einer Sekunde, wie wir schon wissen, ungefähr 300 Meter. Also braucht er vom Podium bis zur letzten Reihe des Publikums … eine Viertelsekunde. Die Rückwand wirft den Schall zurück, aber auch alle anderen Wände erzeugen ein solches Echo. So hört man auf einem Platz gegen Ende des Saales, wo der direkte Klang des Orchesters schon etwas schwächer vernehmlich ist, die Musik nicht einfach, sondern in mehreren «Wellen» knapp nacheinander. Es handelt sich zwar nur um Bruchteile von Sekunden (wie beim Skirennen, meinte einer unserer großen Buben), aber die Klangeindrücke vermengen sich doch im Ohr ein wenig. «Aber», schloß ich, «zerbrechen wir uns jetzt nicht den Kopf über solche Fragen. Wir haben die Musik sehr schön gehört, und das ist die Hauptsache, nicht wahr? Und ich hoffe, ihr werdet noch viel schö-

ne Musik im Leben hören! Und je mehr ihr hört, desto besser werdet ihr sie verstehen. Musik versteht man mit dem Herzen gerade so wie mit dem Verstand, man muß sie fühlen, das ist die Grundlage für das Verständnis!»

«Können das alle Kinder?» fragte Ernst, und alle schienen gespannt auf meine Antwort zu sein.

«Ja», sagte ich, «das können alle. Es gibt natürlich Musik, die sie früher, und solche, die sie erst ein wenig später verstehen. Das ist ja bei allen Dingen im Leben so. Ihr habt heute ja gesehen, wie sehr ihr Musik fühlen könnt. Man muß ihr nur richtig zuhören. Und gerade das ist, was in unserer Zeit leider so selten geworden ist. Da klingt Musik aus allen Lautsprechern, wenn wir einkaufen und dabei an ganz andere Dinge denken; sie klingt aus unserem Autoradio, und dabei müssen wir doch auf den Verkehr achten. Viele lassen eine Platte oder Kassette laufen, wenn sie lesen oder studieren ...»

«Und das ist schlecht?» fragte Richard, und alle sahen mich an. «Sehr schlecht sogar», sagte ich, und die Kinder wunderten sich. «Musik soll man bewußt hören, soll wirklich zuhören, wenn sie tönt, und das kann man bei solchen Beschäftigungen nicht; und dann stumpft solche ‹Hintergrundmusik›, wenn sie stundenlang läuft, unser Gehör so ab, daß wir dann, wenn wir wirklich zuhören wollen, es gar nicht mehr richtig können. Ich glaube, Musik ist einfach etwas zu Gutes und Wertvolles, als daß man sie so nebenbei laufen lassen sollte ...»

Peter sprach uns allen aus dem Herzen, als er beim Abschiednehmen sagte: «Wieviel schöne Musik gibt es doch auf der Welt!»

14
Ein Besuch in der Oper

Zauberwort Theater! Als ich den Kindern ankündigte, daß wir am nächsten Tag in die Oper gehen wollten, da brach die Schar in ein Freudengeheul aus. Ich erinnerte mich, wie auch ich vor vielen Jahren mit klopfendem Herzen zum erstenmal ins Theater gegangen war, wie ich dann eine neue, fremde Welt erlebte, sooft ich hinter den aufgehenden großen Vorhang blickte, und wie das Theater selbst heute noch für mich jenen geheimnisvollen Zauber birgt, den es in meiner Kindheit und Jugend besaß. Wenn langsam die Lichter im Saal verlöschen, wenn unserem Auge der Blick auf eine Traumwelt freigegeben wird, in der nichts unmöglich ist, dann wird Spiel Wirklichkeit, und wir erleben Dinge wie sonst nur im Traum: prächtige Landschaften sind da, ferne Länder, interessante Menschen. Und in der Oper kommt noch die Musik hinzu, schönklingende Stimmen in vielerlei Melodien, ein berauschend klingendes Orchester. Wer wollte sich da wundern, daß Theater und Oper zu allen Zeiten die Menschen in ihren Bann gezogen haben?
Nun gingen wir also eine Oper sehen und hören. Für die heutigen Kinder ist das ja keine solche Seltenheit mehr, wie es früher war. Da nahm man sie kaum mit, bevor sie nicht schon junge Leute waren, und wer nicht in einer großen Stadt lebte, bekam sie nur unter großen Schwierigkeiten zu sehen. Heute sorgt das Fernsehen dafür, daß wir oft sehr schöne Opern in unserem eigenen Heim genießen können. Wir erleben sie gerade so, wie die tausend oder zweitausend Menschen, die bei der Aufführung «live» anwesend sind, wie das heute in unserem technischen Zeitalter heißt. Und so wissen heute alle Kinder, daß Oper Theater ist, in dem gesungen statt gesprochen wird, in dem die Musik die Hauptsache ist und ein großes Orchester, in einem vertieften Graben vor der Bühne plaziert, die Gesänge begleitet, aber auch die Tänze, die manchmal vorkommen. Eine Kunstform, kurz gesagt, bei der es viel zu sehen und zu hören gibt.
Auf dem Weg sprachen wir natürlich über Opern. Einige

unserer Kinder hatten schon Opern im Theater oder im Fernsehen gehört und berichteten nun von «Rigoletto» und «Madame Butterfly», an denen ihnen besonders die melodiöse Musik gut gefallen hatte. Einer hatte «Lohengrin» gesehen und erzählte begeistert davon. Mehrere hatten «Die Zauberflöte» gesehen und sich dabei sehr gut unterhalten. Das war aber die einzige dieser Opern, die «gut ausgegangen war», alle anderen waren sehr traurig. Als das klar wurde, drückte Christine, die wie immer an meiner Seite ging, meinen Arm sehr fest und sagte entschlossen: «Ich gehe nicht mit in die Oper, ich will nicht weinen ... Mein Bruder lacht immer, wenn ich weine!» Schnell beruhigte ich sie und versprach ihr, daß sie heute bestimmt nicht weinen würde.
«Wie macht man eigentlich eine Oper?» fragte mich Thomas.
«Zumeist entsteht zuerst der Text. Den schreibt ein Schriftsteller oder Dichter, entweder erfindet er ihn, oder er verwendet vielleicht ein schon bestehendes Theaterstück, das er nur noch kürzen muß ...»
«Warum?» wollten einige wissen.
«Das ist sehr einfach: Singen erfordert mehr Zeit als sprechen. Wenn man also ein Theaterstück nähme, das zwei Stunden dauert, und setzte es in Musik — das heißt, man sänge alle Texte, anstatt sie zu sprechen —, so würde diese Oper vier oder sechs Stunden dauern oder vielleicht noch mehr, wenn zwischen einzelnen Bildern und zu Beginn der Akte das Orchester, wie es oft vorkommt, auch noch Musikstücke spielte, die Ouvertüre zum Beispiel — das heißt: ein Vorspiel — oder Ballettmusik, wenn auf der Bühne getanzt wird, oder vielleicht eine stimmungsvolle Musik, während die Sonne auf- oder untergeht. Nun also, der Textdichter oder, wie man ihn auch nennt, der Librettist schreibt das Textbuch, und der Musiker vertont es, schreibt also die Musik. Manchmal, aber das kommt selten vor, hat ein Künstler die doppelte Begabung, die es ihm erlaubt, den Text und die Musik zu machen ...»
«Spielt heute ein Orchester?»
«Natürlich, das ist bei allen Opern so. Heute wird das Orchester die ganze Zeit über spielen. Es gibt nämlich auch Opern, bei denen zwischendurch gesprochen wird ...»
«Ja, bei der ‹Zauberflöte›», erinnerten sich einige sofort.

«Ja, ganz richtig. Das nennt man zumeist ein ‹Singspiel›. Das besteht sozusagen aus Einzelstücken: aus Arien — so nennt man die Melodien, die ein Sänger allein singt —, aus Duetten, wenn zwei, aus Terzetten, wenn drei, oder aus Quartetten, wenn vier Personen miteinander singen. Dann gibt es auch noch Chöre — also viele Sänger zusammen —, es gibt vielleicht Tänze oder Märsche, und das alles mit Orchester, das bei jedem dieser Musikstücke immer wieder neu beginnt. Bei der anderen Art der Opern gibt es solche Unterbrechungen während eines ganzen Aktes nicht, da gehen die Musikstücke ineinander über, und das Orchester spielt ununterbrochen.»

«Wird in allen Opern getanzt?»

«Nein, aber in vielen, wenn es zur Handlung paßt. In manchen Ländern, so besonders in Frankreich, ist die Mitwirkung der Tanzgruppe besonders wichtig und beliebt. Es gibt auch Werke, in denen überhaupt nicht gesungen, sondern nur getanzt wird; man nennt sie ‹Ballette›.»

Wir traten in das Opernhaus ein. Wieder, wie im Konzerthaus, nahm uns zuerst ein großer Vorraum auf, wo viele Menschen vor einem Schalter standen, um Karten zu kaufen. Wir gingen weiter und standen dann im Theatersaal. Der war weit und sah noch größer aus als der Konzertsaal. Zumindest war er höher, und ganz oben hatte er einen mächtigen Kronleuchter mit vielen Lichtern, die alle entzündet waren. Wir fanden unsere Plätze im Parkett, wie man den vorderen Teil der Sitze nennt, die der Bühne am nächsten sind. Die war noch mit einem mächtigen Vorhang abgeschlossen, aber meine kleinen Freunde merkten schnell, daß das eigentlich gar kein richtiger Vorhang war. Und da ging er schon in die Höhe, und die Kinder glaubten zuerst, jetzt beginne die Oper. Aber sie sahen gleich, daß unter dieser Wand, die da hochgezogen wurde, ein richtiger Vorhang aus Samt zum Vorschein kam. Natürlich fragten sie mich sofort, was das bedeute.

«Das, was da eben hochgezogen wurde, war der sogenannte ‹eiserne Vorhang›, und er ist wirklich aus Eisen, alle Theater müssen ihn haben. Er erinnert an ein trauriges Ereignis: da brach einmal während einer Opernvorstellung in Wien — das war im Jahr 1881 — ein Brand auf der Bühne aus. Jemand öffnete das große Tor, das von der Bühne nach hinten

ins Freie führte, und der Wind, der so hereinkam, trieb die Flammen in Sekundenfrist in den Zuschauerraum. Damals verbrannten viele Hunderte von Zuschauern. Und seitdem müssen alle Theater einen eisernen Vorhang haben, der einige Minuten vor der Vorstellung hinaufgezogen wird, aber in jedem Augenblick sehr schnell wieder herabgelassen werden kann, damit ein Brand sich nicht von der Bühne in den Zuschauerraum oder auch umgekehrt ausbreiten kann.»
Wir blickten im Saal umher, der wie üblich bei den älteren Theatern ungefähr die Form eines Hufeisens hatte, dessen Seitenwände von den Logen eingenommen wurden. Hinten gab es eine Galerie, und das war in mehreren übereinanderliegenden Stockwerken so.
«Und ganz oben gibt es noch Stehplätze», sagte ich und dachte an unzählige Abende, an denen ich als Student dort oben viele schöne Opern gehört hatte.
«Heute sehen wir eine entzückende Oper, die eigens für Kinder geschrieben ist», setzte ich hinzu.
«Warum kommen dann so viele Erwachsene?» wollte Christine wissen, die natürlich neben mir saß. Alle lachten, worüber sie etwas beleidigt zu sein schien, bis ich ihr lächelnd antwortete: «Nun, diese Oper gefällt eben auch den Erwachsenen sehr gut! Es ist ein Märchen mit einer Hexe, mit Kobolden und Engeln. Ihr werdet die Kinder, die vorkommen, sicher sofort erkennen …»
Die Lichter im Saal begannen zu verlöschen, sie wurden allmählich ausgeblendet, so daß alles im Dunkel lag, bis auf einen matten Lichtschein, der von den Lämpchen herrührte, die sich über den Pulten der Musiker im Orchestergraben befanden. Der Dirigent erschien. Wir bemerkten es zuerst am Applaus, der auf den höheren Rängen begann, denn von dort sah man ihn früher. Er durchschritt die Reihen der Musiker und stieg dann hinauf zu seinem erhöhten Pult. Wir sahen von ihm nicht viel mehr als den Kopf und die Arme, die er beim Dirigieren oft hoch in die Luft bewegte. Denn er mußte mit seinen Zeichen nicht nur das etwas tiefer sitzende Orchester leiten, sondern auch die Sänger auf der Bühne, die oft auf ihn blickten.
Nun erklangen die ersten Akkorde des Orchesters, weich und süß. Bald wurden sie von Melodien abgelöst, die lustig einherzutollen schienen. Dann ging der Vorhang auseinan-

der, und wir sahen eine Hütte im Wald. Einen Herd mit Ofenrohr, einen Tisch, eine Bank, und alles schien recht arm. Zwei Kinder befanden sich in diesem Raum, der Junge war damit beschäftigt, Reisig zu einem Besen zu binden, und das Mädchen strickte.

«Hänsel und Gretel!» raunten mir sofort einige Kinder zu.

Die Geschwister stimmten ein lustiges Lied an, damit ihnen die Arbeit leichter von der Hand ginge, und auch, um den Hunger zu vergessen, der sie quälte. Hänsel schien es kaum mehr auszuhalten, doch die etwas ältere Gretel tröstet ihn und versichert mit einer gefühlvollen Melodie, daß je größer die Not, desto näher die Hilfe Gottes sei. Hänsel will sich nicht beruhigen; da vertraut die Schwester ihm ein Geheimnis an: Die Nachbarin hat ihnen einen Topf Milch geschenkt. Darüber freuen sich die Kinder so sehr, daß sie ihre Arbeit im Stich lassen und einen ausgelassenen Tanz beginnen. Eine entzückende Melodie erklingt dazu aus dem Orchester, so daß auch meine kleinen Begleiter sich versucht fühlen, mit Füßen und Händen den lustigen Rhythmus mitzumachen. Immer fröhlicher wird der Tanz der beiden Kinder, sie erfinden neue Schritte, bis sie im Übermut stolpern und hinfallen, gerade in dem Augenblick, da die Mutter zur Tür hereintritt. Sie schimpft mit den Kindern: singen und tanzen, anstatt zu arbeiten! Hänsel und Gretel versuchen ihr zu entwischen, die Mutter verfolgt sie rund um den Tisch und stößt zuletzt den Milchtopf um … das einzige Abendessen! Nun muß sie die Kinder in den Wald senden, um rasch einige Beeren zu pflücken. Sie selbst bleibt weinend in der Hütte zurück.

Da hört man von draußen eine frohe Männerstimme. Es ist der Vater, der ein zufriedenes Liedchen singt. Beim Eintritt in die Hütte überrascht er seine Frau mit der guten Nachricht, daß er alle Besen verkaufen konnte und mit einem ganzen Korb voller Eßwaren heimkehre! Er fragt nach den Kindern und erfährt zu seinem Schrecken, daß die Mutter sie in den Wald geschickt habe. Ja, wisse sie denn nicht, daß dort eine fürchterliche Hexe hause, die zur Zeit der Abenddämmerung den Kindern ein Leid zufügen könne? Die Musik, die vorher so freundlich und zeitweise so vergnügt gewesen war, wandelt sich bei diesen Worten vollständig: Sie ist jetzt geheimnisvoll geworden, und man spürt in ihr den

Schauer des nächtlichen, dichten Waldes. Rasch machen sich die Eltern auf, um ihren Kindern nachzueilen.
Der Vorhang fiel, aber das Orchester spielte weiter, und im Theater blieb es dunkel. Die Musik drückte die düstere Waldesstimmung aus. Christine hatte meine Hand genommen und preßte sie ängstlich.
«Wird sie die Kinder fressen?» flüsterte sie.
«Ich weiß nicht, Christine», log ich mit ebenso leiser Stimme, «bald werden wir's sehen ...»
Der Vorhang öffnete sich wieder, und wir befanden uns auf einer kleinen Waldlichtung. Durch das dichte Laub fielen die letzten Strahlen der Nachmittagssonne. Da waren die Kinder. Gretel sang ein schönes Lied, während sie Blumen zu einem Kranze flocht. Hänsel kam aus dem Waldesinnern gelaufen und zeigte seiner Schwester stolz das Körbchen voll süßer Beeren, die er gepflückt hatte. Von fern her ertönte der Ruf des Kuckucks, und zu seinem Takt begannen die Kinder von den Beeren zu essen ... bis das Körbchen wieder leer war.
Langsam wurde es dunkel, ohne daß es die Kinder bemerkten. Und als sie sich auf den Heimweg machen wollten, fanden sie ihn nicht mehr. Die geheimnisvollen Geräusche des dämmernden Waldes erschreckten sie, das Rauschen der Bäume, der Wind, das Echo, das Krächzen eines unsichtbaren Vogels. Ihre Angst erreichte den Höhepunkt, als ein kleines Männlein erschien und auf sie zuging. Doch mit einigen Worten beruhigte es sie, und auch die Musik, die sehr deutlich die Angst der Kinder zum Ausdruck gebracht hatte, ging in eine friedliche, trostvolle Melodie über. Es war das Sandmännchen, das nun Hänsel und Gretel sanft einschlafen machte, nachdem sie, wie alle Abende, ihr Gebet gesprochen hatten.
Als die beiden Kinder im Schlaf lagen, stiegen aus einer Wolke vierzehn Engel vom Himmel herab und stellten sich rund um sie, als wollten sie sie gegen alles Böse beschützen. Während die Musik weich und ausdrucksvoll ausklang, fiel langsam der Vorhang. Und ebenso langsam entzündeten sich die Lichter im Theater.
«Heißt die Oper so wie das Märchen?» wollte Rudi wissen.
«Ja, sie heißt ‹Hänsel und Gretel›. Ein deutscher Kompo-

nist, Engelbert Humperdinck, hat sie im Jahr 1893 komponiert», erwiderte ich. Wir hatten so viel zu fragen und zu sprechen, daß die Pause uns kurz erschien. Bald verlöschten die Lichter von neuem, der Dirigent erschien wieder und wurde abermals mit Applaus begrüßt. Das Orchester spielte eine Zeitlang vor dem noch geschlossenen Vorhang.

Als dieser sich öffnete, zeigte uns die Bühne genau das gleiche Bild wie vor der Pause, den dichten Wald; nur die Engel waren verschwunden, die den Schlaf der Kinder bewacht hatten, und das erste Frühlicht fiel durch das Laub. Wiederum trat ein winziges Männchen auf. Es besprengte die Augen Hänsels und Gretels, in die das Sandmännchen den Sand des Schlafes gelegt hatte, mit dem Tau der Blumen und weckte sie so. Die beiden Kinder blickten verwundert umher, während im Orchester eine wunderschöne Musik erklang, als ob hundert Vögel ihr Morgenkonzert anstimmten. Hänsel und seine Schwester erzählten einander ihre Träume, und es zeigte sich, daß sie das gleiche geträumt hatten. Vierzehn Engel waren vom Himmel gestiegen, geradeso wie sie es in ihrem Nachtgebet erfleht hatten.

Erstaunt blickten sie nach jener Seite, wo die Engel verschwanden: Dort liegt nun, durch den leichten Morgennebel undeutlich sichtbar, ein Häuschen. Die Kinder nähern sich neugierig: Ist's möglich, ein Haus aus Marzipan und Zukkerwerk, ein rechtes Knusperhäuschen? Hänsel und Gretel beginnen zu naschen. Eine Stimme unterbricht sie. Sie erschrecken, aber es scheint doch nur der Wind gewesen zu sein. Wieder machen sie sich ans Essen, aber da erscheint die Hexe. Sie verzaubert den Hänsel und schließt ihn in einen Käfig ein, während sie der Gretel Anweisungen gibt, wie sie den Ofen zu heizen habe, in dem der arme Junge bald verschwinden soll.

Christine drückte meine Hand fester. Hatte ich ihr nicht versprochen, die Oper werde nicht traurig sein? Nun aber sah es doch ganz danach aus.

Die Hexe bricht in einen wilden Siegestanz aus. Gretel erscheint wieder auf der Bühne, und Hänsel, der sich schlafend stellte, dabei aber die Zauberformel der Hexe gut hören konnte, verständigt sich mit seiner Schwester. Die stellt sich nun absichtlich beim Heizen des Ofens so ungeschickt an, daß die Hexe es ihr vormachen muß. Dabei nähert sie

sich immer mehr der offenen Tür, hinter der man die lodernden Flammen züngeln sieht.
Meine kleinen Freunde waren in höchster Erregung: «Vorwärts, Hänsel!» schienen ihre anfeuernden Blicke zu sagen. Und wirklich! Nun stürzten sich Hänsel und Gretel auf die Hexe und schoben sie in den Schlund des großen Ofens.
Christine stieß einen Seufzer der Erleichterung aus, und während sie mit der Linken meinen Arm fest drückte, wischte sie sich mit der Rechten eine verstohlene Träne aus jedem Auge.
Gretel und Hänsel tanzen nun einen reizenden Walzer, der plötzlich durch eine heftige Explosion unterbrochen wird. Der Ofen springt in Stücke, und viele Kinder entsteigen, noch angetan mit einer Schicht Marzipan, seinen Trümmern. Es waren Opfer der bösen Hexe! Auf dem Waldweg kommen die Eltern Hänsels und Gretels gelaufen und sind überglücklich, ihre Kinder heil und gesund vorzufinden. In froher Szene ziehen alle Kinder vereint einen großen Lebkuchen aus der Asche des Ofens: Es ist die Hexe, die nun das Schicksal erlitt, das sie vielen unschuldigen Kindern zugedacht hatte. Alle Personen auf der Bühne stimmen zuletzt die schöne Melodie an, mit der zu Beginn Gretel ihr Brüderlein getröstet hat: Wenn die Not aufs höchste steigt, dann ist Gottes Hilfe am nächsten. Mit einem fröhlichen Tanz schließt das Stück.
Wir applaudierten kräftig, als der Vorhang fiel. Und nun erschienen die Sänger nochmals, um sich zu verneigen: zuerst alle miteinander, dann Hänsel und Gretel allein, dann die Eltern, dann sogar Sandmännchen und Taumännchen. Zuletzt die Hexe, und sie bekam den stärksten Applaus. Sicherlich freuten sich viele Kinder im Zuschauerraum, daß sie nun doch nicht verbrannt war. Christine sah sie zuerst recht böse an, aber dann lachte sie über das ganze Gesicht. War ja doch alles nur ein Spiel gewesen …
Der Heimweg verlief unter lebhaften Gesprächen. Über die Sänger und ob sie gut gespielt hatten und ob der Wald schön dargestellt war und das Häuschen und über das Orchester und daß man eigentlich in einer Oper immer nur einen Teil des Textes verstehe, das meiste aber erraten oder vorher wissen müsse. Wie der Dirigent so schön alle «zusammengehalten» habe, den Sängern stets gezeigt, wann sie

zu singen hatten, und ob das alles in einem großen Buch drin stehe, das er vor sich auf dem Pult liegen hatte? Ja, in der Partitur, erklärte ich, wo alles aufgeschrieben sei, was das Orchester spiele und was die Sänger vortrügen.
Es war schon Abend, als wir uns verabschiedeten und meine Freunde ihren Heimweg einschlugen. Ihren Gesichtern sah ich an, daß sie mit dem heutigen Tag sehr zufrieden waren. Thomas sagte zu mir: «Wie viele interessante Dinge haben wir in den letzten Wochen miteinander erlebt! Das muß ein feines Buch werden, wenn Sie das alles so aufschreiben, wie es war!»
Nun, wir werden ja sehen …

15
Ein Blick in die musikalische Vergangenheit

Am nächsten Nachmittag versammelten wir uns wieder in meinem Haus. Es kam eine Menge Kinder, und unwillkürlich erinnerte sie mich an jenen Nachmittag vor wenigen Wochen, an dem zwei mir damals noch fremde Knirpse schüchtern die Tür geöffnet hatten und eingetreten waren, um mir die Idee eines Buches über Musik für die Jugend zu geben. Nun war es eine große Schar geworden, und mein Studierzimmer konnte sie kaum fassen. Aber wir machten uns aus der Enge nicht das mindeste. Wenn es auch längst zuwenig Stühle und Bänke gab, so tat das unserer Freude keinen Abbruch. Die kleinen Besucher gruppierten sich irgendwo, irgendwie, auf Tischen und Fenstersimsen, auf dem Teppich, der Klavierbank, der Treppe — jenen Stufen, auf denen wir die Notennamen gelernt hatten.
Heute fiel draußen kühler Herbstregen. Ich entzündete die Scheite im Kamin, und so herrschte gerade die rechte gemütliche Stimmung, um uns über vielerlei zu unterhalten. Schon mehrmals hatten meine kleinen Freunde Fragen über das Leben der großen Musiker gestellt: Wie und wo sie gelebt, was sie geschaffen hätten, wie es ihnen ergangen sei, welche Schicksale sie gehabt hätten. Aber auch manche andere Frage war im Laufe der letzten Wochen aufgetaucht und unbeantwortet geblieben. Heute schien mir der rechte Augenblick gekommen, ein wenig über Musikgeschichte zu plaudern. Ich schlug es vor.
«Was ist die Musikgeschichte?» fragte mich da Karin.
«Nun, Geschichte ist die Erzählung, die Zusammenfassung aller Ereignisse, die für den Gang der Welt in irgendeiner Hinsicht von Wichtigkeit waren. So ist also Musikgeschichte die Schilderung aller musikalischen Ereignisse; aller Ideen, die die Menschen in bezug auf die Musik hatten; aller Instrumente, die sie bauten, um damit Musik zu machen. Gerade davon haben wir ja schon ein wenig gesehen, damals

im Museum: Wie aus Spinett und Cembalo im Laufe von mehreren hundert Jahren unser modernes Klavier wurde oder aus dem indischen Ravanastron über das arabische Kemangheh und Rabab unsere Geige. Aber nicht nur die Instrumente entwickeln sich im Laufe der Zeit, werden irgendwo erfunden, vielleicht anderswo verbessert, gelangen zu Popularität. Auch die Musik selbst unterliegt Veränderungen. Was einem Volk als schöner Zusammenklang galt, konnte einem anderen oder sogar dem gleichen zu anderer Zeit als unbefriedigend gelten. Wir haben ja von den Konsonanzen und Dissonanzen gesprochen — erinnert ihr euch? —, also von den ‹guten› und den ‹schlechten› Zusammenklängen. Aber weder alle Völker noch alle Zeiten haben darüber die gleiche Meinung. So hat die Musik in jedem Teil der Welt und in jeder Epoche, in jedem Zeitalter ihre eigenen Gesetze oder Theorien, wie man solche Regeln auch nennt. Die ändern sich, so wie die menschlichen Ansichten sich ändern, sie entwickeln sich, verkehren sich manchmal in das gerade Gegenteil. Zur Musikgeschichte gehören aber auch andere, leichtere Aufgaben, wie die Schilderung des Lebens der Komponisten ...»

«Alle, die Musik schreiben ... ich meine, denen Musik einfällt, nennt man Komponisten?» wollte Peter wissen.

«Ja. Alle, die ein neues Musikstück, ein Musikwerk erfinden und zu Papier bringen; ob es nun eine große Oper ist oder eine Sinfonie oder ein Tanz oder ein kleines Lied. Es muß nur etwas sein, das es vorher in dieser Form noch nicht gab. Was der Dichter in der Kunst des Wortes ist und der Maler im Reich der Farbe, das ist der Komponist in der Musik: der Schöpfer von etwas Neuem ...»

«Wann lebte der erste Komponist?» fragte Gabi.

«Das weiß niemand mehr. Wir wissen ja nicht einmal genau, wann der erste Mensch lebte. Und wenn er etwas sang, dann war er der erste Komponist. Er brachte es allerdings noch nicht zu Papier ...»

«Warum?» fragte unter allgemeiner Heiterkeit die kleine Christine.

«Weil es noch kein Papier gab ... weil man noch nicht schreiben konnte ...» tönte es ihr von allen Seiten entgegen.

«Das Schreiben von Musik lernten die Menschen erst viel, viel später als das Schreiben von Buchstaben und Worten», setzte ich fort. «Und darum wissen wir über die Anfänge der Musik, ja über Tausende, Zehntausende ihrer ersten Jahre auf dieser Erde nichts ...»

«Schade», meinten einige.

«Sicherlich, sehr schade. Denn wir haben Grund zur Annahme, daß viele der alten Kulturen, der großen Reiche, die es im fernen Altertum auf der Erde gab, viel und schön musizierten. Wir wissen, daß die Musik für manche jener verschollenen, versunkenen Zivilisationen höchste Bedeutung hatte.»

«Wieso konnten sie nicht Noten schreiben, wenn sie so vieles wußten?» stellte Thomas, wie gewöhnlich, eine kluge Frage.

«Es gab Völker, die ihre Musik gar nicht aufschreiben wollten. Das erscheint euch merkwürdig? Sie glaubten, die Musik stamme von den Göttern, sie sei etwas so Großes, so Hohes, daß der gewöhnliche Menschen sie zwar erleben und sich daran freuen, sie aber nicht verstehen dürfe. Das blieb den Priestern vorbehalten, sie behandelten die Musik als einen Teil der Religion, und das bedeutete: als Geheimnis. Eine allgemeinverständliche Notenschrift, so wie wir sie heute haben, hätte diesem Gedanken widersprochen. Doch gab es auch im Altertum schon Völker, die Musik aufzeichnen, aufschreiben konnten; wir aber können es nicht mehr lesen, nicht entziffern. Und so kann ich euch leider über die Musik ferner Zeiten nur sehr wenig erzählen. Es gibt Anhaltspunkte: Grabgemälde, Vasen, Legenden, uralte Bücher ...»

«Was haben die mit der Musik zu tun?» wunderte sich Peter.

«Das kann viel mit Musik zu tun haben. Etwa, wenn man in ägyptischen Gräbern Wandgemälde findet, auf denen musikalische Szenen abgebildet sind. Da erkennen wir Musikinstrumente, und aus ihrer Bauart können wir schließen, wie sie gespielt wurden, ja beinahe, wie sie klangen. Auch auf mancher alten Vase sind recht kunstvoll Instrumente und musizierende Menschen abgebildet. Alte Bücher erzählen uns von der großen Bedeutung, die manche Völker der Musik beimaßen. Von manchem führenden Manne früherer Zeiten wissen wir, daß er die Musik für das beste Mittel der Jugenderziehung hielt. Wahrscheinlich war in vielen vergangenen Kulturen die Stellung der Musik wichtiger als heute. Wir haben schon einmal den griechischen Sänger Orpheus erwähnt, der wohl auch Komponist war und der zur Verkörperung, zum Sinnbild der Musik geworden ist. Sein Gesang soll so ergreifend gewesen sein, daß nicht nur alle Menschen tief berührt wurden, sondern auch die wilden Tiere sanft und sogar die Flüsse in ihrem Lauf innehielten …»

Meine kleinen Freunde lächelten. Diejenigen, die mit mir damals im Zoologischen Garten gewesen waren, erinnerten sich der Wirkung auf die Tiere recht wohl. Aber das mit den Flüssen?

«So steht es in den Dichtungen, und die haben stets das Recht, ein wenig zu übertreiben. Aber selbst diese Übertreibungen zeigen uns nur, wie hoch damals die Musik verehrt wurde. Wenn man ihr solche Wunderdinge zuschrieb, so mußte ihre Wirkung wohl wirklich sehr groß sein! Die Menschen waren damals sicherlich empfänglicher für musikalische Eindrücke, als wir es leider heute im allgemeinen sind. Es ist nicht so wichtig, ob ein Fluß tatsächlich langsamer floß, um schöner Musik an seinen Ufern lauschen zu können; das ist vielleicht nur ein dichterisches Bild. Doch ich glaube, es zeigt uns, daß die Menschen ihr Tun und Treiben anhielten, ihre Hast besänftigten, alle Sorgen vergessen konnten, wenn Musik erklang. Und da wird es ganz unwichtig, ob Orpheus wirklich gelebt hat oder ob es damals tausend seinesgleichen gab, die edle und gute Gefühle im Volke zu erwecken wußten durch den Klang von Musik …»

Meine Freunde waren einverstanden. Ich sah auf die Uhr, die Zeit verrann, und ich wollte ihnen noch manches erzählen.

«Auch im alten chinesischen Reich wurde die Musik besonders verehrt. Man kannte schon Töne, ähnlich wie wir. Die chinesische Tonleiter bestand aus fünf …»

«Nur fünf?» riefen einige Kinder sofort. Sie erinnerten sich, daß wir Musik mit zwölf Tönen machen, und blickten unwillkürlich auf die Tasten meines Klaviers, um zu sehen, ob sie noch alle da seien: die sieben weißen und die fünf schwarzen Tasten in jedem «Stockwerk» oder jeder Oktave.

«Die Chinesen», fuhr ich fort, «gaben ihren Tönen eigenartige Namen: Der höchste hieß ‹der Kaiser›, der niedrigste ‹der Bauer› …«

Meine Besucher waren sich einig darüber, daß das viel schöner sei als C, D, E oder Do, Re, Mi.
«Es ist interessant, daß es auch heute noch Völker gibt, die mit ganz ähnlichen Tonfolgen von fünf Klängen musizieren: in Asien, in Afrika, bei den Indianern ...»
«Wie klingt diese Musik mit fünf Tönen?» wollten einige wissen.
«Nun, diese Tonleiter kann ich euch vorspielen. Sie ist zwar nicht überall ganz gleich, aber ihr könnt sie euch vorstellen, wenn ihr einfach die fünf schwarzen Tasten unseres Klaviers spielt ...» Das tat ich, schlug Cis, Dis, Fis, Gis, Ais hintereinander an, aufwärts und dann wieder abwärts. Dann erzählte ich den Kindern noch einiges aus jenen fernen, oftmals Jahrtausende zurückliegenden Zeiten:
«Die Inder erzählen, es sei in grauer Vorzeit der Gott Brahma gewesen, der ihnen das noch heute gebräuchliche Volksinstrument Vina geschenkt habe. In der Bibel gibt es manchen Hinweis auf Musik, auf die Trompeten von Jericho und auf den König David, der meisterhaft Harfe spielte.»
«Die Geschichte von den Trompeten von Jericho ... das ist doch die Erzählung vom Einsturz der Mauern?» fragte Thomas.
«Ganz recht. Die Mauern stürzten unter dem Schall von Blasinstrumenten ein, heißt es in der Bibel. Also von Trompeten oder Posaunen oder von ähnlichen Instrumenten, die es damals gab, dem Schofar etwa, das in Israel als religiöses Instrument gilt. Und durch diesen Mauereinsturz der belagerten Stadt Jericho konnten die Kinder Israels einen Sieg erringen ...»
«Das gibt es doch nicht!» protestierten einige. «Vom Klang einiger Musikinstrumente können doch keine Mauern einstürzen!»
«Nun, ganz so sicher möchte ich das nicht behaupten», beschwichtigte ich sie, und alle sahen mich erstaunt an. «Es hat sich in den letzten Jahren immer deutlicher gezeigt, daß die Bibel ein recht genaues Geschichtsbuch ist. Zudem wißt ihr doch, daß jeder Klang von Wellen herrührt, von Klangwellen oder Schallwellen. Und Schallwellen vieler starker Instrumente zusammen können eine gewaltige Kraft ausüben. Ja, ich glaube sogar daran, daß sie unter bestimmten Umständen eine Mauer einstürzen machen können. Glaubt ihr,

daß hundert Menschen, die über eine große Brücke gehen, eine Gefahr für sie bilden können? Nein? Und doch läßt man eine Kompanie Soldaten niemals im Gleichschritt darüber marschieren, denn sonst könnte sie einstürzen! Wodurch? Durch die Wellenbewegung, die vom gleichmäßigen Schritt ausgelöst wird. Warum sollten also starke Schallwellen nicht eine Mauer zum Einsturz bringen können?»

Meine kleinen Freunde sahen mich ein wenig erstaunt an. Im Nu waren sie in eine heftige Diskussion verwickelt. Gerade darüber freute ich mich besonders. Sie sollen ja nicht einfach hinnehmen, was ich ihnen sage und erzähle. Sie sollen selbst nachdenken lernen, sollen Dinge, die sie interessieren, miteinander besprechen, das Für und Wider abwägen, sich selbst ein Urteil bilden!

Nach einigen Minuten konnte ich fortsetzen: «Die alte Welt, von der wir gesprochen haben, war vor allem eine asiatische Welt, die sich aber westwärts rund um das Mittelmeer erstreckte. Dort gab es vor Tausenden von Jahren schon Hochkulturen ...»

«Bitte, was ist Kultur? Sie haben das Wort schon ein paar-

mal gebraucht, und wir lesen es auch oft — was bedeutet es?» will Gabi wissen, und andere nicken dazu.
«Gut, daß du fragst. Das sollt ihr immer tun, wenn ihr etwas nicht ganz versteht. Kultur ... das ist die Gesamtheit menschlicher Kenntnisse; nicht nur der Fortschritt in der Technik, in der Kunst, im Wohlstand, im Wissen, im Forschen formt die Kultur, sondern ebenso sehr die Gesinnung, die Beziehung der Menschen zueinander, das gegenseitige Verständnis. Ob es Nächstenliebe gibt, Mitleid mit den Schwachen und Unglücklichen, Ehrfurcht vor dem Gesetz, Achtung vor der Meinung der anderen, Sinn für Schönheit, Liebe zur Freiheit, Edelmut im Denken, Sinn für Gerechtigkeit, alles das ist für die Kultur eines Volkes oder eines Zeitalters wichtig. Und sicher noch einiges andere mehr, das nicht so leicht in Worte zu fassen ist. Spricht man von Völkern auf niedriger Kulturstufe, so ist damit gemeint, daß sie von den guten Eigenschaften, die ich eben aufgezählt habe, nichts oder nicht viele besitzen. In einer Hochkultur hingegen sind diese Dinge gut entwickelt ... In den Reichen der Chinesen, der Inder, der Ägypter, der Babylonier, der Assyrer, der Juden, der Chaldäer, der Sumerer gab es zeitweise Hochkulturen, hoch entwickelte Staaten, die den unseren, modernen kaum nachstanden, ja uns in mancher Beziehung vielleicht sogar übertrafen. Besonders viel wissen wir von den Griechen und ihrer alten Kultur, denn von ihnen ist uns manches überliefert.»
«Auch die Musik?»

Ägyptischer Priester mit Harfe

«Griechische Musikstücke hat man auf Steinen eingegraben gefunden. Aber die Entzifferung ist selbst da nicht leicht, und ich würde nicht wagen zu behaupten, daß wir die griechische Musik kennen. Wir wissen nur, daß die Musik bei ihnen eine gewaltige Rolle spielte. Es gab Volksmusik, es gab Tempelmusik und sogar schon eine Art musikalisches Theater ...»
«Wie die Oper?»
«Ich glaube nicht, daß bei den Griechen Theaterstücke gesungen wurden — das wäre ja die Oper —, wohl aber, daß sie Theaterstücke durch Musik untermalten, daß es darin Vorspiele und Zwischenspiele gab, auch Chöre. In vielen Schriften des alten Griechenland kann man schöne Dinge über die damalige Musik lesen, auf alten Vasen erkennt man Tänzer und Musikanten, und bei den berühmten Olympischen Spielen nahm die Musik einen wichtigen Platz ein.»
Bei diesen Worten wurden viele meiner kleinen Freunde lebhaft. Olympische Spiele, das kannten sie natürlich. «Aber waren das nicht nur Sportfeste?» fragten sie mich neugierig.
«Keineswegs. In ihren Anfängen, vor zweieinhalbtausend Jahren, waren sie eine großartige Leistungsschau alles dessen, was das Volk hervorbrachte auf den Gebieten des Körpers und des Geistes. Sport und Kunst vereint! Für die besten Musiker gab es geradeso Auszeichnungen wie für die Sieger in athletischen Wettkämpfen. Und auf beiden Gebieten gab es Höchstleistungen in Griechenland ...»
«Warum hat diese schöne Zeit nicht länger gedauert?» meinte Karin.
«Nun, kurz war sie nicht, mein Kind. Viele hundert Jahre lang währte sie. Doch nichts dauert ewig auf unserer Welt, alles hat sein Entstehen, seine Blüte, sein Vergehen. Eines Tages war auch Griechenland alt geworden, müde, uneinig und daher schwach, und da kamen die Römer und eroberten es. Und sie übernahmen viel von der Kultur der Besiegten. Die Römer hatten zwar weitreichende Kenntnisse auf einigen Gebieten: Sie bauten vorzügliche Straßen, sie organisierten starke Heere, sie waren Meister in der Verwaltung von Ländern, die viel größer waren als ihr eigenes und weit entfernt lagen. Doch auf dem Gebiet der Kunst mußten sie vieles lernen oder übernehmen, von den Griechen, den Etruskern, den Kretern. So kamen Reste der hohen Mittel-

meerkulturen nach Europa: Dichtung, Theater, Wissenschaften, Bildhauerei, Tanz und Musik. In Rom schließt die Geschichte der alten Welt und beginnt gleichzeitig die Europas. Hier habe ich eine Landkarte, sehen wir sie uns einmal näher an. Hier liegt das riesige Asien mit jenen gewaltigen Staaten, die schon ein paar tausend Jahre Geschichte hinter sich haben und sicherlich ebenso viel Musikgeschichte, wenn wir auch nicht viel davon wissen. Hier liegt Kleinasien, die Orte, von denen die Bibel erzählt. Hier ist Ägypten, ebenfalls eine Großmacht vergangener Zeiten, auch auf musikalischem Gebiet. In einer Epoche, in der von Europa noch keine Rede war, standen überall in den Ländern, die ich euch nannte, große Städte, es gab Dichter und Bildhauer, Maler und viele Musiker, die ihre Welt mit der Schönheit des Gesangs und der Instrumente erfüllten. Und hier liegt Griechenland, diese kleine, zerklüftete Halbinsel, die in das Mittelmeer vorragt. Und hier Rom, das ein wenig vor unserer Zeitrechnung begann, seine erobernden Arme nach allen Seiten auszustrecken ...»
«Kennen wir die römische Musik?» wollten mehrere wissen.
«Einen Teil von ihr kennen wir. Es gab viel Militärmusik in Rom, denn es war ein kriegerischer Staat. Es gab große Volksfeste mit Musik; oft ging es dabei sehr grausam zu, es wurden Tiere gehetzt oder Sklaven zum tödlichen Zweikampf getrieben. Da konnte wohl auch die Musik, die das begleitete, kaum freundlich oder gar lieblich sein. Aber es

Römischer Zituusbläser

gab in Rom noch eine andere Art von Musik, und die kennen wir. Sie entstand gewissermaßen unter der Erde ...»
«Wie? Unter der Erde?» wunderten sich die Kinder.
«Ja, in den Katakomben, den unterirdischen Gängen unter der Stadt, hielten die ersten Christen Roms ihre geheimen Zusammenkünfte ab, weil ihre Religion verboten und verfolgt war. Hier beteten sie zu Jesus, in dem sie Gottes Sohn sahen, und sie suchten nach Musik, die ihre tiefen Gefühle ausdrücken könnte. Denn die Musik, die in Rom erschallte, war Tanz- und kriegerische Musik, und die taugte dazu natürlich nicht. Da kam der Apostel Paulus zu ihnen und lehrte sie unter anderem Gesänge, wie die Juden sie im Großen Tempel zu Jerusalem zu ihrem Gott sangen. Im Gegensatz zu allen anderen Völkern jener Zeit beteten die Juden, wie die Christen, zu einem einzigen, unsichtbaren und allmächtigen Gott, und so sagten diese Gesänge den frühen Christen in den Katakomben zu, um ihrer neuen Religion der Liebe und des Glaubens musikalischen Ausdruck zu verleihen ...»
«Woher weiß man das so genau?» fragte Richard.
«Diese Musik kennen wir recht gut. Sie ist seit jenen fernen Tagen, seit fast zweitausend Jahren, nicht mehr von der Erde verschwunden. In vielen Kirchen und Klöstern wird sie bis heute gepflegt. Sie heißt ‹Gregorianischer Gesang›, denn der Papst Gregor, der um das Jahr sechshundert lebte, hat sie in einem großen Buch gesammelt und herausgegeben. Wollt ihr eine Platte davon hören?»
Eigenartige Klänge durchzogen den Raum. Man fühlte sich durch diese Musik um Jahrhunderte in die Vergangenheit versetzt.
«Das klingt fast nicht wie richtige Musik», meinte Gabi, «so wie ein Gebet, zwischen Singen und Sprechen ...»
«Sind da gar keine Instrumente dabei?» wollte Leni wissen.
«Singen da viele miteinander und alle das gleiche?» beobachtete Richard.
«Ihr habt alle recht», sagte ich ein wenig erstaunt über so viele richtige Bemerkungen. «Der Gregorianische Gesang entstammt einer sehr fernen Zeit, in der die Welt noch recht verschieden war von der unseren. Er ist ebenso sehr Gebet wie Musik. Und wie die Menschen stets das gleiche beten, so singen sie auch gemeinsam die gleichen Gesänge. Es ist also keine ‹vielstimmige› Musik ...»

«Aber da sangen doch eben viele?» unterbrach Rudi.
«Ja, aber das hat nichts mit ‹Vielstimmigkeit› zu tun ...»
«Das verstehe ich nicht», ließ Rudi sich wieder vernehmen, und andere pflichteten ihm bei.
«Mein Lieber, das ist gut, daß du das sagst, denn so kann ich euch etwas sehr Wichtiges erklären: den Unterschied zwischen ‹einstimmiger› und ‹mehrstimmiger› Musik. Das hat nämlich gar nichts damit zu tun, ob nur einer allein singt oder musiziert oder ob das viele tun.»
Alle sahen mich ein wenig verdutzt an. Ich fuhr fort: Wenn wir jetzt hier alle miteinander ein Lied anstimmen und dabei alle die gleiche Melodie singen, so bleibt die Musik doch einstimmig. Denn ‹Stimme› hat hier die Bedeutung von ‹Melodie›. Einstimmig singen heißt, daß alle das gleiche singen. Wenn aber nur zwei von uns ein Lied zweistimmig singen, also nicht das gleiche, sondern einer die Melodie und der andere eine Art Gegenstimme oder Begleitungsstimme, dann wird die Musik ‹mehrstimmig›. Einstimmigkeit und Mehrstimmigkeit sind die beiden großen musikalischen Prinzipien, nach denen man die Musik einteilen kann. Der Gregorianische Gesang ist immer ›einstimmige‹ Musik, denn er kennt weder eine zweite oder Gegenstimme noch irgendwelche Begleitung. Er erlaubte niemals die Verwendung von Instrumenten, er ist also eine reine ‹Vokalmusik›. Das kommt von *vox*, dem lateinischen Wort für die menschliche Stimme. Der Gegensatz dazu ist die Instrumentalmusik, also die Musik, die mit Instrumenten gemacht wird. Bei der Vokalmusik ist es gleichgültig, ob eine Stimme singt oder hundert, und bei der Instrumentalmusik, ob ein Instrument spielt oder hundert. Auch das ist eine wichtige Unterscheidung in der Musik.»
«Da können also zwei Stimmen vielstimmiger singen als hundert?» fragte Thomas, klug wie immer.
«Jawohl, Thomas, denn es kommt nicht auf die Zahl der Sänger an, sondern auf die der ‹Stimmen›, und das bedeutet hier eben ‹Melodien›. Übrigens gibt es noch andere Ausdrücke für ‹Einstimmigkeit› und ‹Mehrstimmigkeit›, und weil die oft verwendet werden, will ich sie euch sagen. Einstimmig heißt auch *homophon*, Einstimmigkeit also *Homophonie*; mehrstimmig heißt *polyphon*, und Mehrstimmigkeit nennt man *Polyphonie* ...»

«Aus welcher Sprache kommen diese Wörter?» wollte Hedi wissen.
«Aus dem Griechischen. ‹*Homo*› bedeutet ‹gleich› und ‹*Phone*› die Stimme: also ‹gleichstimmig› oder ‹einstimmig›, wie wir sagen. Und ‹poly› heißt ‹viele›, also viele Stimmen zur gleichen Zeit oder besser: mehrere oder viele Melodien. Der Gregorianische Gesang ist streng einstimmig oder homophon. Er hat auch noch andere Merkmale, die euch vielleicht aufgefallen sind. Er hat nichts von dem, was wir Takt und Rhythmus nennen ...»
«Was ist Rhythmus?» fragt mich Elsa.
«Alles Lebendige hat Rhythmus. Die Natur hat viele: Sonnenaufgang und Sonnenuntergang, Ebbe und Flut ...»
«Tag und Nacht! Die Jahreszeiten!» riefen gleich mehrere.
«Stimmt. Auch der menschliche Körper hat einen Rhythmus: die Schläge unseres Herzens. Alles, was regelmäßig wiederkehrt, hat einen Rhythmus ...»
«Auch die Tänze haben ihren Rhythmus!» stellten einige fest und erinnerten sich an die Filme, die wir gesehen hatten.
«Natürlich. Natürlich hat auch der Gregorianische Gesang einen Rhythmus, seinen Rhythmus, aber er ist nicht so leicht zu erkennen. Wenn wir unseren Chor gründen werden, müssen wir viele rhythmische Übungen machen ... Der Gregorianische Gesang hat also von den drei Grundelementen der Musik — Melodie, Harmonie und Rhythmus — nur eines, das deutlich zu hören ist: die Melodie. Ihr wißt ja noch, was eine Melodie ist? Eine Reihenfolge von Tönen — wir haben sie mit einer Perlenkette verglichen, erinnert ihr euch? Und Harmonie, das ist der Zusammenklang von Tönen ...»
«Die Konsonanzen und Dissonanzen!» erinnerten sich die Kinder, die das Spiel auf der Treppe mitgemacht hatten.
«Sehr gut, nun aber weiter in der Musikgeschichte. Lange Zeit gab es in der mittelalterlichen Musik nichts als religiöse Gesänge. Das änderte sich erst, als die Zeiten sich änderten ...»
«Wie kam das?» fragten einige.
«Immer wieder fielen fremde Völker in das Gebiet Europas ein, oder des ‹Abendlands›, wie man damals sagte.»
«Warum eigentlich?» interessierten sich die größeren Kinder.
«Nun, das ist sehr einfach. Damals wußte man noch nichts von Amerika. Die Welt schien eine Scheibe. Die Sonne ging

im Osten auf, sie kam also aus Asien nach Europa, und so wurde Asien zum ‹Morgenland›. In Europa aber ging sie abends unter, über dem Meer, das Europas westliche Grenze bildete, die Grenze der Welt. So wurde Europa zum ‹Abendland› ... Die fremden, oft wilden Völkerstämme kamen aus Osten, Norden, Südosten. Europa konnte sich kaum verteidigen, weil es kaum waffengeübte Männer gab. Die Priester, die ihre Anführer waren, waren keine Männer des Krieges. Und so bildete sich eine neue Schicht heraus: die Ritter. Ihr kennt ja die alten Burgen, die heute noch auf Hügeln stehen, teils schon lange zerfallen, teils noch ein wenig erhalten, an Wegkreuzungen oder Flußläufen, wo viele Menschen vorbei mußten, Freunde wie Feinde. Dort lebten die Ritter. Oft zogen sie fort, führten Kriege, kämpften in Schlachten, zogen auch ins Heilige Land, um das Grab Jesu aus den Händen der Araber zu befreien. Aber es gab auch lange Winter, in denen sie nicht umherziehen konnten. Da saßen sie auf ihren Burgen und freuten sich, wenn einmal ein fahrender Ritter zu Besuch kam, ein ‹Minnesänger› oder ‹Troubadour›. Er war vielleicht weit herumgekommen und erzählte nun im Lied von dem, was er gesehen hatte, von Schlachten und Belagerungen großer Städte, von Fürstenhochzeiten und Heldentaten. Vieles war ganz neu für die Familie des Burgherrn und ihre Gäste, Zeitungen gab es ja noch längst nicht, und die Verbindungen waren schlecht und schwierig. Der Sänger begleitete seine Gesänge wahrscheinlich mit einem kleinen Instrument, das einer Leier oder Harfe ähnlich sah. Er spielte es entweder selbst oder ließ es durch einen Helfer spielen, der stets mit ihm zog und den man meistens ‹Spielmann› oder ‹Minstrel› nannte. Der Sänger erfand immer neue Lieder, neue Verse, neue Melodien. Zuletzt dankten ihm die Ritter, die zu diesem Fest geladen waren, und eine schöne Dame, vielleicht das Burgfräulein, schenkte ihm eine schöne Blume ... Wollt ihr auch diese Musik hören? Ich habe eine Platte mit Liedern der Minnesänger hier ...»

«Jetzt sind wir die Ritter», sagte Rudi.

«Und wir die schönen Damen», setzte Gabi hinzu.

«Wem aber schenken wir die Blume?» meinte Karin nachdenklich, während sie eine Nelke aus der Vase auf meinem Schreibtisch zog.

Von der Platte erscholl eine Männerstimme, weicher, einschmeichelnder, als der Gregorianische Gesang es gewesen war. «Das klingt unserer Musik schon viel ähnlicher», meinten die Kinder.

«In welcher Sprache sang der Sänger? Ich habe fast gar nichts verstanden ...», meinte Birgit.

«Das war ein sehr altes Deutsch, und man müßte viel studieren, um es zu lernen. Damals klangen die europäischen Sprachen alle noch recht anders als heute. Das Wichtige aber ist, daß die Minnesänger und Troubadoure in ihren Landessprachen sangen und nicht mehr lateinisch wie die Mönche beim Gregorianischen Gesang. Den konnte das Volk nicht verstehen. Die Lieder der Minnesänger aber waren allen verständlich. Doch nicht nur die Sprache war anders geworden, auch der Inhalt der Lieder. Den Burgherrn und seine Gäste interessierten ganz andere Dinge als den Priester, der mit seinen Gedanken stets bei Gott war und in der Hoffnung auf das Jenseits, das Paradies nach dem Tode lebte ...»

«In welcher Zeit lebten die Minnesänger?» wollte Thomas wissen.

«Das ist nun ungefähr siebenhundert, achthundert bis neunhundert Jahre her. Von den wenigsten wissen wir das genaue Geburtsdatum. Man erzählt — ob es ganz so wahr ist, weiß niemand mehr —, daß im Jahr 1207 auf der Wartburg in Thüringen einige der besten Minnesänger jener Zeit zusammenkamen und es einen richtigen Wettkampf zwischen ihnen gab, einen sogenannten Sängerkrieg, wer am schönsten dichtete und seine Melodien am besten vortrug ...»

«Und wer hat gewonnen?» fragte ein Junge, der ein begeisterter Sportler war.

«Es heißt, daß Walther von der Vogelweide Sieger wurde. Von dem besitzen wir heute noch ein paar schöne Lieder.»

Ich sah, daß einige Kinder sich Notizen machen wollten, darum sagte ich: «Ich will euch noch ein paar Namen nennen, die ihr euch vielleicht merken könnt: Walther von der Vogelweide, Wolfram von Eschenbach ... Gottfried von Straßburg ... Oswald von Wolkenstein ...»

«Wieso haben die alle so komische Namen?» fragten einige, aber die meisten fanden diese Namen besonders schön. Und es war Thomas, der erklärte: «Damals gab es nur Vornamen, und damit man die Leute unterscheiden konnte, nannte man sie nach der Gegend, aus der sie kamen ...»

Ich nickte, als die Kinder mich ansahen, ob das wahr sei. «‹Wolkenstein› hieß eine Burg und damit auch ein Ort in Südtirol, Eschenbach ist heute ein Städtchen in der Oberpfalz, das sich stolz ‹Wolframs-Eschenbach› nennt ... Wenn ihr gut der Musik zugehört habt, dann ist euch sicher aufgefallen, wie groß die Ähnlichkeit manches dieser Lieder mit Volksliedern ist ...»

«Gab es denn damals schon Volkslieder?» staunten einige.

«Sicherlich. Wir haben ja schon öfter gesagt, daß es rund um die ganze Erde kein Volk ohne Musik gebe, ohne Lieder und ohne Tänze. Es hat in Europa auch schon zur Zeit des Gregorianischen Gesangs Volkslieder gegeben, aber die Kirche sah es nicht gern, daß Musik anders als für den Gottesdienst verwendet würde. Und da die einzigen Menschen, die damals lesen und schreiben konnten, Diener der Kirche waren, also Priester und Mönche, haben sie nur die Lieder aufgeschrieben, die dem Lob Gottes gesungen wurden. In der Minnesängerzeit aber begann man, auch Volkslieder in aller Öffentlichkeit zu singen und vielleicht auch schon aufzuschreiben. Nur eine Frage ist schwer zu beantworten: Haben die Minnesänger Melodien erfunden, die nachher zu Volksliedern wurden, oder haben sie Melodien genommen und ‹bearbeitet›, wie man das nennt, die sie als Volkslieder schon gehört hatten? Viele der Minnesänger waren hohe Herren, ja es gab Fürsten und sogar Könige unter ihnen. Einer davon ist besonders bekannt und berühmt geworden: Richard Löwenherz, König von England. Er wurde, als er von einem Kreuzzug ins heilige Land zurückkehrte ...»

«Ein weiter Weg von ... von ...», sagte Rudi, und ich half ihm: «Von Jerusalem ... in Palästina, wie das Land damals hieß, heute ist es Israel ...»

«Bis nach England ... zu Fuß ...»

«Nun, zu Fuß ging er bestimmt nicht ...»

«Mit dem Flugzeug?» fragte die kleine Christine und verstand nicht, warum alle in Lachen ausbrachen: «Das gab's doch noch längst nicht! Nicht einmal Eisenbahnen oder Autos ...!»

«Nein, Christinchen», sagte ich, «damals ritten die Ritter, und davon haben sie ja ihren Namen, denn Ritter heißt natürlich Reiter ... Ja, wo waren wir stehengeblieben? Richtig, bei Richard Löwenherz; als er durch Österreich ritt, wurde er von seinem Feind, dem Herzog von Österreich, gefangen genommen und auf der Festung Dürnstein an der Donau eingesperrt ...»

«Das weiß ich! Ich war letzten Sommer auf Ferien in Dürnstein! Von der Festung steht nur noch eine Ruine, aber im Dorf liest man oft den Namen Richard Löwenherz ...»

«Ja, und noch einen Namen: Blondel. Das war sein Schildträger oder Diener und sicher auch sein Spielmann. Und dem verdankte der König seine Befreiung. Offen durfte Blondel seinen Herrn natürlich nicht suchen, und so zog er nur bei Nacht durch die Gegend, von der er wußte, daß Richard dort hingebracht worden war. Er sang ein Lied, das der König wahrscheinlich mit seiner Hilfe gemacht hatte, vor den Burgen. Sicher suchte er schon lange, ohne daß er Antwort auf sein Lied bekam, aber er gab nicht auf. Und eines Nachts, da antwortete ihm die Stimme seines Königs mit der zweiten Strophe des Liedes. Blondel wußte also nun, wo man Richard gefangenhielt, er eilte nach England, und mit einem hohen Lösegeld konnte der König befreit werden ...»

«Eine schöne Geschichte», meinten einige.

«Ja, man weiß nur nicht sicher, ob sie auch wahr ist ... Aber das Wichtigste ist, daß man sich mit ihrer Hilfe die Zeit vorstellen kann ... Auch diese Ritterzeit der Minnesänger und Troubadoure ging zu Ende; ihr wißt ja, die Welt entwickelt sich, alles verändert sich ... Die nächste Musikzeit erleben wir nicht mehr in den Klöstern wie den Gregorianischen Gesang, und nicht mehr auf den Burgen wie das Lied der Troubadoure. Jetzt müssen wir von den Städtchen sprechen. Die sind im Lauf der Zeit immer größer geworden, und damit immer mächtiger. Im Anfang waren sie zumeist Dörfer, die vielleicht rund um eine Burg gebaut waren, damit der Ritter ihre Bewohner schützen konnte, wenn Feinde kamen. Aber allmählich wurden die Städte so volkreich, daß nun sie den hohen Herrn in der Burg beschützten und nicht mehr er sie. Und damit begannen sie, sich ihrer eigenen Kraft bewußt zu werden, ihrer Wichtigkeit und Bedeutung. In der Stadt blühte das Handwerk, viele Bauern zogen vom Land in die Stadt, wo das Leben so viel leichter und sicherer war. Man stellte Waren her, und der Handel begann eine große

Rolle zu spielen. Man schickte die Waren von einer Stadt zur andern und empfing dafür Dinge, die anderswo hergestellt wurden. Schließlich baute man auch Schiffe und holte vieles aus fernen Ländern. Dafür bezahlte man nun zumeist nicht mehr mit Waren, sondern mit Geld. Die Städte wurden reich und mächtig. Da änderte das Leben sich völlig. Nun zogen keine Ritter mehr über die Straßen, sondern reiche und wichtige Bürger, Handelsherrn ließen sich in vier- und achtspännigen Kutschen von Stadt zu Stadt fahren. Sie besaßen nun Häuser, die zwar keine Gräben aufwiesen und keine Zugbrücken wie die alten Burgen, in denen es aber viel schöner war: Man besaß gut gearbeitete Möbel, man heizte die Räume im Winter mit Öfen und schützte sie mit Glasfenstern vor der Kälte. Der Bürger beauftragte gern einen Maler, der ihm schöne Bilder schuf. Und er lud gern Gäste ein, und dann wurde musiziert; man spielte auf wohlklingenden Instrumenten, Fiedeln und Flöten und Lauten — das sind Gitarren mit rundem Körper und mehr Saiten —, man sang neue Lieder. Die Bürger wollten ihre Stadt schön gestalten und errichteten großartige Bauten: Rathäuser und Kathedralen und Dome. In denen wollten sie auch kunstvolle Musik hören. Da genügte ihnen der Gregorianische Gesang nicht mehr, den ja nur die Mönche sangen, und auch das Lied des Minnesängers interessierte sie nicht mehr, denn nun wußten sie selbst viel mehr von der Welt, als der Ritter gewußt hatte. So begann die Musik komplizierter zu werden. Bis dahin war sie einstimmig gewesen — homophon, erinnert ihr euch? Nun wurde sie mehrstimmig ...»
«Polyphon!» riefen einige, die sich diese Wörter gut gemerkt hatten.
«Ja. Es begann eine neue musikalische Epoche. Zwar lagen die ersten Versuche mit mehrstimmiger Musik schon ein wenig in der Vergangenheit, aber nun wurde diese Polyphonie zur ‹Mode›, denn sie entsprach dem Wunsch der Bürger nach einer anspruchsvolleren Kunst. Zu einer Melodie trat nun eine Gegenstimme — eine ‹zweite› Stimme, wie wir manchmal sagen —, aber bald auch eine dritte und vierte. Und die waren so kunstvoll gemacht, daß sie völlig genau zueinander paßten und nur in ihrer Gesamtheit einen schönen, vollen Klang ergaben. Ich will euch einmal etwas von dieser frühen Mehrstimmigkeit vorspielen ...»

Es war immer noch eine ein wenig fremde Musik, aber sie machte den Kindern doch einen tiefen Eindruck. Man hörte, wie die einzelnen Stimmen oder Melodien sich miteinander verflochten, wieder lösten, schöne Zusammenklänge bildeten, «Konsonanzen und auch Dissonanzen», wie die größeren Kinder sofort ganz richtig hörten. Zuletzt fragten sie nach dem Komponisten.
«Das war von Guillaume de Machault ...»
«War das sein Familienname, oder gab's das immer noch nicht?»
«Guillaume, also deutsch: Wilhelm, war sein Vorname, und Machault oder Machaut heißt das Dörfchen in den Ardennen, wo er geboren wurde ...»
«Wann?»
«So um das Jahr 1300, ganz genau weiß man es nicht, denn niemand schrieb das damals auf, auch bei berühmten Künstlern nicht, wie Guillaume de Machault einer war. Nur die Geburt eines Prinzen wurde genau verzeichnet und die anderer hoher Herrn ... Die kamen nun nicht mehr auf Burgen zur Welt, sondern in Schlössern, und wurden auch dort erzogen, sie lernten dabei auch Musik bei sehr guten Lehrern. Es gab also vielerlei Musik: die Volksmusik, die sich vor allem auf dem Lande erhielt. Dann die Musik in den großen Kirchen, wo die Orgel brauste und große Chöre mehrstimmige Musik sangen. Dann die Musik in den Bürgerhäusern, wo immer schöner gebaute Instrumente verwendet wurden. Und dann gab es, vor allem in Deutschland, noch eine ganz eigenartige Musik der Bürger: die schlossen sich zu Musikvereinen zusammen und pflegten den Gesang in Liedern. Sie nannten sich die ‹Meistersinger›, und um in ihre ‹Zunft› aufgenommen zu werden, mußte man viel lernen und strenge Prüfungen über sich ergehen lassen. Solche Meistersinger-Zünfte gab es in vielen Städten, eine der frühesten war wohl die in Mainz und die berühmteste die von Nürnberg. Dort lebte Hans Sachs, von dem viele Gedichte, Theaterstücke und andere Werke erhalten sind ...»
«Wann lebte Hans Sachs?» fragte Thomas, und viele waren bereit, sich dessen Namen und Daten aufzuschreiben.
«Hans Sachs wurde in Nürnberg 1494 geboren und starb in der gleichen Stadt im Jahr 1576. Es gibt übrigens zwei Opern, in denen seine Gestalt im Mittelpunkt steht, eine

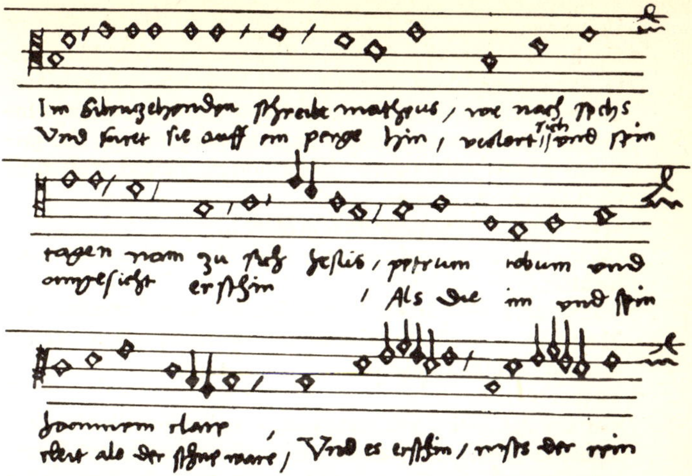

Notenschrift des Meistersingers Hans Sachs aus dem Jahre 1519

von Lortzing und eine ganz berühmte von Richard Wagner aus dem Jahr 1868. Er muß ein überaus volkstümlicher und beliebter Mann gewesen sein. Die Meistersinger musizierten einstimmig, denn sie sangen, darin noch den Minnesängern ähnlich, einzeln. Doch ansonsten wurde immer mehr polyphone Musik gepflegt. Das Ohr mußte sich umstellen, um sie aufnehmen zu können; es ist gar nicht leicht, jede einzelne Melodie mit dem Ohr zu verfolgen, wenn mehrere gleichzeitig ertönen. Übrigens gab es damals nicht nur für das Ohr Neuigkeiten, sondern auch für das Auge: man fand oder erfand die Perspektive …»

Die größeren Kinder wußten, um was es sich da handelte, doch die kleineren hatten davon noch nicht gehört. Und so half ich ihnen ein wenig. «Wie zeichnet ein Kind, wenn es noch klein ist? Es unterscheidet noch nicht zwischen den nahen und den fernen Dingen, es malt sie alle gleich groß oder sogar die größer, die es stärker interessieren. Es hat auch noch nicht gelernt, die Seitenfront eines Hauses so darzustellen, wie das Auge es von der Straße aus sieht. Mit der Perspektive, also mit der räumlichen Darstellung der Dinge, entdeckte man damals etwas ganz Neues, aber etwas, was uns heute selbstverständlich dünkt. Die Dinge haben eben nicht nur zwei Dimensionen, wie man es früher dargestellt hatte, die Höhe und die Länge. Sie haben auch noch eine dritte: die Tiefe. Und so ist auch die Polyphonie eine neue Dimension der Musik. Zweistimmige Musik war noch ziemlich leicht zu verstehen, doch fünf- und achtstimmiger konnte nur ein sehr geübtes Ohr folgen ...»

«Acht Melodien gleichzeitig?» staunten die Kinder.

«Ja, und mehr auch noch. Es sind dann immer vielstimmigere Werke komponiert worden, eine Messe, die man in Salzburg gefunden hat, weist 48 Stimmen auf. Aber die standen gewissermaßen nur auf dem geduldigen Notenpapier, und sehr geübte Chöre konnten sie singen, aber kein Ohr nahm das auf, das war zuviel. Und so wendete das Volk sich von der polyphonen Musik ab, es wollte einfachere Gesänge haben. In Schlössern und Palästen wurden solche vielstimmigen Gesänge ebenfalls nicht verwendet, denn in den schönen Salons gab es keine großen Chöre. Dort liebte man die kleinen Musikgruppen aus wenigen Instrumenten; die spielten zur Tafel auf und begleiteten die Tänze, von denen wir viele noch heute kennen. Die hatten eine einzige, leicht zu behaltende Melodie und dazu eine ebenso einfache ‹Begleitung›. Erinnert ihr euch noch an unsere Spiele auf der Treppe? Da fanden wir Akkorde oder Harmonien, wenn wir die Töne 1, 3, 5 sangen. Mit solchen Harmonien oder Akkorden begleitete man die Melodien — gerade wie es heute ein Gitarrist tut, wenn er einen Sänger begleitet —, und allmählich wurde auch das Bürgertum der Mehrstimmigkeit überdrüssig, und um das Jahr 1600 beginnt man wieder einstimmig zu musizieren. Allerdings nicht so wie früher, als es nur eine Melodie und keine Gegenstimme oder Begleitung gab. Nun gab es Begleitung mit Hilfe von Akkorden oder Dreiklängen, und diese Begleitung wurde immer schöner und kunstvoller gestaltet ... Doch genug für heute. Jetzt kommen wir bald zu den Zeiten unserer größten Meister. Oder sagen wir lieber: zu den Zeiten der Meister, die heute am meisten gespielt werden: Bach, Händel, Haydn, Mozart, Beethoven, Schubert und so fort. Zu den Namen, die ihr schon zum Teil kennt ... Gute Nacht!»

Meine kleinen Freunde gingen mit frohen Gesichtern fort. Obwohl ich ihnen gesagt hatte, daß wir über die schwierigsten Dinge der Musikgeschichte gesprochen hatten, fanden sie den Nachmittag entgegen meinen Befürchtungen gar nicht schwer oder gar langweilig. Ich bin sicher, sie werden morgen wiederkommen. Und heute wird vielleicht mancher von ihnen von den Minnesängern träumen ...

16
Die großen Meister unserer Musik

Am folgenden Nachmittag bereitete ich einiges vor: Die Schallplatten waren zur Hand, das Klavier war geöffnet, und eine große Landkarte von Europa hing hinter meinem Schreibtisch. Bald kamen meine kleinen Freunde; die Türe stand keinen Augenblick lang still, es herrschte fröhliches Stimmengewirr, das sich langsam legte, als ich alle einlud, so gut — oder schlecht — wie möglich Platz zu nehmen.
«Sprechen wir heute nur von Europa?» fragte Thomas und wies auf die Landkarte.
«Ja, denn die großen Meister, von denen wir erzählen wollen, lebten durchwegs in Europa. Wir wollen gleich hinzusetzen: Die Musikgeschichte, die wir betrachten, ist die europäische Musikgeschichte. Gewiß würde eine chinesische, eine arabische, eine indonesische Musikgeschichte wesentlich anders aussehen. Aber wir betrachten die Musikgeschichte unseres Kulturkreises, die Meister, die der westlichen Zivilisation, Europa, angehörten. Heute kennt man ihre Namen und Werke überall auf der ganzen Welt; Radio und Schallplatte haben sie verbreitet, so daß heute selbst in Japan oder in Persien — Länder, deren musikalische Entwicklung ganz anders verlaufen ist als die unsere — Beethoven, Mozart und Bach, Verdi, Debussy und Tschaikowski bekannt und beliebt sind ... Erinnert ihr euch noch unserer Gespräche von gestern? Sie handelten von vielerlei! Vom Beginn der uns bekannten Musik, und den verlegten wir nach Asien. Erst mit den Griechen betraten wir europäischen Boden. Das will natürlich nicht besagen, daß es in den asiatischen Ländern nicht auch nachher noch viel Musik gegeben hat. Nur vergessen wir das oftmals, wenn wir von unserer Musikgeschichte sprechen. Zugleich mit unseren europäischen Meistern lebten Musiker in den arabischen Ländern, in Ostasien, auch in den indianischen Ländern Amerikas, von deren Musik vor dem Eindringen der Weißen wir überhaupt

nichts wissen. Leider kann man nicht die Musik der ganzen Welt überblicken, wir begnügen uns also mit der Musikgeschichte Europas, das heißt unserer Kultur. Ihr erinnert euch, wie weit wir gestern kamen?»
«Bis zur Polyphonie!» meinte Richard.
«Nein, weiter! Bis zur Harmonie!» verbesserte Peter, und alle nickten, als seien dies die selbstverständlichsten Dinge der Welt.
«Nun möchte ich euch einige Stücke vorspielen aus jenen Zeiten, die wir gestern besprachen. Dies hier ist eine Musik vom Höhepunkt der Mehrstimmigkeit. Sie stammt von Jan Pieter Sweelinck, einem Holländer, der um 1500 in Amsterdam wirkte ...» Es klang reich und üppig, wir vernahmen ein Geflecht aus vielen Melodien, die einander überschnitten und deutlich nebeneinander herliefen; alles schien in dauernder Bewegung zu sein, «wie viele Wellen auf dem Meer», sagte eines unserer größeren Mädchen, und ich finde das sehr gut ausgedrückt.
Dann spielte ich eine Platte mit italienischen Liedern aus dem 16. Jahrhundert. Man nennt sie «Madrigale», sie waren in ganz Europa sehr beliebt. Auch bei ihnen gibt es noch mehrere Melodien gleichzeitig, aber sie zu unterscheiden schien uns viel leichter. Stimmen und Instrumente gaben einen schönen Zusammenklang, und viele Lieder waren recht lustig, eines ahmte den Kuckucksruf nach, bei einem anderen — ich sagte den Kindern, das sei ein Madrigal von Adriano Banchieri — hörte man ein ganzes Tierkonzert, und wir lachten viel, auch weil wir uns des Besuchs im Zoologischen Garten erinnerten. Ich nannte den Kindern auch die Namen der anderen Komponisten, die mit Madrigalen auf der Platte vertreten waren: Adrian Willaert, Jacob Arcadelt, Luca Marenzio, Orlando di Lasso, Claudio Monteverdi. Ich mußte sie auf die Tafel schreiben, die ich vorbereitet hatte, denn sie sind nicht so leicht zu verstehen.
«Woher stammen diese Komponisten?» fragten mich einige Kinder. Ich ging zur Landkarte: «Einige von ihnen kamen aus den flämischen Landen ...», und dabei zeigte ich auf die Region im Westen Europas, die heute ungefähr Belgien, Holland und den Norden Frankreichs umspannt. Dort blühte die Musik im 15. und 16. Jahrhundert besonders, wie ich den Kindern erklärte. Als dann Italien gewaltige Fortschritte

machte, wanderten viele flämische oder niederländische Meister nach Süden und ließen sich vor allem in Venedig nieder, das damals zu einer Hauptstadt der Musik wurde. In dieser Stadt — es war lange Zeit hindurch die größte Europas — steht die berühmte Markuskirche, in die man eine zweite Empore mit einer zweiten Orgel gebaut hatte, so daß nun großartige Musik gemacht werden konnte: natürlich vielstimmige, polyphone, denn jeder der Organisten hatte ein kleines Orchester und einen Chor um sich, und so verbanden sich viele Stimmen, viele Melodien zu mächtigem Klang.
«Orlando di Lasso stammte ebenfalls noch aus dem Norden, aber er wanderte frühzeitig durch halb Europa, war in Italien, Frankreich, England und ließ sich dann in München nieder, wo er die Kapelle am Hof des Herzogs Albrecht V. dirigierte. Er war sehr berühmt, schrieb viel herrliche Musik, und man nannte ihn einen ‹Fürsten der Musik›. Sehr berühmt war auch Claudio Monteverdi, ein Italiener, der neben Madrigalen vor allem auch Opern komponierte, denen eine große und besondere Bedeutung zukommt, da sie zu den frühesten gehören, die erhalten blieben. Orlando di Lasso starb im gleichen Jahr wie ein weiterer großer Komponist jener Zeit: Giovanni Pierluigi da Palestrina — im Jahr 1594. Der gilt als der größte Kirchenkomponist der damaligen Welt, hört einmal etwas von ihm ...»
Ich legte eine Platte auf. Ein machtvoller Chor entfaltete seine Stimmen. Wieder entwickelten sich viele Melodien gleichzeitig, aber trotzdem entstand ein Klangbild von großartiger Klarheit; man glaubte in einem Dom zu sein, mit hohen Gewölben und riesigen Pfeilern, mit bunten Fenstern und himmelstrebenden Türmen.
«Orlando di Lasso, Palestrina und Monteverdi gehören zu den größten Meistern der Polyphonie, aber auch zu den letzten. Nach ihrem Tod — Monteverdi starb 1643 — komponierten die meisten Musiker in der neuen Art: also mit einer Hauptmelodie und Harmonien zur Begleitung. Doch immer noch tauchten Komponisten auf, die mehrstimmige Werke schufen oder die beides konnten: mehrstimmig und auch ‹harmonisch› komponieren. So ist Johann Sebastian Bach zu verstehen ...»
«Ah», rief Richard aus, «ich spiele Musik von Bach!»

Auf meine Aufforderung, der sich seine Kameraden freudig anschlossen, setzte Richard sich ans Klavier und spielte uns einige Tänze von Bach vor: eine Gavotte, eine Sarabande und eine Gigue, Modetänze der damaligen Zeit. Wir applaudierten herzlich, als er endete.
«Bach kannte das moderne Klavier natürlich noch nicht. Immerhin spielte er schon auf dem Cembalo, das einen großen Fortschritt gegenüber früheren Modellen bedeutete. Sein Lieblingsinstrument aber war die Orgel. Diese ‹Königin der Instrumente› war schon damals prächtig entwickelt und eignete sich besonders für mehrstimmige Musik. Sie besaß nicht nur eine Tastenreihe wie unser Klavier, sondern bei größeren Orgeln ihrer zwei oder gar drei, und man konnte auf jeder von ihnen mit anderen ‹Registern› spielen, also mit anderen Klängen, und so hob sich eine Melodie auf dem einen ‹Manual› im Klang sehr schön von der auf dem anderen ab. Die verschiedenen Klänge erzeugt man auf der Orgel mit Hilfe der Knöpfe, die auf der Seite oder über den Manualen angebracht sind, und jeder Knopf bedeutet einen anderen Klang, eine andere Klangfarbe ... Aber nicht nur mit den Händen spielt man auf der Orgel, sondern auch mit den Füßen: Die treten auf einige Holzleisten, die man Pedale nennt ...»
«So wie beim Klavier?» fragte Richard.
«Nein. Beim Klavier erzeugen die Pedale keinen Klang. Schaut her, ich trete darauf, auf das rechte, nun auf das linke, es gibt keinen Ton, denn diese Pedale verändern den Klang nur, aber sie erzeugen ihn nicht. Die Pedale der Orgel hingegen erzeugen richtige Töne, so wie die Tasten ... Also kann man ganze Stücke nur mit den Füßen spielen; doch geben die Pedale nur tiefe Töne, und es gibt ihrer weniger als Tasten auf den Manualen. Bach scheint einer der größten Organisten aller Zeiten gewesen zu sein ...»
«Warum sagen Sie ‹scheint›?»
«Nicht, weil ich daran zweifle. Aber damals konnte man ja Klänge noch nicht ‹aufzeichnen›, so daß wir also nicht wissen können, ob Bach besser spielte als spätere Organisten, so wie wir nicht wissen, ob Paganini besser Geige und Liszt besser Klavier spielte, als heutige Virtuosen das tun ... Bach stammte aus einer echten Musikerfamilie, seit dem Urgroßvater gab es Musiker in der Familie, und auch unter seinen

Kindern wird es noch vier gute Komponisten geben. Johann Sebastian Bach war ein angesehener Mann, aber fast nur die Fachleute kannten ihn. Er war zuerst als Organist in kleinen Städten angestellt, dann diente er in fürstlichen Orchestern, und die letzten 27 Jahre seines Lebens war er Chorleiter an der Thomaskirche in Leipzig. Er komponierte eigentlich fast immer ‹im Auftrag›, das heißt solche Werke, die er in den Schlössern oder in der Kirche gerade brauchte. Das war bei fast allen damaligen Künstlern so ...»

«War das nicht sehr ... sehr unangenehm, so unfrei zu sein?» fragte Thomas. Ich überlegte ein wenig.

«Vielleicht kommt es nur uns so vor. Heutige Dichter, Schriftsteller, Maler, Musiker können zum größten Teil schaffen, was sie wollen. Doch die Künstler früherer Zeiten kannten ein so freies Schaffen nicht, sie waren daran gewöhnt, das zu dichten, zu malen oder zu komponieren, was ihre Brotgeber von ihnen erwarteten oder haben wollten.»

«Da geht es den Künstlern heute viel besser?» meinte Gabi.

Wieder mußte ich ein wenig nachdenken; das war eine schwierige Frage, und wie sollte ich den Kindern das erklären?

Das Portativ, ein Vorläufer der großen Orgel. Es hatte nur ein Manual und noch kein Pedal

«Es geht ihnen in mancher Beziehung besser, weil sie freier sind. Die meisten sind allerdings auch heute irgendwo angestellt, aber viele haben das Glück, dabei ihre künstlerischen Kenntnisse verwerten zu können. Aber sie müssen doch oft durch schwierige Zeiten, wenn sie mit der Kunst nicht genug verdienen. Die früheren Künstler konnten, wenn sie an einem Hof oder in einem Palast angestellt waren, damit rechnen, immer dort bleiben zu können, wenn sie nicht selbst wegziehen wollten oder etwas Dummes anstellten. Heute gibt es Dichter, Maler und Komponisten, die ihre Werke nur schwer verkaufen können, also vor der Gefahr der Not, der Obdachlosigkeit nicht immer geschützt sind. Darüber werden wir bald bei Mozart und Beethoven sprechen ... Bach war sein Leben lang ein Angestellter, manchmal hatte er gute Brotherren, die ihn verstanden und schätzten, manchmal nicht. Er fand stets genug Zeit, um große Werke zu schaffen. Wenn ihr größer sein werdet, spiele ich euch einmal die Passion vor, die er zu den Worten des Evangelisten Matthäus schrieb, oder wir gehen einmal in ein Konzert, um sie anzuhören ...»
«Was ist das, eine Passion?» wollte Karin wissen.
«Die Erzählung von der Leidensgeschichte Christi. Die ist, wie ihr wißt, sehr dramatisch, und man kann sie deshalb ‹dramatisieren›, also als Theaterstück mit handelnden Personen darstellen. Zumeist aber machte man keine Oper, sondern ein Oratorium daraus, also zwar ein Stück mit verteilten Rollen, das aber nur gelesen, beziehungsweise gesungen und nicht auf einer Bühne dargestellt wird. So erzählt uns die ‹Matthäus-Passion› Bachs von der Gefangennahme, der Kreuzigung, dem Tod und der Auferstehung Jesu. Und Bach hat dazu eine großartige Musik geschrieben, mit Sologesängen und Chören, und natürlich — das ist beim Oratorium gerade wie bei der Oper — vom Orchester begleitet ...»
«Können Sie uns nicht jetzt schon ein Stück dieser Musik vorspielen?» wollten viele Kinder. Ich tat es. Wir vernahmen die Stimme des «Evangelisten», der gewissermaßen erzählt, also die verbindenden Texte zwischen den Musikstücken singt; er tat das so klar und deutlich, dabei so eindrücklich, daß wir alles miterlebten. Dann sangen andere Solisten eine bewegende Musik, und hierauf setzte ein großer Chor ein, dessen erste Melodie sich in rascher Folge in weiteren wie-

derholte. Ich sagte den Kindern, daß ein Musikstück, bei dem ein Thema in dieser Art «eingeführt» wird, also der Reihe nach in verschiedenen Stimmen auftritt, eine «Fuge» genannt wird.

Thomas interessierte sich sofort: «Hat das Wort ‹Fuge› etwas zu tun mit dem lateinischen ‹fuga›, das Flucht bedeutet?»

Seine Kameraden waren nicht wenig erstaunt über so viel Wissen und freuten sich, als ich seine Frage bejahte: «Jawohl, Thomas, das hängt sogar ganz eng zusammen. Ihr habt sicherlich in der Schule einmal einen Kanon gesungen, das heißt ein Liedchen, in dem alle die gleiche Melodie, aber nicht zu gleicher Zeit singen. Diese Abstände vom Eintritt einer Stimme bis zur anderen ergeben den Eindruck, als liefe eine Stimme der anderen davon oder als liefe die zweite Stimme der ersten nach, die dritte der zweiten und so weiter. Nun ist die Fuge eine Art größerer Kanon, bei der also auch die erste Stimme vor der zweiten ‹flüchtet› und die zweite vor der dritten. Darum sprach man schon im Mittelalter, als diese Musikform aufkam, von ‹Fuge› ...»

«Ich möchte mir gerne die Daten aller großen Musiker aufschreiben», schlug einer der neueren Jungen vor, Alfred mit Namen, und viele waren mit dieser Idee einverstanden. «Können Sie mir bitte sagen, wann Bach lebte?»

«Gerne, aber beginnen wir etwas früher. Jener Papst Gregor, nach dem der Gregorianische Gesang heißt, starb im Jahre 604. Der Minnesänger Walther von der Vogelweide lebte um 1200. Guillaume de Machault starb 1377. Palestrina, um dessen Geburtsjahr lang gestritten wurde, scheint 1525 auf die Welt gekommen zu sein, er starb 1594. Orlando di Lasso, wahrscheinlich 1532 geboren, starb im gleichen Jahr 1594. Claudio Monteverdi lebte von 1567 bis 1643. Nun zu Bach: 1685 ist sein Geburtsjahr, Eisenach in Thüringen sein Geburtsort.» Ich ging zur Landkarte und zeigte diesen Ort. Dann Arnstadt, Weimar, Cöthen, lauter Orte, wo er lebte, auch Lübeck, wohin er als junger Musiker zu Fuß pilgerte, um einen berühmten Meister an der Orgel zu hören. Dann zeigte ich Leipzig, wo Bach lange wirkte und 1750 starb.

«Fünfundsechzig Jahre alt ist er geworden», hatte Peter ausgerechnet.

«Ja, und das war ein ziemlich langes Leben, wenn wir es mit

dem anderer großer Musiker vergleichen und wenn wir bedenken, daß ein Menschenleben damals noch kürzer war als heute. Mozart starb mit 35, Schubert gar mit 31, Mendelssohn mit 38, Chopin mit 39, Weber mit 39 … Bellini wurde nur 34 Jahre alt, und Pergolesi gar nur 26 …»
«Warum starben sie wohl so jung?» fragte Gabi nachdenklich.
«Das ist eine schwierige Frage, mein Kind. Geniale Menschen sind zumeist viel empfindlicher gegen alle Rauheiten unserer Welt, als es gewöhnliche Menschen sind. Viele Dinge, die uns zwar unrecht vorkommen, aber die wir rasch wieder vergessen, verletzen sie tief. Sie leben, müssen wir uns vorstellen, in einer anderen Welt, der Welt ihrer Fantasie. Darum haben wir manchmal das Gefühl, als träumten sie. Und ihr träumerisches Wesen stößt oft recht hart mit der Umwelt zusammen. Gewiß, es gibt auch härtere Naturen unter den Künstlern, solche, die ihr Innenleben recht gut gegen die verständnislose Welt abzuschirmen wußten. Aber die Mehrzahl konnte das nicht. Zudem lebten sie so sehr in ihre Gedanken, in ihre Träume versponnen, daß sie im wirklichen Leben keine Zeit fanden, auf ihre Gesundheit zu achten. Sehr oft findet man auch bei Menschen, die künstlerisch besonders begabt sind, eine zarte Natur. Aber das sind alles nur Gedanken, die mir im Augenblick kommen, weil ihr danach fragt … Vielleicht gibt es unter den schaffenden Künstlern zwei entgegengesetzte Typen: die Träumer und die Kämpfer. Jede Enttäuschung macht den Träumer schwächer dem Leben gegenüber, aber sie stärkt den Trotz, den Willen des Kämpfers …»
«Und Bach war ein Kämpfer?» wollten mehrere wissen.
«Das ist schwer zu beantworten. Er war es der Welt gegenüber nicht, denn es ging ihm gar nicht um äußeren Erfolg,

Bachs Siegel

um Anerkennung. In sich selbst aber war er ein fest verankerter Mensch, der niemals an seiner Berufung zweifelte. Es war vor allem die Religion, die ihm Festigkeit verlieh; für ihn war die Tatsache, etwas Schönes für seine Mitmenschen geschaffen zu haben, die höchste Befriedigung. Zum Ruhme Gottes komponierte er, und es interessierte ihn dann kaum, was die Welt dazu sagte. Er war glücklich, wenn er auf seiner geliebten Orgel spielen oder zu Hause im Kreise seiner großen Familie weilen konnte. So war also Bachs Leben, obwohl es ihm nicht viel äußere Anerkennung brachte und keineswegs das eines glanzvollen und international erfolgreichen Musikers war, doch kein trauriges oder gar unglückliches, wie wir es bald von anderen großen Meistern hören werden. Von Bachs größtem Zeitgenossen, Georg Friedrich Händel, müssen wir sprechen. Er wurde im gleichen Jahr geboren ...»

«... also 1685 ...», stellte Fredi, unser Chronist, fest.

«Jawohl, und nicht weit von Bachs Geburtsort, nämlich in Halle.»

«Da waren sie wohl Jugendfreunde?» meinte Elsa.

«O nein. Im Gegenteil: Sie lernten sich seltsamerweise nie kennen! Zwei große Musiker der gleichen Zeit! Heute würde es das kaum geben, denn die Musiker kommen heute bei vielen Gelegenheiten zusammen. Damals aber kamen solche Fälle oft vor. Auch Beethoven und Schubert lernten einander nie kennen, obwohl sie sogar in der gleichen Stadt lebten, und ebenso wenig machte Wagner die Bekanntschaft Verdis, obwohl sie jahrzehntelang die beiden berühmtesten Opernkomponisten der Welt waren. Händels musikalische Begabung zeigte sich, wie es manchmal vorkommt, schon in der Kindheit, aber sein Vater wollte nichts von einem Musikerberuf für seinen Sohn wissen. Der Kleine begann jedoch frühzeitig, seinen Willen durchzusetzen. Und mit achtzehn Jahren ging er als Musiker nach Hamburg, mit zweiundzwanzig nach Italien, um sich vollständig auszubilden ...»

«Warum gerade nach Italien?» fragten einige.

«Italien war mehrere Jahrhunderte lang das wichtigste Musikland gewesen. Eure Frage gibt mir Gelegenheit, ein wenig davon zu sprechen. Den Namen Monteverdi nannte ich euch schon. Und was eine Oper ist, wißt ihr auch. Nun, die Oper war in Italien zu Hause. Um das Jahr sechzehnhundert hatte eine Gruppe sehr kultivierter Leute, die sich regelmäßig versammelte, den Wunsch, das alte griechische Theater wieder aufleben zu lassen. Sie meinten, damals habe man Theaterstücke gesungen anstatt zu sprechen, und nun versuchten sie das gleiche. Da erging es ihnen eigentlich wie dem Kolumbus ...»

«Wieso? Hat der auch Musik gemacht?» fragte Rudi erstaunt, und alle lachten.

«Nein, das nicht, ich meine es in einem anderen Sinne. Kolumbus zog aus, um einen neuen Weg zu etwas Altbekanntem zu finden, nämlich eine Westroute nach Indien, weil er fest daran glaubte, daß die Erde rund sei, was damals noch nahezu unbekannt war. Und dabei entdeckte er etwas ganz Neues und Ungeahntes: Amerika. Und jene Herren in Florenz wollten auch nur etwas Altes wieder zum Leben erwekken — die griechische Tragödie —, und dabei erfanden sie etwas Neues: die Oper. Zuerst wurden die Opern nur in den Palästen des Adels gespielt, aber im Jahre 1637 baute man in Venedig für sie das erste öffentliche Theater. Das war etwas ganz Wichtiges! Denkt einmal, vorher konnten nur geladene Gäste die Opern hören, nun aber stand es jedermann frei, sich eine Eintrittskarte zu kaufen. Da kamen Menschen, die Bildung und Geschmack besaßen, aber auch andere, die aus dem Volke stammten und sich einfach amüsieren wollten, schöne Stimmen hören und einschmeichelnde Melodien. So mußte die Oper, die in den Palästen ein sehr ernstes, keineswegs unterhaltsames Kunstwerk gewesen war, sich dem neuen Publikum anpassen, volkstümlicher werden. Die ersten Theater waren von den unseren sehr verschieden: Parkett und Parterre waren leer, jeder mußte sich seine Sitzgelegenheit selbst mitbringen. Die vornehmen Leute ließen sich sogar von ihren Dienern auf Sofas liegend dorthin tragen ...»

Die Kinder sahen mich mißtrauisch an, ob ich nicht scherze. Als sie sahen, daß ich im Ernst sprach, freuten sie sich unbändig.

«Ja, vieles war damals noch anders. Aber wenn ein berühmter oder beliebter Sänger auftrat, paßten alle scharf auf, der Lärm, der sonst zumeist herrschte, verstummte. Dank den Sängern wurde die Oper bald so populär, daß in allen italienischen Städten die Theater nur so aus dem Boden schos-

Opernbühne im 17. Jahrhundert

sen; Venedig und Neapel hatten zeitweise acht, ja zehn, die jeden Abend spielten ...»

«Wie heute die Kinos ...», fügte Thomas bei.

«Ganz recht. Der Vergleich ist sehr gut. Die Oper war für die Leute des 17. und 18. Jahrhunderts das, was für uns das Kino ist. Die Sänger waren so bekannt wie heute die Filmschauspieler. Und es mußten immer neue Opern entstehen, denn der Bedarf war ungeheuer groß. Opernkomponist in Italien zu sein war das lockende Ziel für die Musiker ganz Europas, wenn sie sich für diese Kunstgattung begeistern konnten. Nur langsam setzte sich die Oper in den anderen Ländern durch. Es war ja nicht einfach so, daß man die Noten der Opern schicken konnte ...»

«Warum?» fragte Christine.
«Wer hätte in Frankreich, in Rußland, in Österreich, in Deutschland die Opern singen sollen? Es gab noch keine gelernten Opernsänger dort. Man mußte sie aus Italien holen. Aber nicht nur die Sänger, auch den Kapellmeister, den Chor, oft das Orchester, die Tanzgruppe, außerdem noch den Souffleur — das ist der Mann, der in dem kleinen Kasten vor der Bühne oder aus der Kulisse den Schauspielern oder Sängern ihre Rollen zuflüstert, damit sie nicht steckenbleiben —, dann natürlich die Maler für das Bühnenbild, die Schneider und Schuster für die Kostüme ... und vor allem den Direktor. Aber auch der Dichter und der Komponist mußten mitfahren ... ja, ihr habt richtig gehört: Jedes Theater hatte seinen eigenen Dichter und seinen eigenen Komponisten, damit sie immer wieder neue Werke schaffen konnten, aber auch damit sie schnell etwas ändern konnten, etwa wenn einer Sängerin ihre Rolle nicht gefiel oder wenn man zu Ehren eines anwesenden Fürsten einige Glückwunschverse einschieben und vom ganzen Ensemble singen lassen mußte ...»
«Was ist das Ensemble?» fragten einige.
«Das ist ein Wort, das man im Theaterleben verwendet, es bedeutet die Gesamtheit der mitwirkenden Schauspieler oder Sänger. Alle zusammen, das ist das Ensemble. Man sagt also: Ein Theater hat ein gutes Ensemble, das heißt, es besitzt gute Kräfte.»
«Damit die alle mitfahren können, braucht man ja einen ganzen Zug», meinte Christine kopfschüttelnd.
«Das hätten sie wohl gebraucht, aber leider gab es damals noch keine Eisenbahn, Christine! Die Opernsänger mußten damals noch in Pferdekutschen reisen, und ihr könnt euch ausmalen, welches Aufsehen sie in einer Stadt erregten, wenn die ganze Truppe ankam, um eine Zeitlang Oper zu spielen ...»
«Wie ein Zirkus!» meinte Birgit.
«Nur ohne die Raubtiere ...», sagte Rudi ruhig.
«Die größten Opernkomponisten waren also lange Zeit hindurch Italiener. Etwa Monteverdi, von dem sogar heute noch die eine oder andere Oper gespielt wird, oder der jungverstorbene Pergolesi, der von 1710 bis 1736 lebte. Doch in Italien gab es damals nicht nur die Oper. Dort

spielten die besten Orchester, dort gab es die berühmtesten Instrumentenmacher — wir nannten sie schon: Amati, Stradivari, Guarneri —, dort wurde um siebzehnhundert von einem Mann namens Cristofori das Klavier erfunden. Dort gab es sehr bedeutende Komponisten, die in der Musikgeschichte zu den größten Namen zählen: Corelli, Vivaldi, Tartini und eine beinahe unübersehbare Menge anderer. Dort wurde Domenico Scarlatti, Sohn eines berühmten Opernkomponisten, zu einem der ersten Virtuosen auf den Tasteninstrumenten ...»

«Was ist ein Virtuose?» wollte Peter wissen.

«Jemand, der etwas mit besonderer Fertigkeit beherrscht. Ein Klaviervirtuose, ein Violinvirtuose etwa. Aber man wendet das Wort auch anderweitig an, sogar beim Fußball, wie unsere Jungen sicher wissen: Ein besonders geschickter, technisch hervorragender Spieler, das ist ein Virtuose ... So wird es euch, bei diesem reichen Musikleben Italiens um das Jahr siebzehnhundert, nicht wundern, daß Händel gerade dorthin gehen wollte: In den Palästen gab es wundervolle Musik, in zahllosen Opernhäusern versammelte sich allabendlich das Volk, in den Kirchen gab es Chöre und Orgeln zu hören, kurz, es war eine der glänzendsten Musikepochen der europäischen Geschichte. Händel hatte großen Erfolg in Italien, er komponierte mehrere Opern, die unter starkem Beifall gespielt wurden. Dann reiste er wieder nach Norden, über die Alpen, nach Deutschland, wo er nicht lange blieb, und dann nach England ...»

«Also weitere Reisen als Bach?» stellte Thomas fest.

«Viel weitere! Bach kam nie aus Deutschland hinaus, ja zumeist blieb er sogar in kleinem Umkreis in Mitteldeutschland. Händel aber reiste viel, und das war in Zeiten der Postkutsche viel mühsamer als heute. In London gelangte er zu höchstem Ruhm, er komponierte zahlreiche Opern — alle in italienischer Sprache, wie es damals der Brauch war —, studierte sie an seinem eigenen Theater ein und dirigierte sie. Aber trotz aller Anstrengung, von der er sogar krank wurde, ging sein Theater zugrunde. Das Volk hatte für die klassischen Götter und Helden, die er in seinen Opern beschrieb, nicht viel übrig, besonders da ja italienisch gesungen wurde, was kaum jemand verstand. In einem anderen Theater tauchte eine Parodie auf, also ein Stück, das sich

über die Oper lustig machte, das wurde englisch gesungen, und auf der Bühne standen Figuren aus dem Leben der Großstadt, Bettler, Diebe, Räuber ...»
Die Kinder lachten: So etwas konnte doch nicht in einer Oper vorkommen! «Warum nicht?» entgegnete ich ihnen, «in einer Oper kann, so wie in einem Theaterstück, doch alles Mögliche vorkommen, und sogar alles Unmögliche. Es gibt Opern mit historischen Stoffen, also Gestalten und Ereignisse aus der Geschichte, Dinge, die sich abgespielt haben, aber es gibt auch Opern, die nur aus der Fantasie kommen, und es gibt solche, die aus dem gewöhnlichen täglichen Leben hergeholt sind, und darin können Gestalten vorkommen, wie wir ihnen irgendwo wirklich begegnen können ...»
«Da könnte man über uns eine Oper schreiben?» fragte ein großes Mädchen. Zwar lachten viele, aber der Gedanke gefiel ihnen ganz gut. Ich unterbrach die lebhafte Diskussion darüber, wer den Text machen und wer ihn vertonen sollte, mit den Worten:
«Wir haben von Händel erst die Hälfte gehört, und die wichtigere fehlt sogar noch. Er wendete sich von der Oper ab und komponierte nun vor allem Oratorien — ihr wißt ja schon, was das ist: ein Theater ohne Bühne und Kostüme gewissermaßen. Man spielt es auf einem Konzertpodium oder vor dem Altar in einer Kirche. Ich will euch ein berühmtes Stück aus einem Oratorium von Händel vorspielen. Das Oratorium heißt ‹Der Messias› und hat natürlich die Geburt Jesu zum Thema, den man ja auch den Erlöser oder den Heiland oder mit einem hebräischen Wort den Messias nennt. Dieses Werk erklang zum ersten Mal in Dublin, der Hauptstadt Irlands, im Jahr 1741 ...»
Brausende Klänge, ein jubelnder Chor menschlicher Stimmen, untermalt von einem mächtigen Orchester, gaben uns einen starken Eindruck von Händels Kunst.
«Als dieses Werk hernach zum erstenmal in London gespielt wurde, da erhob sich der anwesende König beim Beginn dieses ‹Halleluja› — so heißt der Teil, den ihr gehört habt — von seinem Platz und hörte stehend zu, weil er das Gefühl hatte, so großartige Musik dürfe man nicht gemütlich im Sessel sitzend anhören; und wenn der König steht, kann niemand sitzenbleiben — und bis zum heutigen Tag ist es in England Brauch, daß das Publikum bei Beginn dieses ‹Hal-

leluja› aufsteht ... Händel wurde älter als Bach, aber auch er war im hohen Alter blind, doch immer noch diktierte er seine Kompositionen einem Schüler ...»
«Kann man das?» fragten einige.
«Gewiß, es ist nur nicht ganz so einfach wie etwa ein Buch zu diktieren, was ja viele Schriftsteller tun. Früher diktierte man es jemandem, der sehr schnell mitstenografieren konnte, es also mitschrieb und dann später in richtiger Form zu Papier brachte. Heute spricht man es auf Kassette oder Tonband, und von dort wird es dann übertragen mit Schreibmaschine auf Papier. Das hat den Vorteil, daß man Stellen, die man nicht richtig verstanden hat, ein paarmal wiederholen lassen kann, bis man sie richtig erfaßt hat. Doch mit Musik geht das nicht ganz so einfach. Allerdings kann der Komponist seine Musik auf dem Klavier spielen, und der Kopist versucht dann, das Gehörte — ob direkt oder ab Tonband — aufzuschreiben, aber das ist nicht leicht und recht mühsam. Der Komponist kann aber auch aus seiner Fantasie dem Kopisten gleich die Noten angeben, die er selbst nicht schreiben kann, weil er blind ist ... Das ist in der Musikgeschichte einige Male vorgekommen, es gab sogar Komponisten, die von Geburt an blind waren, also sich nicht erinnern konnten, wie ein Instrument aussah. Nicht selten haben blinde Menschen ein besonders gutes und feines Gehör, es ist, als wollte die Natur sie für den Verlust eines Sinnes dadurch entschädigen, daß sie die anderen Sinne stärker entwickelte ...»
«Wie diktierte Händel?» fragte Richard, aber ich konnte es ihm leider nicht genau sagen. Wahrscheinlich gab er seinem Schüler die Noten an, und dieser schrieb sie nieder, aber ich kann mir vorstellen, daß er dabei manches auf dem Klavier selbst anschlug, um den Klang zu kontrollieren, ob er so war, wie er ihn sich vorstellte ... Händel lebte um neun Jahre länger als Bach ...»
«Er starb also 1759», stellte Fredi, unser Chronist, fest.
«Ja, und die Engländer, unter denen er ja den größten Teil seines Lebens verbracht hatte — mehr als 40 Jahre! — beerdigten ihn mit allen Ehren in der Westminster Abtei, wo sie nur ihre Könige und berühmte Landsleute beerdigen. — Auch der nächste Komponist, von dem wir reden wollen, starb weltberühmt, und sein Lebensweg war besonders be-

merkenswert, weil er ganz arm in einem Bauernhaus begann ...»

«Wer war das?» wollten die Kinder wissen.

«Haydn, Joseph Haydn.» Ich ging zur Landkarte und zeigte auf einen winzigen Ort südlich von Wien: «Hier wurde er geboren, in Rohrau, in Österreich, nahe der ungarischen Grenze ...»

«In welchem Jahr?» meldete sich Fredi wie immer.

«1732. Er hatte schon als Knabe eine sehr schöne Stimme, die allen auffiel. Ein Verwandter nahm ihn zu sich nach Hainburg ... das liegt hier, an der Donau ..., und dort hörte ihn eines Tages der Leiter der Musik des Wiener Stephansdoms und nahm ihn mit in die Hauptstadt, wo er im Chor der Sängerknaben dann viele Jahre lang sang. Es war eine glückliche Zeit für Haydn, es war lustig mit den Buben, er hörte viel schöne Musik, kam in Paläste, wenn sie dort Konzerte gaben, sogar in den Kaiserpalast. Man erzählt, daß Joseph, der kein schüchternes Kind war, dort so auf den weiten Gängen und den großen Freitreppen umhertollte, auf Balkons kletterte und ähnliches mehr, daß die Kaiserin ihm seine Streiche verbot und, als er nicht gehorchte, ihn ordentlich an den Ohren ziehen ließ ...»

«Warum tat sie das nicht selbst?» wunderte sich Christine.

«Aber, Christine! Eine Kaiserin tut so etwas nicht!» verwies sie ihr Bruder, aber die Kleine war nicht ganz überzeugt davon.

«Viele Jahre später», setzte ich fort, «kamen die beiden wieder zusammen, die Kaiserin und Haydn, der inzwischen ein berühmter Musiker geworden war. Ob sie sich jener kleinen Szene noch erinnerten? Haydn war längst aus dem Kinderchor geschieden, als seine Stimme ihren hohen, hellen Klang verloren hatte ...»

«Warum verlor sie den?» wollte Gabi wissen.

«Das ist so, das erleben alle Jungen ...»

«Nur die Jungen?» fragten viele.

«Ja, nur die Knaben. Die Mädchen behalten ihre Stimme von der Kindheit bis ins Alter, die Buben aber machen den sogenannten Stimmbruch oder Stimmwechsel durch — sonst hätten sie ja später keine Männerstimmen! Klingt meine Stimme genauso wie die von Thomas, Rudi, Richard, Fredi und den anderen Buben?»

«Nein», riefen alle, «viel tiefer!»
«Eben. Und dieser Wandel, dieses Tieferwerden der Stimme erfolgt bei allen Knaben. Man kann dafür kein genaues Alter angeben, bei manchen beginnt es schon mit 12 Jahren, bei manchen erst mit 14 oder 15. Bei einigen geht es schnell vor sich, in wenigen Monaten hat der Klang der Stimme sich verändert, bei anderen dauert der Wechsel einige Jahre ...»
«Woher kommt das eigentlich? Dieser Stimmwechsel?» interessierte sich Rudi.
«Ihr alle habt im Kehlkopf zwei kleine Bändchen ...»
«Die Stimmbänder!» wußten einige.
«... und die beginnen bei den Buben zu wachsen ... Ihr erinnert euch, wie das bei den Saiteninstrumenten ist: je länger die Saite, desto tiefer ihr Klang. Und so wird die Stimme des jungen Mannes immer tiefer, während seine Stimmbänder wachsen, bis es schließlich eine richtige Männerstimme wird. Bei der gibt es allerdings auch verschieden hohe, aber sie sind alle tiefer als die Knabenstimmen ...»
«Und das geschah mit Haydn?» fragte Leni.
«Natürlich. Und da man bei Stimmwechsel nicht weiter im Kinderchor mitsingen kann, wurde er entlassen. Nach Hause in das Dorf wollte er nicht, denn er wünschte sich, Musiker zu werden, und dazu mußte er in der Stadt bleiben. Aber das war schwer, denn er hatte niemanden, der ihm half. Manchmal verdiente er ein paar Kreuzer, wenn er bei einem Vorstadttanz Geige spielte, eine Zeitlang begleitete er die Schüler eines italienischen Gesanglehrers auf dem Klavier. Aber es gab wenig zu essen für ihn und manche Nacht ohne Bett. Aber er schlug sich durch und lernte fleißig alles, was ein guter Musiker können mußte. Dann kam er in das Orchester eines böhmischen Schlosses, und von dort berief ihn einer der besten Musikkenner unter den reichen Adeligen des österreichisch-ungarischen Kaiserreichs, der Fürst Esterhazy, in seinen Palast nach Eisenstadt ... hier liegt es, im Süden von Wien, nahe von Haydns Geburtsort ... und dort wurde er zuerst zweiter, später dann erster Kapellmeister. Er machte aus diesem Orchester eines der besten Europas, viele hohe Gäste kamen von weither, um es zu hören, und Haydn wurde berühmt ...»
«Nun war er wohl nicht mehr schlimm», meinte Christine, und es klang fast ein wenig bedauernd.

«Wer weiß», antwortete ich, und alle schauten mich verwundert an. «Zumindest verlor er nie seinen guten Humor ...»
«Was tat er?» riefen sie durcheinander.
«Ich will euch ein paar seiner Streiche erzählen. Er ärgerte sich über einige Herren und vielleicht auch Damen, die manchmal während der Konzerte einschliefen. Da komponierte er eine Sinfonie, in der nach längerem leisen Spiel plötzlich ein lauter Paukenschlag ertönt, und das wiederholt sich viele Male ...»
«Da sind die schön aufgewacht!» lachten die Kinder. «Recht geschieht ihnen!»
«Im Sommer spielte das Orchester nicht im Eisenstädter Schloß, sondern in einem schönen Sommerpalast, der weiter südlich in Ungarn lag. Dort gab es zu wenig Räume für die Unterbringung der Musiker, und so mußten sie ihre Familien in Eisenstadt zurücklassen und während mehrerer Monate allein sein. Das war natürlich nicht schön, aber wie sollten sie das ihrem Herrn, dem Fürsten, beibringen? Haydn wußte Rat: Er komponierte eine Sinfonie, in deren letztem Teil die Musiker sich mitten im Spiel der Reihe nach leise erheben, die Lichter auf ihrem Pult löschen und auf Zehenspitzen davongehen. Nur zwei bleiben im Saal und spielen das Stück zu Ende ... Als diese Sinfonie zum ersten Mal gespielt wurde, wunderten sich der Fürst und seine Gäste sehr. Doch dann verstanden sie ... die Musiker wollten heim ... Und so gab es im nächsten Sommer genug Platz, um die Familien mitzunehmen, und alles war zufrieden ... Übrigens gibt es noch eine Sinfonie, die großen Sinn für Humor zeigt, man ist nur nicht ganz sicher, daß sie von Haydn stammt: die ‹Kindersinfonie›: Da spielen nicht nur richtige Instrumente mit, sondern auch Pfeifen, Rasseln, Ratschen, Kindertrompeten und alles mögliche ... Das sind jetzt nur drei Sinfonien — man nennt sie die ‹Sinfonie mit dem Paukenschlag›, die ‹Abschiedssinfonie› und eben die ‹Kindersinfonie› —, aber im ganzen hat Haydn weit über hundert Sinfonien geschrieben, und in denen zeigt er sich, wie er war: oft ernst, nachdenklich, oft lustig und heiter. Er blieb dreißig Jahre lang bei den Fürsten von Esterhazy, die ihn sehr schätzten. 1790 zog er nach Wien und wollte dort ruhig sein Alter verbringen. Aber viele Städte wollten ihn sehen, und er nahm eine Einladung nach London an. Ihr seht, das war eine ganz

schöne Reise in damaliger Zeit, von Wien mit der Kutsche nach Calais — hier im Norden von Frankreich —, dann mit dem Schiff über den Ärmelkanal und dann von Dover wieder mit der Kutsche. Unter den Freunden, von denen er sich in Wien verabschiedete, war auch Mozart. Sie hatten einander sehr gern, der junge Mozart und der fast sechzigjährige Haydn. Haydn hatte sehr große Erfolge in London, als Dirigent und als Komponist. Als er anderthalb Jahre später nach Wien zurückkehrte, war Mozart nicht mehr am Leben. Haydn fuhr noch ein zweites Mal nach England und hatte wiederum riesigen Erfolg. Und als er dann zurückkehrte, komponierte er noch einige seiner schönsten Werke. So das Oratorium ‹Die Schöpfung› … Ich spiele euch ein wenig daraus vor, vielleicht die Szene, in der Gott das Licht schuf … so wie es in der Bibel steht. Paßt einmal gut auf. Zuerst schildert Haydn ‹das Chaos› …»
«Was ist das Chaos?»
«In der Bibel ist damit jener Zustand gemeint, in dem es noch nichts gibt, alles finster ist im Weltraum, und erst dann Erde und Wasser und Himmel und Sterne entstehen … und dieses ‹Chaos› hat Haydn mit sehr interessanten Klängen geschildert — dann befiehlt Gott: ‹Es werde Licht!› und das Erscheinen des Lichts malt Haydn mit großartiger Musik …»
Die Platte ertönte, und die Kinder hörten aufmerksam zu.
«Haydn komponierte auch eine Melodie, die ihr alle kennt …»
Ich spielte auf dem Klavier ein Stück, das sie tatsächlich alle kannten. Haydn hatte es als «Kaiserlied» komponiert, und dann war es lange Zeit die Nationalhymne Österreichs gewesen, hernach wurde es die Deutschlands, und auch heute noch ist es mit den Worten «Einigkeit und Recht und Freiheit» die Hymne der Bundesrepublik Deutschland. »Haydn starb als alter und sehr berühmter Mann in Wien, im Jahr 1809.»
«Jetzt kommt Mozart?» wollte Richard, unser Pianist, wissen.
«Ja. Der stammte aus Salzburg» — ich zeigte es auf der Karte — «und reiste schon als kleiner Junge durch weite Teile Europas …»
«Allein?»

«Nein, mit seinem Vater, der ein sehr guter Musiker und Kapellmeister in Salzburg war, und mit Nannerl, seiner etwas älteren Schwester. Die sang und spielte sehr gut Cembalo, Wolfgang spielte Cembalo und Geige und bald auch Orgel, und er komponierte schon, als er wenig mehr als 6 Jahre alt war …»
«Er war eben ein Wunderkind!» meinte Richard.
«Sicher war er das. Aber … was ist ein Wunderkind?»
«Ein besonders intelligentes Kind!» meinten einige. «Immer sehr ernst!» andere.
Ich schüttelte den Kopf. «Weder das eine noch das andere muß der Fall sein. Es gibt natürlich auch Fälle, in denen ein Kind in allen Dingen überraschend frühreif ist. Wartet, da habe ich gerade in den letzten Tagen eine fast unglaubliche Nachricht in der Zeitung gelesen … Hier ist es: ‹Ein fünfjähriger Junge hat in der ostchinesischen Provinz Anhui mit ausgezeichneten Noten seine Matura bestanden und an der Hochschule für Naturwissenschaften in Hefei ein Mathematik-, Physik- und Chemiestudium begonnen.›»
Die Kinder staunten, aber ich nicht weniger. Und ich wußte schon, daß ich ihre Fragen nicht beantworten könnte. Ich konnte nur sagen: «Solche Dinge gibt es manchmal: Da schlägt ein zehnjähriges Kind die besten Schachspieler, die ihr Leben mit dessen Studium zugebracht haben. Da kann ein Kind sich hundert Namen merken, die es ein einziges Mal gelesen hat. Besonders in der Musik gibt es immer wieder ‹Wunderkinder›, wenn auch kaum je ein so verblüffendes, wie Mozart es war. Sein Vater führte die beiden Kinder, Nannerl und Wolfgang, durch Deutschland, Frankreich, Holland, England, die Schweiz, und überall erregten sie Aufsehen: besonders Wolfgang, der nicht nur alles vom Blatt spielte, was man ihm vorlegte, der zu jeder Melodie, die man ihm gab, die schönsten Harmonien erfand, der glänzend Cembalo spielte, auch wenn man die Tasten mit einem Tuch zudeckte, und der eigene Kompositionen vorführen konnte, wie sie nur wenige Erwachsene schreiben können … Dabei aber war er in allen anderen Dingen ein völlig ‹normales› Kind, und ernst war er nur, wenn er Musik machte. Das habt ihr mich ja gefragt. Ein Kind mag verblüffend viel von Mathematik verstehen, aber es ist in allen anderen Fächern genauso stark oder schwach wie seine Kameraden.

Mozart war nur auf dem Gebiet der Musik ein Wunder, im täglichen Leben hätte niemand etwas Ungewöhnliches an ihm gefunden. Und er war genauso zu Spielen aufgelegt und übermütig wie jedes richtige Kind ... Alle staunten, wo immer er hinkam und Konzerte gab, ganz Europa sprach von ihm. Als er schon etwas älter war, fuhr der Vater mit ihm nach Italien, und auch in diesem ‹Land der Musik› erregte er Aufsehen. In Rom lieferte er den stärksten Beweis für seine geradezu unglaubliche Musikalität: Er hörte in einer Kirche ein Musikstück, das ihm sehr gut gefiel, das abzuschreiben aber verboten war, damit man es nie anderswo spielen und singen könne. Er paßte scharf auf, lief gleich danach in seine Herberge und schrieb das schwierige, neunstimmige Musikwerk aus dem Kopf nieder!»

«Wie ist das möglich?» fragte Richard.

«Ich weiß keine Antwort», gestand ich. «Deshalb sprechen wir ja von Wunder ... ein Wunder ist ein Ereignis, das sich mit dem bloßen Verstand nicht erklären läßt. Mozart konnte als Kind schon alles das, was sonst nur erwachsene und sehr gut ausgebildete Musiker können, oder sogar noch mehr als sie. Und es fällt ihm leicht, macht ihm keine Mühe, als wäre es das Einfachste der Welt. Dabei war er ein munterer Junge, tollte umher, geradeso wie Haydn ... einmal rutschte er auf dem glatten Parkett eines Schlosses aus und fiel hin, eine Prinzessin hob ihn auf, und er versprach dafür, sie zu heiraten, wenn er älter wäre ...»

«Hat er es getan?» wollte Christine gleich wissen.

«O nein. Eine Prinzessin verheiratet sich nicht mit einem Musiker, nicht einmal wenn er so genial war wie Mozart ...»

«Schade», meinte Gabi, «die Geschichte von Mozart begann so schön ...»

«Leider wird sie traurig enden. Als Mozart älter wurde, erregte er natürlich nicht mehr so großes Aufsehen wie als Wunderkind. Und er war ein Mensch, der irgendwie mit dem Leben nicht ganz zurecht kam. Er komponierte zwar schöner und mehr und leichter als alle, aber kam nicht recht weiter damit. Er wurde Geiger im Orchester des Fürsterzbischofs von Salzburg, seiner Heimatstadt, und das war ein ziemlich langweiliger Posten, viel zu gering für ihn. Er suchte fortzureisen, so oft es nur ging. Einmal überschritt er, wie beinahe immer, dabei seinen Urlaub und blieb im lustigen München. Da erhielt er eine dringende Mahnung aus der Heimat, sofort zurückzukehren, aber nicht nach Salzburg, sondern weiterzufahren nach Wien ...» Ich zeigte es auf der Karte und fuhr dann fort: «Dort war die Kaiserin Maria Theresia gestorben, und bei der Krönung des neuen Kaisers Joseph II. weilten alle Fürsten des Reichs in Wien, und jeder nahm etwas mit, wodurch er am besten die Güte seiner Regierung zeigen könnte. Der Fürsterzbischof von Salzburg hatte sein Orchester mitgenommen, und Mozart wurde dringend erwartet, um darin mitzuspielen. Als er endlich eintraf — er hatte sich gar nicht beeilt —, wollte er nicht jeden Tag im Orchester sitzen, sondern lieber eigene Konzerte in den Palästen geben, wo er als Wunderkind gespielt hatte. Natürlich kam es zum Krach, und Mozart mußte gehen. Er blieb in Wien und dachte, er werde in der großen Stadt schon einen guten Posten bekommen. Aber er fand keinen ... und so viele und schöne Sachen er auch komponierte, seine Lage wurde immer schlimmer. Er mußte Schulden machen, Wertgegenstände versetzen, ohne sie auslösen zu können. Er komponierte unermüdlich: große Opern — ‹Die Entführung aus dem Serail›, ‹Figaros Hochzeit›, ‹Don Giovanni›, ‹Così fan tutte› und zuletzt ‹Titus› und ‹Die Zauberflöte› —, viele herrliche Sinfonien und Stücke für Instrumente — wenn nur wenige spielen, so nennt man das ‹Kammermusik› —, Kirchenmusik und Lieder ...»

«Bitte etwas aus der ‹Zauberflöte›», baten die Kinder. Ich legte eine Platte auf, und sofort wurden alle Gesichter froh: Es war das Lied «Der Vogelfänger bin ich ja», das die komischste Figur des Stücks singt, der lustige Papageno, wobei er sich auf einer kleinen Panflöte begleitet. Nicht wenige unserer Kinder sangen oder summten die Melodie mit.

«Wie kann man so fröhliche Musik schreiben, wenn man solche Sorgen hat?» fragte dann Thomas, gescheit wie immer.

«Glücklicherweise ist das so. Es wäre besonders schlimm, wenn man nur traurige Dinge dichten oder komponieren könnte, wenn es einem schlecht geht. Die Einfälle kommen aus dem tiefen Innern des Künstlers, und Mozarts Herz war immer froh, auch in Tagen der äußerlichen Sorge. ‹Die Zauberflöte› wurde zu einem der größten Erfolge seines Lebens. Er leitete die ersten Vorstellungen selbst, aber auch nachher ging er oft aus seiner nahen Wohnung ins Theater, um sich am Jubel des Publikums zu freuen. Manchmal setzte er sich auch selbst noch ans Cembalo, obwohl er sich schon seit einiger Zeit schlecht fühlte. Ja, er war sogar noch zu Späßen aufgelegt. Der Sänger, der den Papageno spielte, hatte ein kleines Glockenspiel in der Hand und tat so, als begleite er damit seine Lieder selbst, während in Wahrheit die Klänge vom Cembalo im Orchesterraum kamen. Als nun Mozart sich einmal wieder als Cembalospieler betätigte, schlug er natürlich jedesmal, wenn der Sänger einen Griff ins Glockenspiel tat, einen Akkord an, so daß das Publikum überzeugt war, er begleite sich selbst. Doch zuletzt spielte Mozart noch einen lauten Akkord mehr, als der Sänger seine Hände schon vom Instrument genommen hatte. Natürlich lachte das Publikum schallend. Der Sänger — es war Emanuel Schikaneder, der auch den Text der ‹Zauberflöte› geschrieben hatte und der Direktor des Theaters sowie Mozarts Freund war — schlug, sehr verlegen, auf das Instrument und sagte zu ihm: ‹Halt's Maul!›»

«Woher wissen Sie alle diese hübschen Geschichten?» fragte Rudi.

«Diese zum Beispiel hat Mozart in einem Brief seiner Frau geschrieben und sich selbst sehr darüber amüsiert ... Doch bald konnte er an solche Scherze nicht mehr denken, er wurde täglich kränker, und zwei Monate nach der Premiere der ‹Zauberflöte› — so nennt man die erste Aufführung eines Theaterstücks — starb er in Wien, am 5. Dezember 1791. Das war noch, bevor er seinen 36. Geburtstag feiern konnte ...»

«Wie traurig ...», meinten die Kinder.

«Ja. Und sehr traurig ist, was dann kam. Man beerdigte Mozart in keinem eigenen Grab, sondern in einem Armen- oder Massengrab, zusammen mit mehreren anderen Menschen, die eben an diesem Tag gestorben waren. Gewiß, er hinterließ nicht genug Geld, um ein eigenes Grab zu kaufen. Aber es gab genug Freunde, die das hätten tun können, und Mozart gehörte auch einer Vereinigung an, die in ähnlichen Fällen immer half — doch für Mozart tat niemand etwas, und es ist bis heute unklar geblieben, warum das so war ... Wir wissen nicht einmal genau, an welchem Platz er beerdigt worden war, und das Grabmal, das für ihn aufgestellt wurde, viel später, steht kaum auf dem richtigen Platz ... Aber wir wollen darüber nicht traurig sein ...»

«Das muß man doch ...», meinten einige.

«Es ist bedrückend zu denken, daß dieses Genie, das bis heute mit seinen Werken die ganze Welt beglückt, ein so schweres Leben hatte. Aber es ist doch ein herrlicher Trost zu wissen, daß seine Musik heute rund um die Welt erklingt und unzähligen Menschen Freude bringt und sie vielleicht ein bißchen besser, gütiger und empfänglicher für alles Schöne macht ...»

Langsam erhob ich mich von der Bank, auf der ich neben Christine, Thomas und Elsa saß. Draußen dunkelte es, eine große schwarze Wolke verdeckte den größten Teil des Himmels. Aber an ihrem unteren Rand kam nun die untergehende Sonne goldgelb zum Vorschein und beleuchtete den Garten meines Hauses. Wir schauten hinaus auf das eigenartige Licht, das über der Landschaft lag. Ich ging leise zum Plattenspieler, und dann erklang Musik von Mozart, eines seiner Menuette und ein Teil aus der g-Moll-Sinfonie. Und keines der Kinder sprach ein Wort, jedes war mit seinen Gedanken beschäftigt.

Dann drehte ich, da es fast finster geworden war, das Licht an. Es war, als müßten wir uns erst in die Wirklichkeit zurückfinden.

«Und jetzt kommt Beethoven an die Reihe?» fragte nun Richard.

«Ja, Beethoven. Der stammte aus Bonn am Rhein, wo er 1770 geboren wurde. Auch er zeigte sich frühzeitig besonders musikalisch, und sein Vater, der Sänger war, wollte mit ihm gern das Beispiel des kleinen Mozart nachahmen. Beethoven war achtjährig, als er sein erstes Konzert in Bonn gab, aber der Vater schrieb auf die Plakate, daß sein Sohn erst sechs Jahre alt sei. Und Beethoven hielt sich dann selbst lange Zeit für zwei Jahre jünger, als er wirklich war ... Im Gegensatz zu Mozart konnte Beethoven keine Reisen unternehmen, die Familie hatte kein Geld, und Beethovens Talent war auch nicht so in die Augen springend, wie das Mozarts es gewesen war. Er war schon 22 Jahre alt und Mitglied der Bonner Hofkapelle, als der weltberühmte Meister Haydn durch seine Stadt reiste; der kehrte von der Englandreise zurück, von der ich euch erzählt habe. Durch einen einflußreichen Mann kam eine Begegnung zustande, bei der Beethoven dem Meister einige Kompositionen zeigen konnte. Haydn erkannte das Talent des Jungen und forderte ihn auf, nach Wien zu kommen, wo er selbst ihn unterrichten wolle. Der Freund, der Beethoven vorgestellt hatte, Graf Waldstein, sorgte nun dafür, daß der junge Musiker nach Wien reisen konnte. Er sammelte Geld, gab ihm gute Empfehlungsbriefe mit und schrieb in das Reisetagebuch, das er ihm schenkte, einen schönen Satz: Beethoven solle in Wien durch unermüdlichen Fleiß ‹Mozarts Geist aus Haydns Händen› erhalten. Mozart war soeben gestorben, und so meinte Waldstein, sein Geist, sein Genie habe nun keinen Körper, in dem es wohnen könne. Und Haydn könne dem jungen Beethoven alle Geheimnisse der Musik offenbaren. Beethoven reiste also nach Wien, das damals zur vielleicht wichtigsten Musikstadt Europas geworden war. In zahlreichen Palästen der Adeligen wurde eifrig musiziert, es gab Hausorchester, man hörte viele neue Werke, die Theater zogen viel Publikum an, immer wieder gab es auch schon öffentliche Konzerte. Die Briefe des Grafen Waldstein erlaubten es Beethoven, viele Familien aufzusuchen und sogar die höchsten Persönlichkeiten kennenzulernen. Alle waren sehr freundlich zu dem jungen Fremden, bewunderten sein Klavierspiel, wurden seine Schüler und kauften die Kompositionen, die er schrieb …»

«Da ging es Beethoven also sehr gut …», stellten einige erleichtert fest, die an die Geschichte Mozarts dachten.

«Eine Zeitlang ja, glänzend …»

«Und dann …?»

«Dann geschah etwas sehr Schlimmes. Als er ungefähr 27 Jahre alt war, bekam er Ohrenschmerzen. Erst dachte er, er habe sich erkältet, und machte sich keine Sorgen; als die Beschwerden länger dauerten und ärger wurden, ging er zum Arzt, aber der konnte ihm nicht helfen. Beethovens Hörfähigkeit nahm schnell ab, wenige Jahre später war er sehr schwerhörig und bald hernach ganz taub. Was das für einen Musiker bedeutet, könnt ihr euch wohl vorstellen. Es brachte einen völligen Wechsel in Beethovens Leben mit sich, und auch seine Werke wurden nun völlig anders. Er war bis dahin ein Gesellschaftsmensch gewesen, der viel eingeladen war und zahlreiche Freunde hatte. Nun zog er sich allmählich von allen Menschen zurück ...»

«Warum?» fragte Christinchen wie gewöhnlich, und unter den Kindern brach eine Diskussion aus.

«Beethoven selbst hat es erklärt. Im Jahr 1802 schrieb er sein sogenanntes ‹Heiligenstädter Testament›; das war kein Testament wie die üblichen, in denen man seine Güter im Falle des Todes Verwandten oder Freunden vermacht, aber es war doch ein Schriftstück, in dem er der Nachwelt seinen traurigen Zustand erklären wollte. Er sagt darin, wie furchtbar es für ihn sei, wenn er mit einem Freund über die Felder ginge und weder die Vogelstimmen noch die Flöte des Hirten höre, auf die der Freund ihn aufmerksam mache; und er könne doch den Menschen nicht immer sagen: ‹Sprecht lauter, schreit, denn ich bin taub!› Er fürchtete, man würde einen tauben Musiker nicht ernst nehmen, so wenig wie einen blinden Maler ... Er kann seine eigenen Werke nicht mehr hören und weiß so auch nie genau, ob sie so klingen, wie er es wollte. Er zieht sich immer mehr aus der Öffentlichkeit zurück, duldet nur wenige Vertraute um sich und gilt nun immer mehr als schwierig, als menschenfeindlich. In Wirklichkeit ist er nur unglücklich, so sehr, daß er sogar daran denkt, sich das Leben zu nehmen ... Doch zum Glück hat er die Musik, und in die legt er alle seine Gedanken und Träume. Beethovens Musik ist recht anders als die Haydns und Mozarts, die sozusagen seine Vorläufer waren. Jedes seiner Werke soll etwas ausdrücken oder schildern, in manchem von ihnen ruft er die Menschen auf, für das Gute in der Welt zu kämpfen, für die Freiheit, die Brüderlichkeit ... Damals gingen gewaltige Umwälzungen in der Welt vor: Die Französische Revolution beseitigte die Vorherrschaft des Adels und öffnete dem Bürgertum den Weg zur Macht, aber auch zur Kultur, zur Musik ... Nordamerika machte sich unabhängig und gründete einen eigenen Staat, bald werden die Völker Südamerikas das gleiche tun ... Beethoven nimmt leidenschaftlich Anteil an den Ereignissen, und als der General Napoleon beginnt, seine Ideen von Freiheit und Gleichheit aller Menschen durchzusetzen, wird Beethoven sein begeisterter Anhänger. Er widmet ihm seine Dritte Sinfonie, die man die ‹heroische›, die heldenhafte, nennt, mit dem italienischen Namen ‹Eroica›. Doch diese

Begeisterung hält nicht lange an: Als Napoleon sich zum Kaiser von Frankreich krönt und seine Heere gegen alle Länder Europas zum Krieg führt, zerreißt er die Widmung, er radiert sie heftig aus, daß das Blatt aus dickem Papier an dieser Stelle ein Loch hat...»
«Haben Sie es gesehen?» interessierten sich einige.
«Natürlich, es ist in Wien in einem Museum. Dort gibt es viele Manuskripte Beethovens, und auch die schrecklichen Hörapparate, die er benutzte, um doch noch etwas zu vernehmen; sie waren groß und unförmig und nützten nahezu gar nichts. Und seine Skizzenbücher sind dort zu sehen, und auch die finde ich tragisch: wie leicht floß Mozart die Komposition von der Hand! Er begann und schrieb ohne Unterbrechung, er mußte nichts verbessern, alles geriet gleich beim ersten Versuch gut. Beethoven hingegen litt beim Komponieren: Er wollte den Menschen etwas Großes, Neues mitteilen, eine Musik, die es vorher nicht gab, und so kämpfte er um jede Melodie, jeden Akkord ... Es gibt Notenblätter von ihm, auf denen alles oftmals durchgestrichen, verbessert, wieder ausradiert ist, es sieht aus wie ein Schlachtfeld ... und man merkt, eine wie furchtbare Anstrengung für Beethoven das Komponieren bedeutete. So wuchsen seine Werke nur langsam, und es wurden auch viel weniger als bei Mozart, obwohl Beethoven viel länger lebte. Allerdings sind die meisten seine Werke größer als die Mozarts. Die Sinfonien dauern doppelt so lang, und gar die letzte, die Neunte, füllt einen ganzen Konzertabend! Da kommen neben dem Orchester auch menschliche Stimmen zu Wort: vier Solisten oder Einzelsänger und ein großer Chor. Die singen schöne Worte des großen Dichters Friedrich Schiller: ‹Freude, schöner Götterfunken› und ‹Seid umschlungen, Millionen!› Ich möchte euch noch etwas hören lassen von Beethoven, die Wahl fällt mir schwer zwischen Teilen aus seiner Oper ‹Fidelio›, aus seinem Violinkonzert, aus den Klavierkonzerten oder aus den Klaviersonaten oder aus den Quartetten für Streicher oder anderer Kammermusik. Erinnert ihr euch noch an das Konzert, in das wir gingen?»
«Ja, natürlich, da hörten wir ‹Egmont› von Beethoven», mehrere wußten es noch.
«Ich werde jetzt ein Stück aus seiner Sechsten Sinfonie spie-

len, die man ‹Pastorale› nennt, also ‹Ländliche›. Nehmen wir einmal den zweiten Teil — in einer Sonate oder Sinfonie oder einem Kammermusikwerk nennt man das ‹Satz› —, also den zweiten Satz dieser Sinfonie, die einen Tag auf dem Land schildert. Beethoven hat diesen Satz ‹Szene am Bach› genannt, Erklärungen sind keine notwendig, denn ihr werdet alle das Bächlein rauschen hören und hernach die Vögel, die an seinem Ufer singen, eine Nachtigall, eine Wachtel und ein Kuckuck ... Er selbst hatte sie schon jahrelang nicht mehr vernommen, als er diese Sinfonie schrieb ...»

Die Platte gefiel den Kindern ausnehmend gut. Sie konnten sich die Szene so eindrücklich vorstellen, daß einige sich vornahmen, sie zu Hause zu zeichnen. Es war spät geworden. Wir hatten über so viel Interessantes gesprochen, daß uns die Stunden wie im Flug vergangen waren. Ich beeilte mich darum, zum Ende zu kommen:

«Beethoven starb 1827. Bei seiner Beerdigung drängten sich Zehntausende von Menschen. Er hat sicher selbst nicht geahnt, wie berühmt er war. Und viele scheinen seine Musik schon damals verstanden und geliebt zu haben. Er wollte Großes ausdrücken und öffnete damit der Musik neue Bahnen. Unter den Trauergästen ging auch ein junger Fackelträger neben Beethovens Sarg und weinte bitterlich. Er hatte so sehr gehofft, den großen Komponisten einmal persönlich kennenzulernen, und nun war es dazu zu spät. Von diesem jungen Musiker wollen wir morgen reden ... Gute Nacht, Kinder!»

17
Noch ein Gespräch über Musikgeschichte

«Wer war der junge Mann, der bei Beethovens Begräbnis so sehr weinte?» fragten mich die Kinder am nächsten Tag sofort.

«Das war einer der größten Komponisten aller Zeiten, obwohl ihn in der Menschenmenge wahrscheinlich nur sehr wenige kannten. Sein Leben, das bis zu diesem Augenblick ungefähr dreißig Jahre gewährt hatte, spielte sich zur Gänze in Wien ab, von ein paar kleinen Fahrten durch Österreich abgesehen. Aber nicht in den schönen Palästen, wo Mozart als Knabe zu Gast war, Haydn gelegentlich weilte und wo Beethoven viele seiner besten Freunde und treuesten Anhänger fand. Nein, der junge Mann stammte aus der Vorstadt, wo die Häuschen klein und unscheinbar sind und wo die Wege in den Wienerwald und in die Weinberge hinausführen. In Wien wurde er geboren — im Jahr 1797 —, dort lebte und dort starb er. Und dort schrieb er Tag für Tag eine unbegreifliche Überfülle herrlichster Musik. Franz Schubert ist es, von dem ich euch erzähle ...»

«Der Komponist der ‹Unvollendeten Sinfonie›», riefen mehrere.

«Jawohl. Wißt ihr übrigens, warum dieses Werk unvollendet blieb? Nicht etwa, weil Schubert während seiner Komposition gestorben wäre. Nein, er hatte die ersten beiden Sätze geschrieben, und nun hätte nach den Regeln der Zeit ein frohes Menuett oder ein bewegtes Scherzo folgen sollen und dann ein schneller, ebenfalls eher froher letzter Satz. Schubert aber fand die ersten beiden Sätze, die er komponiert hatte, so traurig, daß ihm keine fröhliche Fortsetzung dazu einfallen wollte. Darum sandte er alles an einen Freund in einer anderen Stadt, um ihn um Rat zu bitten. Doch der Freund war sehr beschäftigt, schob die Sache auf, und so fand man das Manuskript erst, als dieser Freund starb, und da war Schubert schon seit siebenunddreißig Jahren tot!»

«Schubert hat sie also nie gehört!» wunderte sich Thomas.
«Nie. Aber das ist keineswegs eine Ausnahme: Er hat keine einzige seiner neun Sinfonien jemals gehört! Und von seinen insgesamt etwa 1200 Werken nur einen winzigen Bruchteil ...»
«War Schubert auch ein Wunderkind?» wollte Christine wissen.
«Nein, wenn auch bei ihm die Musikalität sehr früh zum Vorschein kam. Seine Eltern waren arm und konnten ihn auf keine höhere Schule schicken, aber sein musikalisches Talent kam ihm zu Hilfe: Er gewann einen Freiplatz in einer der besten Schulen Wiens dadurch, daß er den Lehrern durch seine schöne Stimme und seine Fähigkeit, selbst schwierige Stücke vom Blatt zu singen, auffiel. Er war sehr schüchtern, und die anderen Jungen machten sich gern über ihn lustig. Mathematik und andere Fächer verursachten ihm viel Kopfschmerzen. Außerdem gab es wenig zu essen in jenem Institut, in dem die Knaben die Woche über wohnten, und es war Sitte, daß sie das meiste von zu Hause erhielten. Franz hingegen konnte nichts bekommen und mußte fast jeden Abend hungrig ins Bett gehen. Aber noch mehr schmerzte es ihn, daß er sich kein Notenpapier kaufen konnte, um seine vielen musikalischen Ideen aufzuschreiben. So blieb es sein Leben lang: Wo immer er ging oder weilte, stets war er voll von Melodien. Er schrieb sie einfach irgendwohin, etwa in ein Schulheft, auf ein Tischtuch, später einmal auf die Speisekarte eines Restaurants ...»
In diesem Augenblick öffnete sich die Tür, und eine junge Sängerin, die bei mir studierte, erschien auf der Schwelle. Sie blieb sprachlos stehen, als sie mein Arbeitszimmer voll von Kindern sah und aus meinen letzten Worten entnahm, wovon wir sprachen.
«Das sieht ja aus wie eine wahre Schubertiade!» sagte sie lächelnd.
«Es fehlt nur, daß Sie uns etwas singen!» erwiderte ich. «Was meinen Sie zum ‹Lindenbaum› und zum ‹Ständchen›?»
Die Kinder unterstützten meine Bitte, und das junge Mädchen ließ, von mir am Klavier begleitet, die beiden Lieder hören. Den «Lindenbaum» kannten alle, denn er ist längst zum Volkslied geworden. Doch sie hatten ihn ein wenig an-

ders im Gedächtnis, und ich bestätigte, daß es wirklich einen Unterschied gab zwischen dem, was Schubert komponiert hatte, und dem Volkslied. Vor allem gibt es im Volkslied die schöne Klavierbegleitung nicht, die das Rauschen der Blätter nachmacht. Im Volkslied singt man alle Strophen auf die gleiche, die erste Melodie. Bei Schubert aber ist die zweite Strophe zwar ähnlich, aber viel trauriger, und die dritte beginnt sehr dramatisch. Das ist eben der Unterschied zwischen einem Kunstlied und einem Volkslied: Das Volkslied ist viel einfacher, denn es soll ja von allen Menschen gesungen werden können.

«Das ‹Ständchen›», setzte ich fort, «ist gerade jenes Lied, das ich früher meinte, als ich euch erzählte, Schubert habe auch im Gasthaus komponiert, wo er mit seinen Freunden zum Essen gegangen war und gerade kein Notenpapier zur Hand hatte.»

«Und die vielen Leute um ihn, störten ihn die nicht?» staunten die Kinder.

«Nein, wenn er in seiner Musik lebte, dann war er wie entrückt, nichts vermochte ihn abzulenken. Ganz anders als Beethoven, der sehr nervös war und bei jedem Geräusch aus der Nachbarschaft seine Arbeit unterbrach ...»

«Was meinte die Sängerin mit ‹Schubertiade›?» fragte Karin.

«Unter diesem Namen kannte man die Zusammenkünfte, die Schuberts Freunde veranstalteten. Seht einmal hierher, auf diesem Bild ist eine solche Schubertiade gemalt!»

Die Kinder umdrängten das Bild, das über meinem Flügel hängt. Darauf waren Männer und Damen abgebildet in malerischen Wiener Bürgertrachten von 1820. Sie lauschten zwei Männern, die vor dem Klavier saßen. «Der hier», sagte ich und wies auf den größeren der beiden, «ist der damals berühmte Sänger Vogl, einer der ersten, die Schuberts Lieder schätzten, und dieser hier, mit den Fingern auf den Tasten ...»

«Schubert!» riefen die Kinder wie aus einem Munde.

«Ja, heute kennen ihn alle, aber wie wenige wußten damals etwas von ihm!»

«Hier scheint er aber nicht traurig zu sein ...», meinte Elsa, und die anderen nickten.

«Gewiß nicht. Wir dürfen überhaupt nicht glauben, daß er

überwiegend traurig gewesen sei, weil seine Musik einen so melancholischen Ton anschlägt. Es war sogar sehr fröhlich im Kreise seiner Freunde, bei Festen und Ausflügen. Sein Leben verlief kurz und einfach. Er brachte es niemals zu einer Stellung im musikalischen Leben Wiens, erlebte niemals große Triumphe, hatte fast nie Geld, da ihm niemand etwas für seine Kompositionen bezahlen wollte. 1827, nachdem Beethoven, den er tief verehrte, gestorben war, erkrankte er selbst. Und als er ein Jahr später einunddreißigjährig starb, beerdigte ihn seine Familie nahe dem Grab Beethovens, in Erfüllung seines letzten, schon in Fieberfantasien ausgesprochenen Wunsches.»

Eine Zeitlang blieb es still im Zimmer. Meine kleinen Freunde dachten an den kleinen, ein wenig dicken Mann mit der Brille, der so herrliche Musik schrieb. Dann blickten sie mich an, als wollten sie fragen: «Und was kommt jetzt?»

«Haydn, Mozart und Beethoven nennt man manchmal die ‹Wiener Klassiker›. Das Wort hat eine doppelte Bedeutung. Unter ‹Klassik› versteht man etwas sehr Großes und Bedeutendes. Aber auch etwas Vollendetes, also etwas mit tadellosen Formen. Wie lebten die Menschen, für die Mozart, Haydn und der junge Beethoven komponierten? Habt ihr einmal die Tänze der aristokratischen Zeit gesehen?»

«O ja!» rief Gabi aus, die eine gute Tänzerin ist. «Das Menuett zum Beispiel, die Gavotte – das sind langsame Tänze mit vielen Verbeugungen, und alle Schritte sind so genau abgemessen ...»

«Das hast du sehr schön gesagt, Gabi! Alle Schritte sind so genau abgemessen. Natürlich merkten das damals die Leute gar nicht, sie hatten das als Kinder gelernt, und es war ihnen selbstverständlich geworden. Alles im Leben des Adels war so gemessen, so wie einstudiert. Wie die Tänze war auch die Musik. Jede Melodie hatte ihre bestimmte Taktanzahl, alles wirkte so symmetrisch, so gleichmäßig ... Bei Hof und in den Palästen trug man genau vorgeschriebene Kleidung, machte genau vorgeschriebene Schritte beim Gehen wie beim Tanzen, alles war genau geregelt. Das war ‹klassisch›, wenn es zugleich schön war. Dann kam die Französische Revolution, die Welt begann sich zu ändern. Das neue Bürgertum hielt viel weniger auf Formen, alles wurde freier, man trug einfachere, natürlichere Kleider, und man tanzte kein Menuett mehr. Auch die Musik wurde anders, wir haben es schon bei Beethoven gesehen. Nun ging alles nach Gefühl, die Kunst drückte vor allem Gefühle aus. Die Zeit, die da begann, nennt man im Gegensatz zur ‹Klassik› die ‹Romantik›. Wir werden also nun von den romantischen Komponisten sprechen ...»

«Gibt es viele?»

«O ja, sehr viele. Die Romantik dauerte ungefähr ein Jahrhundert lang, während die Klassik nur etwa die Hälfte davon währte. Und während der Romantik kamen viele neue Völker zu jenen hinzu, von denen wir schon gesprochen haben. Die hatten zwar schon lange Musik gemacht, aber diese Musik unterschied sich nicht von der anderer Völker; jetzt aber, in der Romantik, werden wir auch von Komponisten zu reden haben, die auf die Melodien ihres eigenen Volkes hörten und sie in ihren Werken verwendeten. Und dann wird man beim Anhören solcher Musik gleich sagen können, woher sie kommt: man wird hören, ob sie russisch ist oder spanisch, zum Beispiel. Doch fangen wir an: Ich spiele euch ein Stück aus der Romantik vor ...«

Ich legte eine Platte auf. Hörnerschall ertönte, dann wurde die Musik bewegter — Thomas sagte, sie würde «dunkler» oder sogar «düsterer», dann ging es durch recht verschiedenartige Stimmungen, bis gegen Schluß alles freudig wurde, ja jubelnd.

«Das war die Ouvertüre, also das Vorspiel zur Oper ‹Der Freischütz› von Karl Maria von Weber ...», erklärte ich, aber sofort unterbrachen mich einige Kinder mit der ganz berechtigten Frage:

«Was ist ein Freischütz?»

«So nannte man im Mittelalter und noch bis in die Romantik vor hundert Jahren einen Jäger, der ein Bündnis mit dem Teufel schließt ...»

Im Nu begannen die Kinder zu streiten. Die Kleinen sagten, sie hätten den Teufel in Büchern gesehen, die Älteren lachten; den gebe es nur in Märchen. Ich sollte den Streit schlichten. Doch das war gar nicht so einfach. Natürlich gab es den Teufel nicht so, wie man früher an ihn glaubte; mit Hörnern auf dem Kopf und einem langen Schwanz. Aber ich versuchte den Kindern zu erklären, daß unsere gesamte Welt aus Gegensätzen bestehe. Es könne nur Tag sein, wenn es auch Nacht gebe, nur dann Land, wenn es auch Meer gebe — und nur dann Gutes, wenn es auch Böses oder Schlechtes gebe. Und das Gute hat einen Namen: Gott. Das Böse nannte man «Teufel» und stellte ihn sich eben als Gestalt vor, als Verkörperung des Bösen in der Welt …

«Und Weber glaubte an den Teufel?» fragten einige der älteren Kinder.

«Das weiß ich nicht. Er glaubte sehr fest an Gott, und so besiegt in dieser Oper zuletzt Gott den Teufel …»

«Wie ist das? Was kommt da vor?»

«Ein junger Jägersbursch hat in letzter Zeit mit seinen Schüssen immer Pech gehabt, und da er am nächsten Tag einen sogenannten Probeschuß ablegen, also gewissermaßen eine Prüfung machen muß, die für ihn sehr wichtig ist — denn durch sie soll er eine Försterei bekommen und seine Braut heiraten dürfen —, ist er sehr unruhig und nervös. Da erzählt ihm ein Kamerad, der mit dem Teufel im Bund steht, er könne ihm Kugeln verschaffen, die stets das Ziel treffen. In seiner Angst geht Max, so heißt der Jägersbursch, darauf ein. Gemeinsam gießen sie diese Zauberkugeln um Mitternacht in einer unheimlichen Schlucht mitten im Wald …»

«Das ist romantisch …», sagte Gabi, und alle lachten.

«Und gelingt ihm der Probeschuß?» wollten einige Buben wissen.

«Das kann man nicht so einfach mit Ja oder Nein beantworten. Der Kamerad hatte Max nicht so klar gesagt, daß von den sieben Kugeln, die sie gossen, nur sechs das Ziel treffen, das der Schütze will, die siebente aber vom Teufel gelenkt wird. Max probiert seine Kugeln, und wirklich treffen alle, die siebente hebt er für den Probeschuß auf. Der Teufel lenkt diese Kugel auf die Braut, aber der Himmel greift rechtzeitig ein, das Mädchen wird nicht getroffen, hingegen stirbt der böse Kamerad, der Max fast ins Unglück gestürzt hätte …»

«Und Max bekommt seine Braut?» will Hedi wissen.

«Nicht sofort. Da nun klar geworden ist, daß er die Kugeln vom Teufel bekommen hatte, will man ihn hart bestrafen. Doch ein alter Eremit, den die Gegend als Heiligen verehrt, spricht für ihn: Er soll ein Jahr Bewährungsfrist bekommen, und wenn er sich dann gut aufgeführt hat, soll alles vergessen sein. Der Probeschuß aber soll abgeschafft werden …»

Einige Kinder meinten, das solle man auch mit allen anderen Prüfungen tun …
«Wann lebte Weber?» meldete sich Fredi, unser Chronist.
«Er war ein Zeitgenosse Beethovens und Schuberts. Er wurde 1786 geboren, hoch im Norden Deutschlands, in Eutin in Schleswig-Holstein, und er starb 1826 in London. Dorthin war er gereist, um eine neue Oper aufzuführen, die ‹Oberon› heißt. Er war schon sehr krank aus Dresden weggereist, wo er als Dirigent lebte, und starb lungenkrank in England, einen Tag bevor er nach Hause zurückfahren wollte … Nun wollen wir über zwei Romantiker sprechen, die gute Freunde waren: Felix Mendelssohn und Robert Schumann. Von Mendelssohn kennt ihr bestimmt etwas …» Die Kinder sahen mich fragend an, ich ging zum Klavier und spielte nur den Anfang eines Stücks, da schrien schon alle: «Der Hochzeitsmarsch!»
«Ja, der ist riesig populär geworden. Der wurde für ein Theaterstück komponiert, die berühmte Komödie ‹Ein Sommernachtstraum› von Shakespeare. Mendelssohn, 1809 geboren in Hamburg, war sehr jung schon ein glänzender Musiker …»
«Ein Wunderkind?»
«Eigentlich ja, aber die vernünftigen Eltern ließen ihn nicht öffentlich auftreten, sondern in Ruhe studieren. Er komponierte schon mit 12 und 13 Jahren sehr schöne Musik. Mit 17 schrieb er dann ein Meisterstück: die Ouvertüre, also das Vorspiel zu diesem ‹Sommernachtstraum›, in dem der Hochzeitsmarsch vorkommt. Und da in diesem Stück Elfen und Kobolde in einem verzauberten Wald auftreten, schrieb Mendelssohn dazu eine ganz elfenartige Musik, ihr müßt euch einen Wald vorstellen, in dem der Vollmond hell durch die Zweige scheint und allerlei spukartige Märchengestalten herumtollen … Hört einmal zu!»
Meine kleinen Freunde freuten sich sehr an dieser feinen, zierlichen Musik, die so genau die Stimmung der Hochsommernacht im Zauberwald ausdrückt.
«Mit siebzehn Jahren hat Mendelssohn das geschrieben?» fragte Richard, beinahe ungläubig.
«Ja, und dann wurde er schnell berühmt. Er dirigierte sehr gut, und das war damals ein neuer Beruf, denn erst jetzt wurden die Orchester so groß und die Musik so kompliziert,

daß man den Dirigenten brauchte. Nur wenige Musiker waren in ihrem Leben so erfolgreich wie Mendelssohn, und da er außerdem sehr liebenswürdig und hilfsbereit war, wurde er auch sehr beliebt. Er reiste gern und schrieb dann Musikwerke über seine Eindrücke. So komponierte er eine ‹Schottische Sinfonie›, aber auf der gleichen Fahrt noch ein Orchesterstück über die Hebriden-Inseln ...»
Ich ging zur Landkarte und zeigte den Kindern Schottland und an dessen Westküste die einsamen Hebriden-Inseln, wo es fast immer kalt und stürmisch ist und im Winter kaum hell wird.
«Auf einer dieser Inseln gibt es eine eigenartige Grotte mit hohen Basaltsäulen, die sehen fast so aus wie eine gewaltige Orgel. Und wenn die Flut kommt, dringt sie in die Höhle ein, dann klingt es wie von geheimnisvoller Musik. Über dieses Naturwunder hat Mendelssohn ebenfalls ein Orchesterstück geschrieben: ‹Die Fingalshöhle›. Die heißt nach einem Helden aus mittelalterlichen nordischen Sagen. Mendelssohn reiste auch nach Italien, und dann schrieb er eine ‹Italienische Sinfonie›, die natürlich ganz anders klingt als die ‹Schottische›, viel lustiger und lebhafter und heller, da kommt zuletzt ein richtiges südliches Volksfest vor. Mendelssohn hat auch sehr volkstümlich gewordene Lieder und Chöre komponiert, ihr kennt vielleicht ‹O Täler weit, o Höhen ...› oder ‹Wer hat dich, du schöner Wald, aufgebaut so hoch da droben?› ...»
«Das singen wir in der Schule!» riefen einige Kinder und wollten es gleich zum Besten geben. Schnell setzte ich mich wieder ans Klavier und begleitete sie dabei.
«Wann lebte Mendelssohn, ich habe es nicht aufgeschrieben?» fragte Fredi.
«1809 geboren, starb er schon 1847, wurde also nur 38 Jahre alt. Sein Freund Schumann, dem er sehr viel half, wurde etwas älter, aber er hatte ein viel traurigeres Leben. Schreib's gleich auf, Fredi: Schumann wurde 1810 in Zwickau, in Sachsen, geboren, und starb 1856 ...»
«Wo?» wollte Fredi wissen. Ich stockte einen Augenblick. Verwundert schauten die Kinder mich an. Vielleicht wußte ich das nicht?
«Wartet ein wenig, ich erzähle euch zuerst von seinem Leben und seiner Musik, dann sprechen wir von seinem En-

de ...» Sie wunderten sich noch mehr. Aber sie wußten, ich würde es ihnen bestimmt erklären.

«Schumann wollte zuerst Pianist werden; um rascher vorwärts zu kommen, erfand er seine eigenen Fingerübungen. So band er sich zum Beispiel manchmal zwei Finger fest zusammen, um die Geläufigkeit der anderen trainieren zu können. Aber anstatt zu nützen, schadete ihm das: Die Hand wurde gelähmt, und er mußte die Idee, Pianist zu werden, aufgeben. Er komponierte nun immer mehr und mehr, sehr schöne Klaviermusik — hört zu, ich spiele euch ein paar kleine Stücke aus seinen ‹Kinderszenen›.»

Ich spielte am Klavier «Von fremden Ländern und Menschen» und sagte zuerst den Titel und ein paar erklärende Worte. Dann eines der schönsten Musikstücke, die es überhaupt gibt: «Träumerei». Und dazu brauchte es überhaupt keine Erklärung.

«Natürlich sind diese ‹Kinderszenen› eigentlich gar nicht für Kinder oder nicht nur für Kinder. Für die ist eher das ‹Album für die Jugend› ...», und ich spielte aus diesem den bekannten «Fröhlichen Landmann», den «Wilden Reiter» und den «Ersten Verlust».

«Schumann schrieb herrliche Lieder. Einige davon werden oft in Konzerten gesungen. Auch Sinfonien komponierte er und eines der beliebtesten Klavierkonzerte — ihr wißt ja aus unserem Konzert noch, was das ist ...»

«Ein Klavierstück mit Orchester», sagte Richard sofort, und die Kinder, die mit mir ins Konzert gegangen waren, erinnerten sich.

«Schumann gab eine Musikzeitschrift heraus, was stellt ihr euch darunter vor?»

«Eine Zeitung, in der nur über Musik geschrieben wird», meinten einige größere Kinder, und das war genau richtig. Aber ich wollte noch mehr wissen: «Was kann man denn über Musik alles schreiben?»

«Über Komponisten ... und Konzerte ... und Opern ... man kann erklären, damit die Leute die Musik besser verstehen, so wie Sie es mit uns machen ...» Es waren sehr kluge Dinge, die ich da zu hören bekam.

«Stimmt alles», sagte ich. «Schumann gründete die ‹Neue Zeitschrift für Musik› und schrieb selbst sehr viel darin ...»

«Nicht alles?»

«Nein, der Herausgeber schreibt nicht alles selbst, er hat Mitarbeiter, oftmals auch in anderen Ländern, um zu erfahren, was es im dortigen Musikleben Neues gibt. Schumann komponierte auch viel, aber um leben zu können, mußte er einen Posten als Dirigent, als Musikdirektor, annehmen, und da begann sein Unglück. Er war ein ängstlicher Mensch, und da er fühlte, daß er mit den Musikern nicht recht umgehen konnte, zu wenig energisch war und seine Bewegungen wohl auch nicht genügend ausdrucksvoll, um das Orchester zu leiten und anzufeuern, kam es immer wieder zu Verstimmungen. Das wurde besonders schlimm, als er 1850 nach Düsseldorf berufen wurde. Der wahre Grund der Schwierigkeiten aber lag tiefer: Seit seiner Jugend hatte Schumann manchmal schwere Anfälle von Melancholie erlitten, also von Traurigkeit, die oftmals keinen Grund hat, ja von Verzweiflung. Das ist eine schwere Krankheit, und wer darunter leidet, verliert manchmal alle Lebensfreude, alle Lust zu leben ...»

«So ging es Schumann?» fragte Hedi.

«Ja, und es wurde immer schlimmer, und alle Liebe, die seine Gattin Clara, die eine große Pianistin war, ihm entgegenbrachte, nützte nichts. Es war schlimm, wenn sie und die Kinder, die ihren Vater ebenfalls herzlich liebten, ihm gar nicht helfen konnten in seinen Anfällen. Und eines Tages, im Februar 1854, lief Schumann von zu Hause fort und stürzte sich in den eiskalten Rhein ...»

«Ertrank er?»

«Nein. Und da habt ihr den Grund, warum ich nicht sagen konnte, wo und wann genau er gestorben ist. Denn man zog ihn aus dem Wasser, aber man konnte ihn nicht mehr zu seiner Familie bringen, sondern er mußte in eine Anstalt, wo man geistig Kranke verwahrt und pflegt. Dort, in Endenich bei Bonn, lebte er noch zwei Jahre, aber — war es wirklich noch ein Leben? Er war nicht mehr er selbst. Darum meine ich, eigentlich sei er 1854 im Rhein bei Düsseldorf gestorben. Doch natürlich steht in den Büchern, er sei erst 1856 in Endenich bei Bonn gestorben. Diese letzten beiden Jahre waren kaum noch als wirkliches Leben zu betrachten, glaube ich ...»

Die Kinder waren nachdenklich geworden. Ich ließ sie einige Minuten ihre Meinungen austauschen. Dann setzte ich fort.

«Jetzt kommen zwei Komponisten, die euch sicher sehr interessieren werden: Frédéric Chopin und Franz oder Ferenc Liszt. Der erste war Pole, der zweite Ungar ...»
«Wir haben im Konzert seine ‹Ungarische Rhapsodie› gehört, das war sehr fein», sagten ein paar Kinder.
«Ja, richtig. Die beiden waren enge, gute Freunde, so wie Schumann und Mendelssohn es waren. Chopin wurde 1810 ganz nahe von Warschau geboren» — ich zeigte diese Stadt auf der Karte, und sie lag weiter im Osten als alles, was wir bisher besprochen hatten — «und war mit weniger als 20 Jahren schon ein glänzender Pianist. Er hatte auch schon im Ausland gespielt, war dann heimgekehrt, um in einem Konzert ein eigenes Klavierkonzert vorzuführen. Nun müssen wir aber zuerst etwas Nichtmusikalisches besprechen, damit ihr verstehen könnt, was hernach geschah. Polen war damals kein eigenes Land, sondern ein Teil Rußlands. Die Jugend Polens aber träumte davon, wieder, wie in früheren Zeiten, einen eigenen, freien und unabhängigen Staat Polen zu haben. Sie dachte also an einen Aufstand gegen die Russen, denn sie wußte, daß sie ihre Freiheit erkämpfen müßte. Sie wollten jedoch nicht, daß Chopin bei ihnen sei, wenn sie die Revolution unternähmen, sie liebten ihn sehr und wußten, daß er mit seiner echt polnischen Musik im Ausland ihrer Sache mehr nützen konnte als mit seiner Waffe im Inland. Denn Chopin komponierte eine echt polnische Musik, eine Musik, in der es nach Volksliedern klang und in der die Rhythmen polnischer Volkstänze verarbeitet waren. Und so überredeten sie ihren Kameraden, eine neue Auslandreise anzutreten. Sie bereiteten ihm an der Stadtgrenze Warschaus einen herzlichen Abschied, wobei sie ein Gefäß mit polnischer Erde überreichten ...»
«Mit Erde, sonst nichts?» fragten einige verwundert.
«Ich finde, ein schöneres Geschenk hätten sie ihm gar nicht machen können! Gold oder Silber, das gab es überall. Aber so nahm er in einem kleinen Gefäß gewissermaßen seine Heimat mit, ein Stück von dem Boden, auf dem er geboren und aufgewachsen war ...»
Nun verstanden alle und fanden es sehr schön. «Chopin fuhr nach Wien und von dort dann über Süddeutschland nach Paris. Auf der Fahrt, während eines Konzerts, erhielt er die Nachricht, daß seine Freunde in Warschau den

Kampf gegen die Russen eröffnet hatten. Das war eine furchtbare Aufregung für ihn, und es heißt, er habe sich in diesem Konzert nicht an das angekündigte Programm gehalten, sondern in höchster Erregung ein Stück improvisiert, das man später ‹Revolutionsetüde› nannte, weil es in Tönen einen Kampf malt ...»
«Was ist das, ‹improvisieren›?» fragten mich einige. Und ich erklärte ihnen, daß das eine plötzliche Eingebung bedeute, ein Spielen aus der freien Fantasie, aus dem momentanen Erfinden. Dann ging ich wieder zum Klavier und spielte die «Revolutionsetüde» in c-Moll. Meiner kleinen Freunde bemächtigte sich helle Aufregung dabei. Kaum endete ich, schwirrten ihre Stimmen durcheinander, sie schienen den Kampf, die Revolution, den Aufstand der jungen Polen miterlebt, ja beinahe gesehen zu haben. Um so trauriger wurden sie, als ich fortfuhr:
«Nur wenige Tage oder vielleicht nur Stunden später erhielt Chopin die Nachricht, die ihn niederschmetterte: Der Aufstand hatte sein Ziel nicht erreicht, fast alle Kameraden waren auf den Barrikaden Warschaus gefallen. Zur Trauer kam noch die Erkenntnis, daß er nun nicht mehr heimkehren konnte, denn er lief Gefahr, als Freund der Revolutionäre, als Patriot Polens, eingekerkert oder sogar hingerichtet zu werden. Er ließ sich in Paris nieder und brachte es als Pianist, Komponist und Lehrer zu viel Ruhm. Alles, was er schrieb, war dem Klavier gewidmet, und in vielem hörte man echte polnische Volksweisen ...»
Ich spielte am Klavier Bruchstücke aus verschiedenen Kompositionen Chopins, in denen ganz deutlich polnische Rhythmen zu hören waren: Mazurka und Polonaise vor allem. Dann erzählte ich weiter:
«Über die Freundschaft Chopins mit dem um ein Jahr jüngeren Liszt gibt es einige hübsche Geschichten. Ob sie ganz so wahr sind, wie sie in den Büchern stehen, weiß ich nicht; doch sie könnten wahr sein, und ich will euch zwei davon erzählen.

Chopin war gerade nach Paris gekommen, wo er kaum jemanden kannte. Er nahm einige seiner Manuskripte mit eigenen Kompositionen und brachte sie zum größten Musikhaus der Stadt, wo er sie dem Besitzer, Monsieur Pleyel, übergab, mit der Bitte, sie zu prüfen und vielleicht drucken

zu lassen, wenn er sie gut fände. Einige Tage später wollte er nachfragen, doch wie groß war seine Überraschung, als er beim Eintreten in den Laden Musik aus dem oberen Stockwerk vernahm ... da spielte jemand eines seiner Stücke! Er eilte die Treppe empor und betrat den Raum, in dem ein junger Mann am Flügel saß und eifrig aus einem Manuskript Chopins spielte. Chopin staunte, denn sein Stück war schwer, und der Jüngling spielte es glänzend. Er setzte sich an ein anderes Klavier, das daneben stand, und spielte mit. Verdutzt schaute der andere ihn einen Augenblick an, dann streckte er ihm eine Hand entgegen und sagte: ‹Der mich da begleitet, kann nur der Komponist, Monsieur Chopin selbst sein!› Und Chopin legte seine Hand in die des Jünglings, und während beide mit je einer Hand weiterspielten, erwiderte er: ‹Und der meine Stücke so meisterhaft spielt, kann niemand anders sein als Franz Liszt!› So wurden sie Freunde. Obwohl erst zwanzig Jahre alt, war Liszt schon ein sehr berühmter und gefeierter Pianist.
Um seinem Freund Chopin, der noch recht unbekannt war, zu helfen, nahm Liszt ihn an einem der nächsten Tage in einen der bekanntesten Salons mit. Das waren Versammlungen in eleganten Privathäusern, wo die Kunstliebhaber zusammenkamen, man einander traf, um über neue Bilder oder neue Bücher oder neue Musikstücke zu sprechen, und die für das Fortkommen junger Künstler oft wichtiger waren als Konzerte oder Theater. Liszt war hier ein gern gesehener Gast, und wenn er sich ans Klavier setzte, so bedeutete das stets den Höhepunkt eines solchen Salons. Nun kam er also dieses Mal mit seinem neuen Freund; als man ihn, wie immer, bat, etwas zu spielen, zeigte er sich geneigt, stellte aber zur Bedingung, er wolle heute im Finstern spielen, um besser in Stimmung zu kommen. Man erfüllte natürlich seinen Wunsch, die Lampen wurden gelöscht. Und dann erklang wunderbares Klavierspiel. Als es endete, erschollen Hochrufe und mehrfach der Satz: ‹So kann nur Liszt spielen!› Die Lichter wurden wieder entzündet, und am Klavier saß nicht Liszt, sondern der fremde junge Mann. Und Liszt, in einer ganz anderen Ecke des Saals, lächelte und sagte: ‹Das ist mein Freund Frédéric Chopin aus Warschau, ihr habt gesehen, es gibt auch andere Pianisten in Paris als mich!›»
«Schön! Schön!» freuten sich die Kinder und waren lange

nicht mehr zur Ruhe zu bringen. Dann wollten sie aber doch wissen, wie es mit Chopin und Liszt weiterging.
«Chopin blieb in Paris, wo er viele Schüler unterrichtete und herrliche Musik schrieb. Doch mit wenig über 30 Jahren wurde er krank, damals gab es noch kein Mittel gegen Lungenkrankheiten — man nannte die damals die ‹Schwindsucht› —, und so wurde er immer kränker, blasser und schwächer, auf den Bildern sieht man es deutlich ...»
«Den Fotografien?» fragte Christine und war sehr gekränkt, als alle lachten. Ich nahm ihre Partei: «Ja, den frühesten Fotografien, die allerdings noch nicht so hießen! Von Chopin gibt es tatsächlich Fotos, aus seinen letzten Lebensjahren 1848 und 1849.»
«Starb er 1849?» fragte Fredi.
«Jawohl, am 17. Oktober, in Paris. Liszt war der erste, der ein kleines Buch über ihn schrieb, in dem er seinen verstorbenen Freund sehr liebevoll schildert. Liszt wurde zum berühmtesten aller Pianisten, aber auch zu einem bedeutenden Komponisten. Er reiste sehr viel, mehr als wohl alle anderen Musiker seiner Zeit. Viele Jahre lebte er in Weimar, wo er das Theater leitete und dirigierte. Später zog er nach Rom und im Alter nach Bayreuth, wo eine seiner Töchter lebte, die mit einem berühmten Musiker verheiratet war, mit Richard Wagner. Hier starb Liszt im Jahr 1886 ...»
«Wagner, ist das der, der Opern komponiert hat?» wollte Richard wissen.
«Ja, er hat vor allem für das Musiktheater geschaffen. Er nannte die meisten seiner Werke aber nicht mehr ‹Opern›, sondern sprach lieber von ‹Musikdramen›. Damit meinte er, daß das Drama, also der Text, in ihnen genauso wichtig sei wie die Musik. Das war nicht immer so. Besonders bei den italienischen Komponisten jener Zeit war die Musik das wichtigste. Etwa bei Donizetti, bei Bellini und bei Rossini, drei großen Meistern, von denen heute noch viel in unseren Theatern gespielt wird ...»
«Soll ich die Daten aufschreiben?» fragte Fredi.
«Gut», meinte ich, «ich schreibe hier Namen und Zahlen auf, damit kein Irrtum passiert. Rossini hieß mit Vornamen Gioacchino — was ungefähr wie Dschoakino gesprochen wird —, lebte von 1792 bis 1868. Gaetano — da muß man das a und das e getrennt aussprechen, nicht wie unser ä —

Donizetti von 1797 bis 1848, und Vincenzo — gesprochen Vintschenzo — Bellini von 1801 bis 1835. Die berühmtesten, heute noch gern gespielten Opern Rossinis waren der überaus komische ‹Barbier von Sevilla›, das ‹Aschenbrödel›, ‹Die Italienerin in Algier›, und besonders schön ist auch sein ‹Wilhelm Tell› …»

«Den habe ich gesehen, aber ohne Musik …», sagte einer unserer größeren Jungen.

«Ja, das war aber nicht die Oper von Rossini, sondern das berühmte Theaterstück von Schiller, nach dem sie komponiert wurde. Von Donizetti gibt es — er hat im ganzen ungefähr 70 Opern geschrieben! — als schönste vielleicht die ‹Lucia von Lammermoor›, aber auch den sehr lustigen ‹Don Pasquale›. Die schönste der Opern von Bellini ist möglicherweise ‹Norma›.

Wagner meinte, eine richtige Oper, so wie seinerzeit die Gründer der Oper und der große Monteverdi sie haben wollten, müsse Drama und Musik gleich wichtig nehmen. Er besaß das Doppeltalent als Dichter und als Komponist, und so schrieb er großartige Dramen, die er dann in Musik setzte. Es waren immer Stoffe aus der Vergangenheit, zum großen Teil aus Sagen und Legenden. So kommen darin auch vielerlei Wesen vor, die nur der Fantasie entspringen, es geht zumeist um übernatürliche Gestalten, um Götter, um Riesen und Zwerge, um in Schwäne verzauberte Menschen, um Drachen und Ungeheuer, um Waldvöglein, die Ratschläge geben. Ich spiele euch einmal ein Stück aus einem Musikdrama von Wagner vor. Da gibt es im ‹Ring des Nibelungen› Töchter des Gottes Wotan, die auf geflügelten Pferden durch die Lüfte reiten, um die in Kämpfen gefallenen Helden in die Götterburg Walhall zu bringen. Sie heißen ‹Walküren›, und in dem Teil dieses großen Dramas, der nach ihnen ‹Die Walküre› genannt wird, gibt es ein Orchesterstück, das den Ritt dieser Walküren großartig schildert.»

Ich legte die Platte auf, und die Kinder zeigten sich von dieser Musik sehr beeindruckt. Da sehe man wirklich die Walküren auf ihren Rossen durch die Lüfte jagen, durch Wolken und Stürme, meinten sie.

«Von Wagner werdet ihr sicher viel hören, wenn ihr größer seid», meinte ich. «Ich will euch nur noch ein paar seiner Werke nennen: ‹Der fliegende Holländer› erzählt von einem

Seemann, der auf Meeren umherirren muß, alle sieben Jahre an Land geht, aber nur dann erlöst wird, wenn eine Frau ihn liebt, auch wenn sie weiß, daß er dieser verfluchte Seemann ist …»

«Geschieht das?» fragen einige Mädchen.

«Ja, Senta, ein norwegisches Mädchen, bleibt ihm treu, aber sie leben nicht miteinander, denn seine Erlösung bedeutet den Tod, und sie springt ihm nach in das Meer.

Auch ‹Lohengrin› handelt von Dingen, die nicht mehr als irdisch zu bezeichnen sind. Und ebenso bildet ‹Tannhäuser› eine Mischung zwischen ‹Wirklichem› und ‹Unwirklichem›, wie Wagner es immer geliebt hat. ‹Tristan und Isolde› ist eine herrliche, aber schwere Oper, für die ihr viel älter werden müßt, um sie zu verstehen. Am natürlichsten geht es in den ‹Meistersingern von Nürnberg› zu, die spielen um das Jahr 1550 in Nürnberg — davon haben wir schon gesprochen, als ich euch von den Meistersingern erzählte …»

«Von Hans Sachs», erinnerten sich einige.

«Stimmt, und Hans Sachs ist auch die Hauptgestalt in dieser Oper von Wagner …»

«Wann lebte Wagner?» kam Fredis Stimme, wie gewohnt.

«Er wurde 1813 in Leipzig geboren und starb 1883 in Bayreuth, wo auch sein Theater steht …»

«Sein Theater?» wunderten sich viele.

«Ja. Er meinte nämlich, richtig aufführen könne man seine Werke nur in einem außergewöhnlichen Theater. Das ließ er in Bayreuth erbauen; dieses Theater hat einen verdeckten Orchesterraum — das heißt, man sieht hier die Musiker und den Dirigenten nicht. Dadurch kann man sich ganz in das Stück einleben. Denkt euch, auf der Bühne sähe man das Meer und Schiffe darauf, oder den germanischen Wald vor vielen Jahrhunderten, als es dort noch kaum Menschen gab — und davor sitzen hundert Musiker und spielen, das paßt eigentlich nicht gut zusammen, wir sind nur längst daran gewöhnt. In Bayreuth gibt es jeden Sommer Festspiele, und die Menschen kommen aus der ganzen Welt, um Wagners Werke zu hören …»

«War Wagner ein Romantiker?» wollte Hedi wissen.

«Ein ganz echter sogar. Bei ihm bedeutet jede Melodie etwas Bestimmtes. Im ‹Ring des Nibelungen› zum Beispiel gibt es eine Unzahl kurzer Tonfolgen, die leicht im Gehör zu behalten sind; und jede von ihnen bedeutet etwas. Eine das Schwert, eine andere den Ring, eine dritte die Macht des Gottes Wotan, eine vierte das drohende Ende der Götterherrschaft oder der Welt, eine fünfte die Riesen, eine sechste die Zwerge und so fort. Wer diese Motive kennt, weiß, wenn er sie hört, nicht nur, wovon auf der Bühne gerade gesungen wird, er weiß auch, was die Personen dort denken, und oft sogar, was geschehen wird ... Und das macht für viele Menschen Wagners Opern so interessant, denn da kommt neben dem Gehör auch das Gedächtnis oder der Verstand zu Bedeutung, weil der Zuhörer ja stets Motive wiedererkennen soll ...»

«Spielen Sie doch ein paar dieser Motive», baten mich die größeren Kinder, und ich tat es gern. Ich ließ sie die Motive hören, die ich genannt hatte, und dann verwendeten wir einige Minuten darauf, sie wiederzuerkennen, wenn ich sie in anderer Reihenfolge spielte.

«Zur selben Zeit wie Wagner lebte in Italien ein ganz großer Opernkomponist, von dem sehr viel in unseren Musiktheatern gespielt wird: Giuseppe Verdi. Auch er kam 1813 zur Welt, doch lebte er viel länger als Wagner und starb 1901. Er komponierte ganz anders, bei ihm herrscht die schöne Melodie und der wohlklingende Gesang. Er hat 26 Opern geschrieben, davon habt ihr wahrscheinlich schon einige Namen gehört: ‹Rigoletto›, ‹Aida› — die enthalten berühmte Melodien ...»

Ich legte eine Platte auf, und wir hörten den großen Einzugsmarsch aus «Aida». Ich erklärte den Kindern, daß da eine Siegesfeier im Gang sei, und nun empfange das ägyptische Volk sein aus dem Krieg gegen Äthiopien zurückkehrendes Heer mit einem glänzenden Fest.

«Es gibt auch sehr leise, sehr innige Melodien bei Verdi, und die dunken mich manchmal die schönsten», sagte ich und spielte den Kindern eine Platte mit dem Vorspiel zum vierten Bild der Oper «La Traviata» vor; die Kinder empfanden die Traurigkeit dieser Musik, und wenn auch Gabi meinte, traurige Musik sei ihr eigentlich die liebste, so suchte ich doch schnell etwas Heiteres.

«Hört einmal das!»

Von der Platte ertönten seltsame Klänge: eine Reihe von kurzen Stücken für Klavier, einige lustig, andere langsamer, alles recht bunt und sehr anschaulich. Und ich erklärte, daß dieses Werk «Bilder aus einer Ausstellung» heiße und der Komponist Modest Mussorgski, ein Russe, gehe durch ein Museum, wo vielerlei Bilder seines kürzlich verstorbenen Freundes Hartmann hingen. Eines davon heißt «Das alte Schloß», ein anderes «Tanz der Küken in den Eierschalen», eines «Bydlo» — das ist der alte, hochrädrige Ochsenkarren, der langsam holpernd über das Land fährt. Wieder ein anderes schildert einen Marktplatz mit viel Leben und Geschrei, eines die Hexe Baba Yaga, von denen allen russischen Kindern erzählt wird. Und zwischen den Bildern kommt zumeist das gleiche Tonstück, das sozusagen den Gang des Betrachters von Saal zu Saal beschreibt, von Bild zu Bild.

«Es gibt noch so viele schöne Musik von großen Komponisten, daß wir gar nicht fertig werden können ...»

Fredi wollte noch wissen, wann Mussorgski gelebt hatte: von 1839 bis 1881, sagte ich ihm, und daß es ein sehr armes Leben gewesen sei, bitter und voller Enttäuschungen. Auch nicht sehr glücklich verlief das Leben des Tschechen Bedřich Smetana, der von 1824 bis 1884 lebte und den man den Begründer der tschechischen Musik nennt. Ich spielte den Kindern eines seiner schönsten Werke vor, die sinfonische Dichtung «Die Moldau», nachdem ich ihnen auf der Landkarte den Lauf dieses malerischen Flusses gezeigt hatte. In den Bergen entspringt er, aus zwei kleinen Quellen wird dann ein Bach, der immer breiter wird, schließlich unter den Brücken von Prag dahinfließt und sich dann dem Blick entzieht, wenn man ihm in die Tiefebene nachschaut ... Er fließt an einer Bauernhochzeit vorbei, auf der Polka getanzt wird, und in der Nacht singen die Nixen in seinen mondbeschienenen Wellen, auch Stromschnellen hat er zu überwinden, und all das hat Smetana wunderschön in Tönen gemalt.

Sein Nachfolger hieß Dvořák, ich schrieb den Namen wieder auf und sagte ihnen, daß der Name dieses großen Meisters «Dworschak» gesprochen würde, mit Betonung auf dem o. Von ihm spielte ich am Klavier einige «Slawische Tänze», die so flott und mitreißend munter sind. Die Kinder fragten, ob alles von Dvořák lustig sei? O nein, es gibt auch viel ernste Stücke von ihm. Ich hatte gerade eine Platte bei

der Hand: Da sang eine schöne Frauenstimme mit Orchester das «Lied an den Mond» aus der Oper «Rusalka», einer sehr romantischen Oper, in deren Mittelpunkt eine Nixe steht.
«Von Tschaikowsky will ich euch noch etwas erzählen ...», doch vorher mußte ich Fredi die Daten geben: Dvořák lebte von 1841 bis 1904, Tschaikowsky von 1840 bis 1893. «Tschaikowsky war Russe, der aber viel im Ausland lebte. Gabi kennt sicher viel Musik von ihm ...»
Gabi sah mich verdutzt an, doch als ich ihr sagte, daß einige sehr berühmte Ballette, also Stücke des Tanztheaters, von ihm seien — «Schwanensee», «Dornröschen», «Nußknacker» —, wußte sie sofort Bescheid. Von einer Platte hörten wir einen besonders schwungvollen Tanz von Tschaikowsky.
«Walzer!» riefen sofort einige.
«Tschaikowsky liebte den Walzer sehr, sogar in sehr ernsten Werken, wie es seine Sinfonien und Opern sind, kommen manchmal Walzer vor. Der Walzer stammt ursprünglich aus Wien, aber er hatte sich zu Tschaikowskys Zeit längst über die Welt verbreitet. Wie hieß der berühmteste aller Walzerkomponisten?» fragte ich. Einige wußten es: «Johann Strauß».
«Mit diesem Namen gab es zwei Komponisten, Vater und Sohn. Der Vater gehört mit Josef Lanner, in dessen Orchester er um 1820 spielte, zu den frühesten Walzerkomponisten. Er hatte drei Söhne, aber er erlaubte es ihnen nicht, Musiker zu werden ...»
«Warum?» scholl es mir von allen Seiten entgegen.
«Genau weiß man es nicht. Vielleicht erinnerte er sich daran, daß er lange kämpfen mußte, bevor er berühmt wurde, und so wollte er seinen Kindern vielleicht ersparen, ebenfalls kämpfen zu müssen und es vielleicht zu nichts zu bringen. Er war aber viel auf Reisen, und so konnten seine drei Buben heimlich Musik studieren. Der älteste, der auch Johann hieß wie der Vater, war ein glänzender Geiger geworden und komponierte auch schon. Einmal kam der Vater wieder heim und hörte seinen Sohn spielen. Er wurde fürchterlich böse und verließ das Haus. Da entschloß sich der junge Johann, ein eigenes Orchester zu bilden und ein Konzert zu geben. Der Vater erfuhr es und ließ durch seine Mu-

siker die wichtigsten Lokale Wiens besuchen und den Besitzern drohen, er würde nie wieder dort spielen, wenn sie seinem Sohn ihren Saal gäben. Doch eines — und gerade das beste — dieser Lokale vergaßen sie aufzusuchen, und dort, im ‹Dommeyer›, gab Johann Strauß Sohn sein erstes Konzert am 15. Oktober 1844. Tausende waren gekommen, um den achtzehnjährigen Sohn des berühmten Musikers zu hören. Der Vater natürlich nicht, aber er hatte seine Vertrauten geschickt, damit sie ihm nachher berichten könnten. Eigentlich sogar auch, um den Jungen bei Gelegenheit auszupfeifen, denn so zeigte man damals schon sein Mißfallen. Aber sie kamen nicht dazu. Vom ersten Augenblick an bewies der Junge, daß er ein ausgezeichneter Geiger, ein noch besserer Dirigent und ein hochbegabter Komponist war. Der Jubel nahm immer mehr zu. Es war lange nach Mitternacht, als das Programm zu Ende war, aber die Menge wich nicht und verlangte immer weitere Stücke. Da tat der junge Strauß, der ‹Schani›, wie sie ihn alle nannten, etwas sehr Schönes: Er spielte ein Stück seines Vaters. Alle im Saal wußten natürlich genau, wie feindlich dieser Vater ihm gesinnt war, und nun jubelten sie, als sie sahen, daß der Sohn ein so versöhnliches Zeichen gab. Ein Kritiker, der schon vor Mitternacht heimgegangen war, um einen Bericht für die Zeitung zu schreiben, schloß seinen Aufsatz mit den Worten: ‹Gute Nacht, Lanner! Guten Abend, Johann Strauß Vater! Guten Morgen, Johann Strauß Sohn!› Lanner, der als der Begründer des Wiener Walzers galt, war vor kurzem gestorben, also: Gute Nacht! Das ‹Guten Abend› für Vater Strauß aber bedeutete, daß es nun einen zweiten Strauß in der Familie gab und daß auf diesem die Hoffnung des Walzers ruhte. Einer der Freunde des Vaters, der bis zuletzt im Konzert geblieben war, kam im Morgengrauen in die Wohnung des Vaters, der ihn erwartete; sie sprachen lange kein Wort, so daß Strauß schon wußte, was los war. Dann fragte er doch noch: ‹Nun, wie war der Mistbub?› Der Freund seufzte und sagte: ‹Der Mistbub war großartig ...› Einige Zeit später lud der Vater den Sohn zu sich, sie schlossen Frieden bei einer seiner starken Zigarren, wie der Vater sie rauchte, und der Sohn rauchte tapfer mit, obwohl er Nichtraucher war. Nur um des lieben Friedens willen ... Aber die Aufforderung des Vaters, als zweiter Dirigent in sein Orchester einzutreten, lehnte er ab, er wollte an der Spitze seines eigenen bleiben. Mit diesem wurde er weltberühmt, erhielt den Beinamen ‹Der Walzerkönig› und wurde von den größten Musikern Europas bewundert. Später begann er Operetten zu komponieren, auf Rat von Offenbach, einem nach Paris ausgewanderten Deutschen, der selbst mit den ersten Operetten riesigen Erfolg hatte. Und Strauß komponierte einige glänzende Operetten wie ‹Die Fledermaus›, ‹Der Zigeunerbaron›, ‹Eine Nacht in Venedig›.»

Meine kleinen Freunde zeigten sich begeistert von der Geschichte des «Walzerkönigs» und summten mit, als ich am Klavier einige Stücke aus seinen unsterblichen Walzern spielte: «An der schönen blauen Donau», «Frühlingsstimmen», «Rosen aus dem Süden», «Kaiserwalzer» und viele andere.

«Aber ich möchte noch zwei Worte über seinen Bruder Josef sagen, denn auch der war ein hervorragender Musiker, der wunderschöne Musik komponierte. Als Bruder Johann nur noch komponieren wollte, trat Josef an die Spitze der Strauß-Kapelle. Doch jung noch stürzte er in Warschau vom Podium und starb bald danach an den Folgen dieses Unfalls in Wien.»

Fredi wollte wieder die Daten wissen: «Johann wurde 1825 geboren, Josef 1827, gestorben ist Josef 1877 und Johann 1899 …»

Es war schon wieder fast dunkel geworden. Doch von einem großen Meister wollte ich den Kindern doch noch erzählen: von Johannes Brahms.

«Der war mit zweien der Meister befreundet, von denen wir heute gesprochen haben: in seiner Jugend mit Schumann, später mit Johann Strauß Sohn. Er kam als zwanzigjähriger Wanderbursche in das Haus Schumanns in Düsseldorf, zeigte dem von ihm hochverehrten Komponisten einige seiner frühen Werke, über die Schumann sofort einen überaus lobenden Artikel in seiner Zeitschrift veröffentlichte. Brahms blieb im Hause des Meisters und ging erst später wieder weg, als er seine Musikerlaufbahn begann. 1862 ließ er sich dann in Wien nieder, das er nie wieder verließ. Seine Werke verbreiteten sich so rasch, daß er von ihrem Erlös leben konnte, was nur wenigen gelang. Er schrieb vier große Sinfonien, zwei Klavierkonzerte, ein Violinkonzert, ein Doppelkonzert für Geige und Cello, sehr schöne Lieder, viel Kammermusik, und ein besonders schönes geistliches Werk, das ‹Deutsche Requiem›. Er hatte auch viel Sinn für Humor und für volkstümliche Musik. Mit dem ‹Walzerkönig› freundete er sich sehr an. Als er einmal auf einem Ball einer Dame ein Autogramm auf ihren Fächer geben sollte, schrieb er die ersten, so berühmt gewordenen Takte des Walzers ‹An der schönen blauen Donau› darauf und setzte darunter: ‹Leider nicht von mir, Johannes Brahms› …»

Ich bedauerte, unsere Gespräche über die Musikgeschichte und ihre großen Meister nicht fortsetzen zu können, denn ich wollte noch von vielen Komponisten erzählen. Aber für den nächsten Tag hatten wir vereinbart, in eine Schallplattenfabrik zu gehen, hernach in ein Rundfunkstudio, dann wollten wir uns ansehen, wie Fernsehen gemacht wird, und schließlich hatte ich versprochen, mit den Kindern einen kleinen Chor zu gründen … und dafür sollten die letzten Ferientage noch gerade ausreichen. Und so konnte ich nichts mehr erzählen über Anton Bruckner und Gustav Mahler, über Georges Bizet, Richard Strauss, über Strawinsky und Prokofiew und Bartok und manchen bedeutenden Musiker unseres Jahrhunderts. Ich hatte die Hoffnung, in den nächsten Ferien vielleicht unsere Gespräche weiterführen zu können. Für jetzt wollte ich die Kinder schnell verabschieden, damit sie nicht zu spät nach Hause kämen. Doch Christine fragte noch:

«Und unser Buch?»

«Dort liegen die Blätter», antwortete ich und zeigte auf meinen Schreibtisch.

«Erinnern Sie sich immer an alles, was wir gesprochen haben?» wollte Thomas wissen.

Ich lachte. «Ein wenig erinnere ich mich und ein wenig … Nun, ich kann's euch ja sagen: Die letzten Tage ließ ich stets ein Tonband laufen, das alles aufzeichnete, solange ihr hier wart! Ihr habt es glücklicherweise nicht bemerkt …»

«Haben wir viel Unsinn geredet?» bedrängten mich einige.

Ich beruhigte sie. «Nicht im geringsten! Und oft habt ihr sogar sehr kluge und nette Dinge gesagt … Gute Nacht, Kinder!»

Sie zogen befriedigt und ein klein wenig stolz ab.

18
Die Technik im Dienste der Musik

Als ich vor vielen Jahren zum erstenmal eine Gruppe von Kindern um mich versammelte, um mit ihnen über Musik zu sprechen, da war manches in unserer Welt noch ganz anders als heute, man flog noch nicht in den Weltraum hinaus, man baute noch keine Überschallflugzeuge und ahnte kaum etwas von der Atomkraft oder den Computern. Damals konnte ich auch noch kein Tonbandgerät einfach in mein Arbeitszimmer stellen, um unsere Gespräche aufzuzeichnen, und vom Fernsehen ahnten nur die Techniker etwas, ohne seine gewaltigen Auswirkungen für das tägliche Leben des Menschen vorauszusehen. So rasend schnell ist die Entwicklung in den letzten Jahren vor sich gegangen! Meine Großeltern dachten noch nicht einmal an die Möglichkeit des Rundfunks, obwohl vorausblickende Erfinder längst Versuche zu diesem Zwecke anstellten. Eine Schallplatte war damals noch eine kuriose, sehr dicke und sehr zerbrechliche Scheibe, von der ein unförmiger Apparat mit riesigem Trichter krächzende Geräusche abnehmen konnte, die die Schönheit eines Musikstücks oder einer Stimme mehr ahnen als erkennen ließen …

Das waren einige der Gedanken, die mir durch den Kopf gingen, als ich meine kleinen Freunde am nächsten Tag in eine Schallplattenfabrik führte. Ein paar Jahre, die rasch verflogen waren, und solche ungeheuren Veränderungen! Unter meiner Schar gab es keinen Jungen, kein Mädchen, die nicht ihre Lieblingsschallplatten zu Hause hatten. Christine besaß Märchen und Kinderlieder; heute hatten ihr die Eltern, wie sie mit Stolz erzählte, «Peter und der Wolf» geschenkt, Prokofiews reizendes Stück, in dem er, ein russischer Komponist unseres Jahrhunderts, sehr hübsche Musik zu einem Märchen gemacht und dabei allen Mitwirkenden — Peter, seinem Großvater, dem Kater, der Ente, dem Vogel, dem Wolf und den Jägern — Melodien gegeben hat, die

leicht zu merken sind. Thomas, ihr Bruder, besaß bereits Sinfonien und andere Orchestermusik. Richard hatte Platten von berühmten Pianisten und hoffte, selbst einmal einer zu werden. Tanzmusik hatten viele, besonders unsere größeren Mädchen.

Heute besitzt die Schallplatte nichts Geheimnisvolles mehr, sie ist, wie das Buch, zum selbstverständlichen Kulturgut geworden, das in keinem Hause fehlen darf. Man legt eine Diskothek heute geradeso an, wie man vor einem Jahrhundert eine Bibliothek schuf, das heißt eine Schallplattensammlung geradeso wie eine Büchersammlung: zuerst ein paar Lieblinge, dann das, «was man haben muß», das heißt was zur allgemeinen Bildung gehört, schließlich wird man zum Sammler, der stolz ist, einige nicht alltägliche Dinge zu besitzen. Und wie anspruchsvoll wird man! Nur die technisch besten Aufnahmen mit den vollendetsten Künstlern läßt man gelten. Als ich auf dem Wege zum Schallplattenstudio meinen kleinen Freunden erzählte, daß ich vor Jahren eine Beethoven-Sinfonie nicht hören konnte, ohne alle vier Minuten zu unterbrechen und die Platte umzudrehen

oder zu wechseln, sahen sie mich zuerst ungläubig an und brachen dann in Gelächter aus.
«Das muß doch schrecklich gewesen sein», meinte Peter.
«Nun, wir waren damals schon darüber froh, weil wir uns die heutige Vollendung gar nicht vorstellen konnten. Ihr fühlt euch der vorhergehenden Generation überlegen, weil ihr vieles habt, was sie noch nicht kannte. Gerade so fühlten wir uns stolz gegenüber denen, die vor uns gelebt hatten: Wir konnten Klänge, flüchtige Klänge auf eine Platte bannen, aufbewahren, nach Hause mitnehmen, erklingen lassen, sooft wir wollten. Das war etwas Großes! Jahrtausende hatte man an solche Möglichkeiten nicht einmal gedacht...»
Wir langten an und traten in das große Gebäude ein. Man führte uns zum Direktor, der uns schon erwartete. Er erschrak ein wenig, als er die gewaltige Zahl meiner kleinen Freunde sah. Er schien höchstens mit einem Dutzend gerechnet zu haben, aber es waren mehr als dreimal soviel. Trotzdem schien er sich zu freuen und schlug uns vor, sogleich den Rundgang zu beginnen. Es ging durch lange Gänge, bis wir eine Tür aufmachten und in eine Art chemisches Laboratorium blickten.
«Hier machen wir die Platten», erklärte der Direktor. «Das ist ein langer und ein etwas komplizierter Prozeß. Das Wichtigste ist die Herstellung einer Kupferplatte, von der dann die Abzüge gemacht werden...»
«So wie bei der Fotografie, nicht wahr?» fragte Thomas. Der Direktor nickte:
«Ja, genauso. Zuerst muß man ein Negativ haben, von dem die Kopien gezogen werden, also die Positive. Doch glaube ich, wir sollten den ganzen Prozeß von Anfang an sehen. Also gehen wir zuerst in die Studios.»
Wir betraten einen anderen Flügel des Gebäudes. Durch ein großes Glasfenster sahen wir in einen geräumigen Saal, in dem eben ein Jazzorchester spielte. Wir sahen die Bewegungen, aber wir hörten keinen Ton. Hinter diesem Studio war abermals eine Glaswand, und dort saßen einige Männer an Apparaten.
«Was machen die Männer dort?» fragte Christine gleich.
«Sie steuern die Aufnahme», antwortete der Direktor, «wir werden es uns gleich ansehen. Es sind Tontechniker, von ihnen hängt in höchstem Maße die Qualität der Platte ab.»

«Kommt dort der Ton auf die Platte?» wollte Gabi wissen.
«O nein, so einfach ist das heute nicht mehr!» lächelte der Direktor. «So hat man früher aufgenommen. Da war dann ein Korrigieren so gut wie unmöglich. Heute nehmen wir nur noch auf Tonband auf ...»
«Und vom Tonband dann auf die Platte?» meinte Birgit.
«Nun, so einfach ist auch das nicht mehr. Sagen wir: von mehreren Tonaufnahmen oder Tonbändern auf die endgültige Platte. Das ist eine hochinteressante Arbeit, die ich euch dann ebenfalls zeigen will: das sogenannte Schneiden. Auch da sind Spezialisten am Werk, denn das ist eine höchst delikate Arbeit, zu der hohe technische Fertigkeit gehört, ganz abgesehen von einem guten Gehör. Manch einer unserer Techniker ist ein ausgezeichneter Musiker.»
«Seht ihr, das ist etwas absolut Neues, diese Zusammenarbeit von Musik und Technik, und sie ist typisch für unsere Epoche. Die Technik beeinflußt unser gesamtes Leben, sie spielt sogar in der Musik eine gewaltige Rolle, obwohl noch unsere Großväter zwischen diesen beiden Gebieten — Technik und Kunst — mit bestem Willen keine Zusammenhänge entdeckt hätten ...», sagte ich nachdenklich.
«Ja, so ist es. Heute kommen die Komponisten der Stücke, die wir aufnehmen, hierher, um beim ganzen Prozeß dabeizusein, sie interessieren sich für das Aufnehmen, für das Schneiden, beraten mit unseren Technikern Einzelheiten, von denen frühere Musikergenerationen nicht einmal etwas ahnten», fügte der Direktor bei.
Die Jazzkapelle hatte aufgehört zu spielen. Rote Lichter, die im Aufnahmesaal brannten, erloschen. Natürlich war Christine sofort wieder da, um zu fragen, was das bedeute.
«Das ist einfach», erklärte der Direktor. «Du weißt ja, daß rotes Licht immer ein Achtung- oder Gefahrenzeichen ist. So ist es auch bei uns. Vom Augenblick an, in dem unsere Aufnahmeapparate eingeschaltet, also Studio und Technik verbunden sind, leuchtet das rote Licht. Man weiß also, daß alles, was im Studio geschieht, jedes Geräusch, jeder Ton, unweigerlich auf das Band kommt. Früher war das viel dramatischer: Wenn ein Musiker husten mußte, war die Aufnahme ruiniert, man mußte das Ganze noch einmal von vorne beginnen. Oft ging alles gut bis knapp vor dem Schluß ... und da passierte dann irgend etwas, und alles war kaputt.»

«Und heute?» interessierten sich die Kinder.
«Entweder läßt man das Band ruhig weiterlaufen – man kann die schlechte Stelle nachher herausschneiden und durch eine gute Aufnahme ersetzen, die man macht –, oder man stoppt das Band und geht mit der Aufnahme ein wenig zurück, aber keineswegs bis an den Anfang. Nachher klebt man dann sehr sorgfältig die guten Stücke aneinander, und niemand kann den Schnitt sehen oder hören, wenn's einmal auf der Platte ist. Manchmal hat man sogar Glück und kann einen Huster oder ein anderes Geräusch aus dem Band herausschneiden, ohne daß es die Musik berührt – wenn es zum Beispiel gerade in eine Musikpause fiel. Doch kommt, wir wollen jetzt zu den Aufnahmeleitern hinübergehen!»
Im Studio hingen Mikrophone, jene kleinen Wunderapparate, die heute jedes Kind kennt und die zu erfinden soviel Mühe machte. Man probierte eine ganze Reihe von Systemen aus, bevor man zu den heutigen Mikrophonen gelangte. Das Studio war sehr groß: vierzig Meter lang und zwanzig breit, sagte uns der Direktor. Seine Wände waren mit einem merkwürdigen Belag bedeckt, in dem es Löcher in großer Zahl gab. Der Direktor erklärte den Kindern, daß man zahlreiche Versuche gemacht habe, um einen idealen Wand-, Decken- und Bodenbelag für musikalische Aufnahmeräume zu finden. Obwohl man heute sehr weit fortgeschritten sei, wären Verbesserungen immer noch denkbar.
Ein paar eigenartige verschiebbare Wände standen im Studio, und auch von der Decke hingen verschiedenartig geformte flache Körper, die man offensichtlich aufwärts und abwärts ziehen konnte. Auf die erstaunten Blicke der Kinder nahm der Direktor wieder das Wort: «All das dient zur Verbesserung der Akustik, der Schallbedingungen ...»
«Sind denn die nicht bei allen Aufnahmen dieselben?» wollte Thomas wissen.
«Keineswegs! Sie hängen stets von den Klängen ab, die wir aufnehmen müssen. Ein Jazzorchester ist im Klang ganz anders als etwa ein Sänger mit Klavierbegleitung, und dieser wieder ganz anders als ein großes Sinfonieorchester oder ein Orgelspieler. Ja, nicht einmal alle menschlichen Stimmen sind gleich, von unserem Standpunkt aus betrachtet. Und so verschieben wir gewissermaßen die akustischen Bedingungen unseres Studios je nach Bedarf.»

«Gibt es kein Echo hier?» interessierte sich ein Junge, dessen technische Kenntnisse mir schon aufgefallen waren.
«Dazu sind eben die Wände da: Sie ‹schlucken› den Klang gewissermaßen. Aber gerade darum geht heute zumeist die Diskussion: Wie sehr soll das Echo verschluckt werden? Denn ein Klang ganz ohne Echo wirkt manchmal wie tot, wie starr, unwirklich. Beim Aufnehmen kann uns das Echo zwar stören, aber heute geben wir es zumeist nachher wieder dazu …»
«Fabelhaft, was die Technik alles kann!» staunte ich ehrlich.
«Ja, wir geben bei vielen Aufnahmen nachher ‹Hall› dazu. Aber, ehrlich gestanden, man soll mit diesen Dingen vorsichtig sein, sonst wird alles zu künstlich. Ich persönlich ziehe oftmals eine Aufnahme vor, die unter natürlicheren Bedingungen — etwa in einem Konzert selbst — gemacht ist, auch wenn sie akustisch nicht so vollendet ist, wie es meine Herren Techniker anstreben …»
Der Direktor ging voraus in den Nebenraum, in dem die Apparate standen, und bat uns, noch eine Weile im Studio zu bleiben. Wir taten das gerne und unterhielten uns angeregt. Wir sahen den Direktor und seine Techniker auffallend lustig werden, ja manchmal herzlich lachen. Plötzlich ertönte ein Lautsprecher zu unseren Häuptern. Ein Stimmengewirr erklang, aus dem sich hie und da ein Satz etwas klarer abhob. Der Lautsprecher sagte: «Warum ist der Direktor eigentlich fortgegangen?» und die Stimme war der von Karin sehr ähnlich.
«Vielleicht weiß er nicht recht, wie er die Sache erklären soll, und fragt nun die Männer dort?» meinte eine Stimme, die der von Peter aufs Haar glich.
«Warum fragt er nicht einfach Sie?« hörte man Christine sagen, und meine Antwort lautete: «Aber Kinder, der Direktor weiß doch das alles hundertmal besser als ich!» Worauf Thomas hinzufügte: «Ich finde ihn großartig, alles, was er bisher sagte!» Man hörte allgemeine Zustimmung und dann Rudis klaren Ausruf: «Spitze!» Dann wurde die Stimme eines neuen Jungen vernehmbar: «Die Sache ist ganz einfach, mein Bruder hat es mir erklärt: Hier macht man die Musik oder spricht, und dort draußen macht man die Aufnahme.» Thomas erwiderte ihm: «Das ist klar, aber wie man das macht, hat dein Bruder nicht gewußt!» Rudi meinte: «Ich

glaube, daß man die meisten Stimmen gar nicht richtig erkennen kann!» Alle sahen ihn nun böse an. Wenn das nur wahr wäre! Aber man erkannte jede einzelne sehr genau.
Der Direktor kam ins Studio zurück und weidete sich an dem ratlosen Gesichtsausdruck der Kinder. «Das war ein kleines praktisches Beispiel einer Tonaufnahme», lachte er. «Aber ein Schwindel», wendete sich Peter leise an mich, immer noch ein wenig beleidigt wegen der Überraschung, «die roten Lichter brannten ja gar nicht!»
«Oh, das macht nichts», antwortete ich ihm ebenso leise, «besonders nicht, wenn man jemanden überraschen will ...»
«In den Filmen von Spionen ist das auch immer so», sagte Thomas, der unser Gespräch gehört hatte. «Wenn man da immer eine rote Lampe einschalten würde, könnte man nie einen Spion fangen ...»
«Nun kommt aber mit zu den Aufnahmeapparaten», lud uns der Direktor ein. Wir gingen in den Nebenraum. Dort standen einige große Apparaturen, über deren flache Teller Tonbänder gespannt waren. Eine Fülle von Hebeln und Knöpfen und Meßgeräten ließ alles sehr kompliziert erscheinen.
«Mit diesem Knopf schalten wir die Mikrophone im Studio ein, das heißt, wir verbinden sie mit den Aufnahmeapparaten hier. So lassen wir das Band laufen. Und nun wird alles, was an Klang im Studio produziert wird, auf das Band aufgenommen. Früher lag hier an der gleichen Stelle eine Wachsplatte. Ein Tonarm grub, je nach den Impulsen, die er erhielt, Rillen in die Platten. Heute müssen diese Rillen natürlich auch auf die Platte kommen, aber sie tun das nicht mehr direkt, sondern auf dem Umweg über das Band. Denn das Tonband, eine großartige Erfindung, ermöglicht uns Korrekturen, die früher nicht möglich waren. Abgesehen davon ist es leicht zu handhaben, leicht aufzubewahren, praktisch unabnützbar, es hat also eine Reihe von Vorzügen, die die Platte nicht hat. Wollen wir eine kleine Aufnahme machen? Jemand von euch singt etwas, und wir nehmen es auf?»
Natürlich war zuerst niemand dazu zu bewegen. Aber dann konnte ich Karin überzeugen, deren hübsche Stimme ich kannte. Wir gingen ins Studio zurück, ich setzte mich ans Klavier, Karin stellte sich daneben auf. Ein Techniker war mit uns gegangen und stellte nun Karin an einen anderen

Platz, viel weiter vom Klavier entfernt. «So wird ihre Stimme nicht vom stärkeren Klang des Instruments zugedeckt», erklärte er. Dann zog er eines der Mikrophone in die Nähe von Karins Kopf und ging wieder in den Kontrollraum zurück. Aus dem Lautsprecher erscholl eine Stimme: «Fertig?» Karin wendete mir erschrocken ihren Kopf zu: «Was soll ich singen?»

«Was du willst, Karin, es ist ja nur ein Versuch!»

Sie beruhigte sich und schlug ein Volkslied vor, das sie eben im Schulchor gelernt hatte: «Im schönsten Wiesengrunde». Ich war gerne einverstanden, suchte die beste Tonart für ihre helle Stimme und rief laut: «Fertig!» Zuerst leuchtete ein grünes Licht auf, ein Warnsignal gewissermaßen, und wenige Sekunden später das rote. Ich machte ein kurzes Vorspiel auf dem Klavier, und dann sang Karin. Als sie endete, wendete sie sich mir zu und sagte seufzend: «Ach, wie mag das geklungen haben?» Die Lichter verlöschten, und wir gingen schnell in den Abhör- oder Kontrollraum. Der Techniker ließ das Band rückwärtslaufen, in schnellem Tempo, dann drückte er auf den Halteknopf und gleich darauf auf einen anderen, der das Band nun langsam vorwärtslaufen ließ. Man vernahm mein Vorspiel auf dem Klavier. Dann erklang Karins Stimme, ein wenig schüchtern in der ersten und zweiten Melodiephrase. Dann wurde sie sicherer, und bei «Dich, mein stilles Tal ...» klang sie schön, weich und voll. Als das Lied zu Ende war, gab es eine kleine Pause, und dann ertönten ein Seufzer und: «Wie mag das geklungen haben?» Wir lachten alle sehr, und der Direktor sagte:

«Nun sollt ihr gleich sehen, wie solche kleinen Schönheitsfehler geschnitten werden!» Der Techniker ließ das Band zurücklaufen bis zum Ende des Liedes, und dann schnitt er es einfach, nach etwa fünf Sekunden Leerlauf, ab. Auf unsere Frage, warum er nicht sofort nach Ende schneide, antwortete er, daß das einen zu brüsken Schluß gäbe, da — unhörbar, aber doch vorhanden — noch stets ein Nachhall in der Luft liege, den man ausklingen lassen müsse. Der Direktor nahm wieder das Wort: «Natürlich werden wir aus diesem Lied keine Platte machen, aber ich will euch doch zeigen, wie das in einem solchen Falle vor sich ginge. Bitte die beiden Ausführenden noch einmal zurück ins Studio. Auf rotes Licht beginnen!»

Wieder ging der Techniker mit uns. Er veränderte ein klein wenig die Stellung des Mikrophons, gab Karin an, daß sie um wenige Zentimeter näherrücken solle, und öffnete den Deckel des Flügels um ein geringes. Dann ging er zurück in seinen Abhörraum. Im Studio erschien das grüne und darauf das rote Licht. Wir begannen das Lied von neuem. Nun schwieg Karin, nachdem sie es vollendet hatte. Die gesamte Schar war sehr neugierig, wie es diesmal geklungen habe. Der Beginn des Liedes war nun viel sicherer, zudem klang Karins Stimme als auch das Klavier besser als das erstemal. Das hatten einerseits die kleinen Änderungen bewirkt, die der Techniker vorgenommen hatte, anderseits die abnehmende Nervosität Karins.

«Und nun müßten wir fortfahren, Aufnahmen zu machen, wobei wir jedesmal etwas verändern würden, sei es die Stellung des Mikrophons, die Distanz der Ausführenden, die Stärke der Aufzeichnung. So entstehen verschiedene Fassungen, unter denen man nachher aussuchen kann. Aber glaubt ja nicht, es sei so einfach, eine von mehreren Fassungen als die beste zu erkennen. Bei unserem ersten Versuch sang das kleine Fräulein zu Beginn ein wenig schüchtern, später aber sehr gut. In der zweiten Fassung hingegen hatte sie gerade gegen Schluß ein klein wenig Schleim in der Kehle, ihr habt es vielleicht gar nicht bemerkt. Nun nehmen wir also nur den Schluß der ersten Fassung, aber den Anfang der zweiten, kleben sie aneinander und haben so eine neue, schon viel bessere Fassung ...»

Der Techniker führte diese Korrektur mit unglaublicher Geschwindigkeit aus. Er hörte die erste Fassung nochmals genau an, hernach ebenso die zweite, die auf einem anderen Apparat (oder «Schneidetisch», wie man das nennt) lag. Dann schnitt er beide Tonbänder auseinander und verband durch einen kleinen Klebestreifen den zweiten Teil der ersten Fassung so eng mit dem ersten der zweiten Fassung, daß das so geklebte Band dann abgespielt werden konnte. Es klang wirklich hübsch, und von der Schnittstelle war nichts zu hören.

«Da habt ihr eine Kostprobe von dem, was wir hier tun», sagte der Direktor, «aber kaum mehr als das. Ein solcher Schnitt, wie wir ihn eben machten, ist natürlich ein Kinderspiel. Es gibt viel schwierigere Schnitte, manchmal sogar

mitten in einer Note, bei einer ganz kurzen Atempause oder ähnlichem. Oftmals müssen wir auch drei, vier, fünf verschiedene Fassungen heranziehen, aus jeder das Beste entnehmen, um eine wirklich tadellose Platte zu bekommen.»
Die Kinder staunten. Nur Thomas machte ein bedenkliches Gesicht, so als dächte er scharf nach oder als stimme etwas nicht. «Verzeihung ...», sagte er endlich, «dann ist also eigentlich eine Platte ..., wie soll ich es ausdrücken? Sie ist gewissermaßen ... besser ...»
Ich staunte über die Intelligenz des Jungen. Er hatte da etwas herausgefunden, was die wenigsten Menschen bemerken. Und ich war neugierig, was der Direktor ihm antworten würde. Der begann mit einem «Hm ... ja ... gewissermaßen ...» und erklärte dann sehr offen und frei: «Du hast sehr recht, und vielleicht ist unsere heutige Art, Platten zu machen, in gewissem Sinne ... nun weiß ich nicht, wie ich mich am besten ausdrücken soll, ein kleiner Schwindel ... Hm, man könnte es so auffassen ... Ich sehe, daß die größeren unter euch Mädchen sich schon ein wenig schminken, nicht wahr? Das ist etwas Ähnliches. Auch sie schwindeln ein wenig, wenn man es genau nimmt, versuchen sie die Natur zu korrigieren, zu verbessern. Das Resultat ist freilich sehr hübsch ...»
Unsere Jungen grinsten über das ganze Gesicht, die Mädchen wurden ein wenig verlegen. Was wollte der Direktor damit sagen?
«Nun, auch wir korrigieren, verbessern ein wenig. Wir lassen einen berühmten Pianisten zehnmal das gleiche spielen und nehmen dann aus jeder Fassung das Beste, kleben es aneinander und erhalten eine so vollendete Fassung, wie sie in Wirklichkeit gar nicht existiert. Das gleiche geschieht, wenn wir eine Oper aufnehmen. Da verteilen wir die Aufnahme sogar über mehrere Tage, so daß die Sänger bei jeder Aufnahme nur ein kleines Stück der Oper zu singen haben und nicht ermüden. In einem Theater gibt es das natürlich nicht, da sind sie oft, wenn sie im ersten und zweiten Akt mit voller Kraft gesungen haben, im dritten ein wenig müde; oder sie haben sich zu Beginn geschont, um auf dem Höhepunkt im letzten Akt alle ihre Kraft zur Verfügung zu haben. Und so bietet die Schallplatte eigentlich Leistungen, die es im Musikleben gar nicht gibt. Das kann eine recht zweischnei-

Die Erfindung der Stereophonie ermöglicht heute, daß wir den Klangkörper nicht mehr wie durch ein Loch in der Mauer hören (links), sondern «plastisch» wie als Zuhörer im Konzertsaal erleben

dige Sache sein: Denkt euch, Tausende von Menschen kaufen eine Platte des berühmten Pianisten XY, sind restlos entzückt und nehmen Eintrittskarten, wenn dieser XY das nächstemal in ihre Stadt zu einem Konzert kommt. Und dann sind sie enttäuscht, weil er nicht so spielt wie auf der Platte ... Sie glauben, er gebe sich weniger Mühe oder sei nicht in guter Form, wie man das nennt, oder — noch schlimmer — er sei vielleicht schon zu alt und so großer Leistungen nicht mehr fähig. Und ahnen gar nicht, daß er so gespielt hat wie immer, nur daß eben kein Techniker da war, der kleine Fehler herausgeschnitten hätte, und daß er in einem Konzert eben nur eine einzige Fassung bieten kann und nicht drei oder sechs zur Auswahl!»

Die meisten der Kinder verstanden, was der Direktor sagen wollte. Sie staunten über Thomas, der durch Nachdenken daraufgekommen war. Der Direktor fuhr fort: «Wir können mit unseren heutigen Platten recht zufrieden sein. Ich bin überzeugt, daß Beethoven, hörte er eine seiner Sinfonien auf einer modernen Platte, begeistert wäre, ja es kaum fassen könnte, wie nahe wir heute seinen Wünschen und Träumen kommen! Die Platte hat seit Beginn unseres Jahrhunderts und besonders seit dem Ende des Zweiten Weltkriegs unglaubliche Verbesserungen erlebt und Fortschritte erzielt. Zuerst war sie in einem rein mechanischen Verfahren hergestellt worden. Sie war nur auf einer Seite abspielbar. Jede Platte enthielt nur vier Minuten Musik. Die Nebengeräusche waren oft so stark wie die Musik. Die Klänge erlitten Verzerrungen. In den letzten Jahrzehnten verringerte man zuerst das Nadelgeräusch, indem man die Platte langsamer drehte ...»

«78mal in der Minute waren es vorher ...», meldete sich da der Junge, dessen Interesse für Technik mir schon aufgefallen war. «Dann ließ man kleine Platten manchmal mit 45 Umdrehungen laufen, alle großen mit 33 Umdrehungen in der Minute.»

Beinahe hätten unsere kleinen Freunde applaudiert. Der Direktor nickte sehr beifällig und setzte hinzu: «Die Langspielplatte war erfunden. Nun konnte man ungefähr zehnmal soviel Musik aufnehmen. Und dann erfand man, was wir HiFi nennen, vom englischen High Fidelity, also ‹sehr getreue Klangwiedergabe›. Das war auch nur möglich, weil inzwischen die ‹Stereophonie› erfunden worden war. Beim Anhören einer Platte, deren Klang aus zwei Lautsprechern kommt anstatt aus einem, haben wir wirklich das Gefühl, mitten unter den Ausführenden zu sitzen, etwa in einem großen Orchester oder auf einem sehr guten Platz im Opernhaus, so plastisch erklingen alle Stimmen und die Instrumente. Für die kleinen Techniker unter euch möchte ich noch hinzufügen, daß man früher nur Frequenzen bis zu etwa 4000 Hz oder Hertz aufnehmen konnte, nun aber geht es bis in die höchsten Frequenzen, bis 16000 und höher. Den Beginn der ‹HiFi-Technik› gab es beim Rundfunk, als man die Mittelwelle durch die sogenannte UKW ersetzte, durch die Ultrakurzwelle. Genug der Technik — wir haben alles versucht, um der modernen Schallplatte die größte Natürlichkeit des Klangs zu geben und die höchste Qualität. So ist das Musikhören von Schallplatten heute möglicherweise die wichtigste Art der Musikverbreitung geworden, mit der sich an Menge und Qualität höchstens das Radio vergleichen läßt. In früheren Jahrhunderten mußte man in ein Konzert oder eine Oper gehen, um solche Musik zu hören; heute hat man sie im Heim und in einer früher nicht einmal

Trompeter vor Edisons Phonographen bei der Aufnahme

geahnten Güte! Als Edison zu Ende des vorigen Jahrhunderts den von ihm erfundenen Phonographen vorführte, die erste Sprechmaschine, erhob sich einer der Anwesenden auf dem wissenschaftlichen Kongreß und rief aus: ‹Sie können uns nicht beschwindeln! Dort ist irgendwo ein Bauchredner versteckt!›»

Die Kinder brachen in helles Lachen aus. «Ja, und viele Wochen später, während deren Edison dem Mißtrauischen Gelegenheit gegeben hatte, den Apparat zu untersuchen, sagte er: ‹Es kann ja sein, daß es kein Bauchredner ist, aber irgendein Schwindel ist da verborgen …› Seit langem zweifelt kein Mensch mehr daran, daß es uns gelungen ist, auf Platte und Band Klänge aufzubewahren und wiederzugeben. Aber wir begnügen uns niemals mit dem Erreichten. Und so kam 1983 abermals eine revolutionäre Neuerung auf den Markt, an der holländische, deutsche und japanische Techniker jahrelang gearbeitet hatten. Und jetzt sind wir, glaube ich, so weit, das Musikhören im Heim zu einem vollendeten Genuß zu machen. Das bewirkt die neue, knapp zwölf Zentimeter im Durchmesser aufweisende, silberne Compact-Disc, bei der es überhaupt keine Nadel mehr gibt, sondern ein Laser-Strahl die Oberfläche der Platte abtastet. Wie kompliziert das ist, davon macht ihr euch noch keinen Begriff, aber ich nehme an, in wenigen Jahren wird man das in den höchsten Klassen unserer Schulen auch lernen. Das sogenannte Musiksignal auf der Oberfläche der Compact-Disc wird 44 000mal in der Sekunde abgetastet und sozusagen vermessen, dabei werden Zahlen mit 14 oder sogar 16 Stellen verwendet, um jede Stufe zu bezeichnen. Entspricht die Abmessung einer gewöhnlichen Schallplattenrille ungefähr der Dicke eines Menschenhaars, so müssen nun 50 mikroskopisch kleine Lesespuren für den Laser-Strahl zusammengenommen werden, um so dick zu sein wie ein Haar ... Bei der neuen Compact-Disc-Platte gibt es kein Nadelgeräusch mehr, denn es gibt ja keine Nadel mehr. Das Licht, das ja unhörbar ist, wird zur Musik, es ist fast wie ein Wunder ...»

Wir staunten, ohne natürlich das mindeste zu verstehen. Das ist alles noch ungeheuer neu, und davon ahnte vor kurzem noch niemand etwas. Die Technik zu Ende des 20. Jahrhunderts schreitet mit gigantischen Schritten vorwärts. Was werden meine kleinen Freunde noch alles sehen und erleben, wenn sie einmal so alt sind, wie ich es jetzt bin?»

Der Direktor merkte an unseren Gesichtern, daß wir zwar staunten, aber daß das alles ein wenig zu hoch für uns war. Freundlich sagte er: «Freut euch, Kinder, über alle die schönen Dinge, die euer künftiges Leben verschönern werden, und freut euch der vielen, herrlichen Musik, die ihr auf diese Art werdet hören können! Denkt auch manchmal daran, wie schwer es die Kinder vor hundert Jahren hatten: Auch wenn sie die Musik sehr liebten und Freude hatten, sie zu hören, es war nur dann möglich, wenn man sie in ein Konzert führte oder ihnen etwas vorspielte. Von den großen Leistungen der Meister und unserer Spitzenorchester bekam vielleicht nur einer unter tausend in seinem ganzen Leben etwas zu hören! Und nun? Nun ist die schöne Musik für alle da, ist das nicht wundervoll?»

Wir verabschiedeten uns in bester Stimmung, der Direktor, die Techniker und alle anderen, denen wir begegnet waren, winkten uns noch freundlich zu, als wir zum Ausgang schritten und dann die Straße wieder betraten. Der Direktor hatte uns noch gesagt, wie viele Millionen von Platten mit Beethovens Sinfonien es auf der Welt gab: Wenn Beethoven das geahnt hätte! Er war schon damit zufrieden, daß einige wenige tausend in ganz Europa seine Werke kannten. Und nun sind es Dutzende oder Hunderte von Millionen! Mir wurde wieder einmal klar, daß mit den Fortschritten der Technik auch eine neue Zeit für die Musik angebrochen war.

19
Besuch in einer Rundfunkstation

Onkel Heinrich begleitete uns, als wir eine Radiostation besichtigen gingen. Er kam, um zu sehen, wie weit unsere musikalischen Gespräche gediehen seien seit dem Nachmittag, an dem er mit Thomas und Christine Steine in den Teich meines Gartens geworfen hatte. Die Kinder erzählten ihm, was wir inzwischen alles getan hatten. Er konnte es kaum fassen! Eine Rundfunkstation besuchen, das war gerade das Richtige für ihn, den Ingenieur. Und ich war froh, daß er mitging, denn wenn ich auch tausendmal im Radio mitgewirkt habe, so ist seine Technik für mich doch immer noch ein Buch mit vielen Rätseln.

«Der Rundfunk ist eine wunderbare Sache», begann ich meine Erklärungen, bereit, die technischen Erläuterungen dann dem Onkel Heinrich und den Herren der Radiostation zu überlassen, «in Paris spricht jemand, in New York spielt ein Orchester, in Shanghai wird gesungen. Und diese Klänge laufen mit Hilfe des Radios um die Welt, überspringen Grenzen und Meere und Gebirge. Wir sitzen in einem Raum vor einem manchmal winzigen Kästchen und bewegen Knöpfe, sonst nichts. Und unser Raum füllt sich mit Klängen. Irgendein beliebiges Ereignis auf der Welt kann durch das Radio von allen Menschen miterlebt werden, wo immer sie sich befinden mögen. Und das im gleichen Augenblick! Wie viele Monate brauchte man früher dazu, eine Nachricht rund um die Welt zu verbreiten! Und jetzt genügt ein einziger Augenblick dazu ...»

Ich war beinahe gerührt über die schöne Rede, die ich da gehalten hatte. Aber der Eindruck auf die Kinder war schwach. Mochte ich auch tausendmal recht haben, für sie war das Radio schon etwas so Selbstverständliches, daß sie sich höchstens wunderten, wenn jemand darüber solche Worte machte. Doch ich gestehe gerne, daß für mich das Radio immer noch ein Wunder bedeutet! Als ich so alt war wie meine kleinen Freunde jetzt, da bauten wir in größter Erregung die ersten Empfänger, mit einem kleinen Kristall und einem Draht, der diesen Kristall berühren mußte, mit einem kleinen Holzkästchen und Kopfhörern, aus denen wir mit größter Mühe ein paar Worte, ein paar Geräusche vernahmen. In den Jahren seit damals ist das Radio zu einer der selbstverständlichsten Einrichtungen der Welt geworden. Die heutigen Kinder können sich nicht mehr vorstellen, in welcher Einsamkeit die Menschen auf dem Lande lebten oder die Alten und die Kranken, bevor das Radio erfunden wurde. Ja, sie sind so sehr an Rundfunk, Schallplatte, Tonband und Fernsehen gewöhnt, daß es kaum mehr einen stillen Augenblick in ihrem Leben gibt. Von der Einsamkeit, dem einen Extrem, ist die Welt in das andere, das Nicht-Alleinsein-Können, gefallen …

Das sagte ich natürlich nicht. Ich freute mich über das Interesse, das meine Schar am Besuch im Rundfunkstudio zeigte. Sie wollten einmal sehen, wie es gemacht wurde, das war es wohl. Sie wollten verstehen, und das ist wohl der Zug der Zeit: Verstehen. Besonders alles Technische, alle Maschinen. Sie freuten sich auf den heutigen Nachmittag.

Wir kamen zuerst in einen der Sendesäle. Er war mit einem Kontrollraum verbunden, geradeso wie in der Schallplattenfabrik. Eine Glaswand war zwischen beiden. Dann sahen wir einen anderen Senderaum, dann noch einen. In keinem wurde gearbeitet. «Es ist Samstag», erklärte uns der Herr, der uns begleitete.

«Und wird am Samstag denn nicht gesendet?» fragten einige Kinder erstaunt.

«Doch, selbstverständlich, an jedem Tag. Aber was heute gesendet wird, ist längst auf Tonbändern aufgenommen, schön geordnet — da genügt dann ein Techniker, der es abspielt, alle anderen haben heute frei. Wir werden uns nachher das Schallarchiv ansehen, wir haben eines der größten in Europa: da gibt es Zehntausende von Bändern und sicher ebenso viele Schallplatten! Die allermeisten Sendungen werden heute nicht mehr *live* gesendet, also nicht ‹direkt›, sondern lange vorher auf ein Tonband aufgenommen. Früher, als man alles direkt aus dem Studio *live* übertrug, herrschte eine unerträgliche Nervosität dabei. Denn wenn etwas danebenging, war nichts mehr zu machen. Jetzt kann man eine Aufnahme

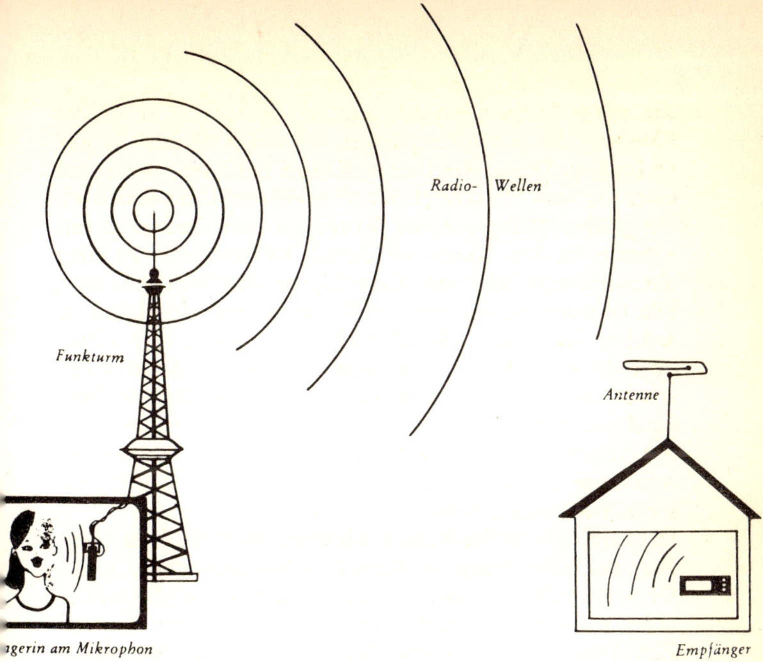

Eine Rundfunkübertragung
Sängerin am Mikrophon, Funkturm, Radio-Wellen, Antenne, Empfänger

wiederholen, so oft man will, bis sie so gut wird, wie wir wünschen. Man weiß außerdem auf Sekunden genau, wie lang jede Sendung dauert, und so gibt es so gut wie keine Verspätungen im Programm. Das Programm für heute und morgen liegt sendefertig bereit in ein paar Tonrollen, die vor der Sendung nochmals kontrolliert werden. Mit Ausnahme natürlich der Live-Sendungen: der Predigt aus der Kirche am Morgen und der Übertragung des Fußballspiels am Nachmittag. Aber auch zu diesen beiden Sendungen brauchen wir im Haus nur sehr wenig Personal: Der Übertragungswagen ist unterwegs und leitet das, was er übertragen will, auf direkter Linie – also einer Art Telefondraht – zu unserem Sender, der es dann ausstrahlt ... Übrigens glaube ich, ihr werdet doch noch Glück haben. Hier sehe ich auf dem Probenplan, daß sehr bald einige Künstler und Techniker kommen und proben oder sogar Aufnahmen machen werden ...»

Onkel Heinrich schaltete sich ein: «Eine Radioübertragung beginnt genauso wie die Aufnahme einer Schallplatte. Der Ton gelangt zum Mikrophon und verwandelt sich durch komplizierte Apparaturen in elektrische Wellen. Diese werden ausgestrahlt und eilen um die Welt. Wenn wir sie allerdings von diesem Saal ausstrahlen ließen, so kämen sie nicht weit, die hohen Gebäude der Stadt würden sie aufhalten. Darum sendet man von einem möglichst hohen Punkt aus, sei es von einem der Türme der Stadt oder einem eigens dafür errichteten Funkturm, der dazu auf einem Berg liegen kann — auf jeden Fall von einem Mast aus Stahl ...»

«Antenne!» riefen einige Kinder sofort.

«Stimmt. Von da aus strahlen die Radiowellen aus ...»

«Sieht man sie?» fragte Christine und dachte sicherlich an die Wellen im Wasser.

«Nein, mein Kind, sie sind unsichtbar. Wenn man sie sehen könnte, wäre die Luft voll von ihnen!»

«Wie hoch sind die Antennen?» interessierte sich Peter.

«Das ist sehr verschieden, nach der Lage, nach der Sendestärke und nach anderen Dingen. Es gibt Maste von hundert Meter Höhe und auch noch mehr. Manche sind, wie ich euch schon sagte, in besonders hohe Gebäude eingebaut, wie zum Beispiel in den Pariser Eiffelturm und in das Empire State Building in New York. Aber wir brauchen nicht so weit zu reisen. Heute stehen in unserem Land ja viele sehr hohe und sehr schöne Türme, die eigens zum Zweck der Rundfunk- oder Fernsehübertragung geschaffen wurden. Ihr seht sie in vielen deutschen Städten, aber ebenso oft auch auf Bergeshöhen, von wo aus sie weithin in die umliegende Landschaft ausstrahlen können. Das wäre also die eine Seite des Rundfunks, die Aussendung ...»

«Was da ausgestrahlt wird, sind das Schallwellen?» interessierte sich Gabi.

«O nein. Die Schallwellen, die an das Mikrophon schlagen, werden in elektrische Wellen verwandelt, das ist sehr wichtig. Ich sagte es euch schon früher, aber ich glaube, es wäre gut, es näher zu erklären. Erinnert ihr euch, wie schnell der Schall läuft? Wir sprachen damals im Garten davon, als das Gewitter kam!»

«Etwas über dreihundert Meter in der Sekunde», antworteten sofort einige.
«Gut. Wenn ich etwas über eine Entfernung von einem Kilometer übertragen wollte — eine sehr kleine Distanz —, wie lange würde der Ton brauchen, um sie zu durchlaufen? So ungefähr …?»
Die Kinder rechneten nach. Rasch hatten sie gefunden, daß das ungefähr drei Sekunden dauern würde. Das hieße also: Eine halbe Minute für zehn Kilometer! Und wenn wir über hundert Kilometer übertragen oder über tausend? Da würde der Schall fünf Minuten brauchen oder gar fünfzig! Theoretisch natürlich, denn in Wirklichkeit käme er gar nicht so weit. Nein, so ging es nicht, das war allen klar.
«Das geht also wie beim Telefon?» fragte ein Junge.
«So ähnlich. Stellt euch vor, daß das Telefon mit Schallwellen arbeiten müßte! Da würden zwischen Frage und Antwort viele Sekunden oder Minuten vergehen. Christine telefoniert mit Elsa. ‹Guten Tag›, sagt sie, ‹wie geht's dir?›, und wenn Elsa nur einen Kilometer weit von ihr wohnt, muß sie ganze sechs Sekunden warten, bis sie Elsas Antwort vernimmt: ‹Danke gut, und dir?›, denn der Schall müßte zuerst hin- und dann mit der Antwort zurücklaufen! Das wäre kein lustiges Gespräch!»
Die Kinder lachten.
«Nur mit elektrischen Wellen sind solche Dinge möglich. Könnt ihr euch an deren Geschwindigkeit erinnern?»
«Dreihunderttausend Kilometer in der Sekunde!» wußten sofort die größeren Kinder.
«Da kann man also sagen, daß der Schall wirklich in der gleichen Sekunde seiner Ausstrahlung, ja im gleichen Augenblick seines Erklingens überall hingelangt. In einer Sekunde mehr als siebenmal rund um die Erde, wo sie am dicksten ist, also am Äquator! Der Sender verwandelt die Schallwellen in elektrische Wellen, und der Empfangsapparat, der diese auffängt — wieder mit Hilfe einer Antenne —, verwandelt sie zurück in akustische Wellen, in Klänge, die unserem Ohr vernehmbar sind …»
«Wie laufen die elektrischen Wellen? Ich kann mir das nicht vorstellen …», meinte Birgit.
«Das ist auch nicht notwendig», tröstete sie Onkel Heinrich.
«Ganz ähnlich wie die Wellen im Wasser!» sagte Thomas,

und sowohl der Radiotechniker, der uns begleitete, als auch Onkel Heinrich bestätigten das. Der erstere setzte noch hinzu: «Ja, ungefähr so, aber nicht nur kreisförmig wie im Wasser, sondern in alle Richtungen und Dimensionen.»
«Und kommen alle Wellen an alle Punkte der Welt?» wollte Peter wissen.
«Nein. Das ist ein schwieriges Kapitel, das ich eigentlich nicht berühren wollte», sagte der Techniker. «Wäre die Erde eine Scheibe, also flach, dann müßte man die Frage bejahen. Aber sie ist rund, und die Wellen gehen im Prinzip geradeaus, also entfernen sie sich von der Erde. Wollen wir also auf weitere Distanzen hin übertragen, so müssen wir Zwischenstationen einschieben, die man auch Relaisstationen nennt. Sie haben die Aufgabe, die Wellen aufzufangen und weiterzusenden, wobei sie ihre Richtung gewissermaßen ein wenig ändern ... Denkt euch einen großen Kreis von Kindern, die Ball spielen. Eines wirft ihn dem nächsten zu; dieses fängt den Ball und wirft ihn weiter, wobei es ihn nicht in genau der gleichen Richtung weitergibt, aus der es ihn empfing, denn die Kinder bilden ja einen Kreis. Und es gibt dem Ball neuen Schwung, möchte ich sagen. So machen es auch die Zwischenstationen mit den Wellen: Sie verstärken sie stets ein wenig ...»
«Und wohin würden die Wellen gehen, wenn es keine solchen Stationen gäbe?» fragten einige neugierig.
«In den Weltraum hinaus. Ihr habt ja sicher alle gelesen, daß die Raketen, die der Mensch zu anderen Himmelskörpern abschießt oder die er um die Erde kreisen läßt, mit uns in ständiger Radioverbindung stehen können ...»
«Da dauert es aber doch einige Zeit, bis die Wellen zu uns kommen, nicht wahr?» sagte Thomas, klug wie immer.
«Ja. Denn dreihunderttausend Kilometer sind auf der Erde eine riesige Vorstellung, nicht aber im Weltraum, wo es Distanzen gibt, die wir gar nicht mehr in Kilometern messen können ...», antwortete ich.
«In was denn?» interessierten sich einige Kinder.
«In Lichtjahren ... aber wir wollten ja eigentlich von Musik sprechen, nicht von Astronomie oder Mathematik, so fesselnd das auch sein mag! Und für die Musik werden sich Probleme erst dann ergeben, wenn wir das erste Konzert vom Mars oder von der Venus übertragen wollen!»

Die Kinder lachten, ich aber blieb ernst: «Das erscheint als eine Utopie — so nennt man Dinge, die zu fantastisch klingen, um wahr werden zu können. Aber heute halte ich auf diesem Gebiet nichts für unmöglich. Ja mehr noch: Ich glaube fest daran, daß Himmelskörper nicht nur Licht, sondern auch Klang ausstrahlen; es müßte also eine wahre Weltraummusik geben, eine Musik aus Sphärenklängen ...»

«Mein Neffe war immer ein Träumer», meinte Onkel Heinrich mitleidig, «aber dieses Mal könnte er sogar recht behalten. Es ist durchaus möglich, daß ihr, die ihr heute Kinder seid, als erwachsene Menschen imstande sein werdet, wahre Konzerte aus dem Weltraum aufzunehmen, vielleicht mit ganz ähnlichen Apparaten, wie wir sie heute für das Radio verwenden ...»

«Wer erfand das Radio?» wollten einige meiner kleinen Freunde wissen.

«Ein berühmter Physiker, Hertz, entdeckte die merkwürdige Tatsache, daß elektrische Wellen ganz ohne Draht von einem Apparat zu einem anderen überspringen können. Diese Wellen nennt man jetzt Hertzsche Wellen, und sie bilden die Grundlage des Rundfunks. Und des Fernsehens übrigens auch. Später machte der große Erfinder Marconi die entscheidenden Experimente und baute den ersten Radioapparat. Zuerst konnte er nur auf kleine Distanzen übertragen und mit Hilfe von Wellenlängen, die sehr groß waren, dreißigtausend und vierzigtausend Meter ...»

«Hu!» machte Christine, die sich unter Zahlen natürlich noch nichts vorstellen kann.

«Sind sie heute viel kürzer?» fragte Thomas.

«Ja, viel. Das Fernsehen arbeitet zum Beispiel mit viel kürzeren Wellen. Geradeso das Radar, jener wundervolle Apparat, mit dem man durch Nacht und Nebel sehen kann, was besonders für Schiffe und Flugzeuge wichtig ist, wie ihr wißt. Die Radiotelefonie arbeitet heute mit Langwellen, die sich zwischen achthundert und zweihundert Meter bewegen, und Kurzwellen, die kürzer als zweihundert Meter sind ...»

Wir setzten uns wieder in Bewegung und besichtigten nun eine Reihe von Räumen, die uns alle erklärt wurden. In einigen von ihnen wurde aufgenommen, und da wiederholte sich, was wir schon in der Schallplattenfabrik beobachtet hatten: Vom Studio aus, wo an einer Stelle ein Sprecher tätig

war, an einer anderen eine Sängerin mit Gitarre, an einer dritten ein Pianist, gelangten die Klänge in einen angrenzenden Kontrollraum, wo sie auf einem Tonband aufgezeichnet wurden. In anderen Räumen sahen wir die Bearbeitung der Bänder, konnten sehen, wie sie geschnitten, das heißt sendefertig gemacht wurden. So kamen wir gerade zurecht, als eine Technikerin aus einem Band, das den Vortrag eines namhaften Professors enthielt, alle «Versprecher» herausschnitt. Der Professor, der anscheinend viel von Zoologie verstand, aber kein geübter Sprecher war, hatte sich in jedem zweiten Satz geirrt und oft nach jedem Wort eine längere Pause gemacht und «hm» hinzugefügt. Und nun schnitt die Technikerin alles das einfach heraus — es war unglaublich, wie geschickt sie das machte! Wie sie auf dem Band genau die nur Bruchteile von Millimetern kleine Stelle fand, an der man schneiden konnte, ohne etwas von den Worten wegzunehmen! Und als sie fertig war, klang die Rede des Professors ganz anders, flüssig und gewandt. Thomas schmunzelte und sagte mir leise: «Auf diese Art ist es heute wirklich nicht mehr schwer, einen guten Vortrag zu halten!» Und einige unserer größeren Kinder dachten an die Schallplattenherstellung: Die Technik kann heute Dinge vollbringen, die die Tatsachen ein wenig verzerren. Was werden die Studenten dieses Professors sagen, wenn sie seine Vorlesungen mit dem Radiovortrag vergleichen? Sie werden kaum glauben, daß es sich um dieselbe Person handelt!
Hernach zeigte man uns das Schallarchiv. Da lagen, in mustergültiger Ordnung, unzählbare Bänder in ihren Kassetten. Und kaum weniger Schallplatten. Ich wurde nachdenklich: Hier war beinahe die gesamte Musik unserer Zeit aufgespeichert! Sollte eine Katastrophe die Menschheit ausrotten, ohne die Gebäude zu zerstören, so würden noch in Tausenden von Jahren Lebewesen von anderen Sternen, die unsere Erde besuchen und die aufgefundenen Apparate in Bewegung setzen könnten, genau wissen, wie die Musik unserer Welt geklungen hat.
Die Frage eines Jungen an den Techniker riß mich aus meinen Gedanken. Er wollte den Unterschied zwischen Schallplatte und Tonband erfahren. «Die Schallplatte entsteht, indem ein Metallstift, durch Schallwellen bewegt, Rillen in Wachs gräbt. Die Wiedergabe erfolgt auf umgekehrte Weise:

Die Nadel unseres Plattenspielers fährt die Rillen der Platte entlang und bewegt sich also genau so, wie die es ihr vorschreiben. Und so entsteht wieder genau die Musik, die seinerzeit aufgenommen wurde. Beim Tonband ist die Sache ganz anders. Ein Band mit Eisenoxydbelag wird magnetisiert, je nach den Klängen, die von einem Magnetkopf zu ihm gelangen …»

«Genug!» warf ich ein, denn ich dachte, daß das noch nicht alle Kinder, die unser Buch lesen würden, verstehen könnten. Inzwischen waren wir weitergegangen und warfen einen Blick in gewaltige Maschinenräume, wo es Hebel, Räder, Knöpfe, Leitungen gab. Wer ahnt etwas davon, wenn er zu Hause oder im Auto den Radioapparat mit einem einfachen Knipsen anschaltet? Wir erfuhren noch viel Interessantes. Zum Beispiel, daß alle Wellenlängen genau verteilt sein müssen auf der Welt, da es Millionen von Sendern gibt — Radiostationen und Amateure —, die sich gegenseitig nicht stören dürfen. In Europa werden Radioprogramme vor allem von staatlichen Sendern ausgestrahlt. In Amerika aber kann auch ein Privatmann eine Station eröffnen; er verkauft die Sendezeit geradeso, wie eine Zeitung Anzeigen verkauft: an Menschen, die dem Publikum etwas mitteilen wollen oder Reklame für irgendeinen Artikel zu machen wünschen.

Zuletzt geleitete man uns in den großen Sendesaal, in dem das Rundfunkorchester Aufstellung genommen hatte. Aber auch dieses Konzert wurde nicht direkt gesendet, sondern aufgezeichnet für eine spätere Sendung. Die Kinder baten, bleiben zu dürfen. Unter der Bedingung, äußerste Ruhe zu bewahren, wurde es uns gestattet. Der Dirigent war ein nervöser junger Mann, der eben seine Brille putzte. Dann blätterte er noch ein wenig in einem großen Buch mit Noten, das vor ihm auf dem Pult lag. Es war eine Partitur, wie ich den Kindern erklärte, in der aufgeschrieben stand, was jeder Musiker zu spielen hatte.

Grünes Licht: Achtung! Es wurde ganz ruhig im Saal. Rotes Licht: Aufnahme! Der Dirigent begann, die Musiker spielten. Doch schon nach wenigen Augenblicken erlosch das Licht, und es erscholl eine Glocke. Das Orchester brach ab, der Dirigent ließ die Arme sinken und blickte zu den Technikern im Abhörraum hinüber. «Einen Augenblick bitte, Herr Kapellmeister!» klang es aus einem Lautsprecher.

«Man hört die Oboe zuwenig!» Und einer der Herren aus dem Nebenraum kam in das Studio und zog eines der Mikrophone, die an verschiedenen Stellen über dem Orchester hingen, ein wenig näher zu dem Spieler, der Oboe blies.
«Woher weiß der Techniker das so genau?» fragte Richard, unser Musiker.
«Im Abhörraum sitzen nicht nur Tontechniker, sondern dort sitzt sicherlich auch ein Musiker, der alles mit einer zweiten Partitur in der Hand mitliest und den Klang kontrolliert. Denn der Kapellmeister hört nur das, was im Senderaum erklingt. Wie es in der Übertragung herauskommt, das müssen ihm die Herren sagen, die im Abhörraum sitzen», antwortete ich ihm.
Wir hatten gehofft, ein ganzes Konzert hören zu können. Dann wurden wir bescheidener: Mit einem einzigen Stück hätten wir uns begnügt. Aber nicht einmal das konnten wir abwarten. Es gab so viele Unterbrechungen und Wiederholungen, daß wir während einer kleinen Pause heimgehen mußten.
Die Kinder staunten. Sie hätten nie gedacht, daß es so viel Mühe und Arbeit kostet, ein Konzert sendereif zu machen. Wir knipsen an einem Knopf und hören zu, manchmal sogar recht zerstreut. Und wie schwer war es, diese Klänge so aufzuzeichnen, daß sie hohen Ansprüchen genügen konnten! Ja, unsere Erwartungen sind durch die technischen Mittel, die uns heute zur Verfügung stehen, so hoch geworden, wie man es früher niemals verlangt hätte. Wie anders war die Welt im Laufe unseres Jahrhunderts doch geworden …

20 Nach dem Fernhören das Fernsehen

«Kamera drei!» ruft der Regisseur, während er aufmerksam drei Bilder betrachtet, die auf kleinen Bildschirmen, die man «Monitoren» nennt, auf einer großen Wand sichtbar sind. Kaum hat er das gesagt, ändert sich auf dem vierten Schirm das Bild. Nun entspricht es genau dem neben ihm liegenden auf dem dritten Schirm. Darauf ist eine weite Bühne zu sehen, auf der ein großes Orchester sitzt. Man sieht die Musiker nur von hinten, sie streichen, blasen, schlagen, kurz, sie spielen in vollstem Eifer. Und vor ihnen steht, mit dem Gesicht uns zugewendet, der Dirigent. Einige Sekunden lang beobachten wir sein Mienenspiel aus der Ferne. Dann gibt der Regisseur einen Befehl, aber dieses Mal ändert sich das Bild nicht schlagartig, wie vorher, sondern es ist, als rükke der Dirigent näher und näher. Schon sind die Musiker zum Teil verschwunden, die im Hintergrund des Podiums saßen, nun sieht man auch die dem Kapellmeister nächsten nicht mehr. Er hingegen ist nun ganz groß auf dem Bildschirm. Weitere Befehle des Regisseurs in ein Mikrophon, das er vor dem Mund trägt. Und langsam rückt das Gesicht des Dirigenten zum rechten Bildrand hinaus, und in dessen Mittelpunkt erscheint immer größer seine Hand. Wir halten den Atem an. Es ist spannend zu beobachten, wie die Musik, die aus einem Lautsprecher tönt, genau den Bewegungen dieser Hand gehorcht.

«Kamera eins!» tönt laut die Stimme des Regisseurs. Und mit einem harten Schnitt verschwindet das Bild der Hand, und auf dem vierten Bildschirm erscheint die Gruppe der Blechbläser des Orchesters: Man erkennt deutlich die Hörner, die Trompeten, die Posaunen, am rechten Rand sogar noch zwei Kontrabässe. Und dieses Bild ist genau dem gleich, was auf dem ersten Bildschirm zu sehen ist.

Die Bilder auf den Monitoren verändern sich ständig. Anscheinend tun sie das nicht von selbst, sondern auf Befehl

des Regisseurs, den wir in unserem etwas entlegenen Winkel, wo wir dicht zusammengedrängt stehen, nicht mehr hören können. Er gibt den für uns unsichtbaren Kameramännern, die überall verteilt sind, Anweisungen, welche Bilder sie mit ihren Kameras einfangen müssen. Wenn sein lauter Befehl ertönt — Kamera eins! Kamera zwei! Kamera drei! —, dann ändert sich auf dem vierten Schirm das Bild sofort. Es entspricht immer einem der drei anderen; und diese zeigen immer ganz verschiedene Ansichten. Wenn in dem einen das ganze Orchester von vorne zu sehen ist, entdeckt man etwa im zweiten eine kleine Gruppe daraus, Streicher oder Schlagwerk oder Bläser. Und das dritte Bild zeigt einen ganz anderen Blickwinkel: entweder das Orchester von hinten, so wie früher, das heißt den Dirigenten von vorn, oder ein aufgeschlagenes Notenblatt auf einem Musikerpult oder die Hand eines Geigers oder sonst irgend etwas. Es ist richtig spannend. Der Regisseur findet sehr genau stets den Blick ins Orchester, der am besten dem Klang entspricht: Wenn die Flöte eine Melodie spielt, erscheint sie sofort auf dem vierten Bildschirm, und man sieht, wie die Finger des Flötisten über die Klappen laufen.
«Was ihr zu Hause auf euren Fernsehgeräten seht, entspricht dem, was hier der vierte Schirm zeigt. Das ist das Bild, das ausgestrahlt wird. Von den drei anderen sieht der Außenstehende nichts», erklärte ich den Kindern in einer Pause. «Drei Bilder, das bedeutet, daß die Übertragung mit drei Kameras gemacht wird ...»
«Sind es nicht immer drei?» wollten einige wissen.
«Nein. Bei kleineren Sendungen, etwa den Nachrichten, wo zumeist nur ein Sprecher ist, oder Zwiegesprächen oder einem Vortrag kommt man auch mit einer oder höchstens zwei Kameras aus. Übrigens sind drei Kameras für diese Orchesteraufnahme recht wenig — die könnte man auch mit vier oder fünf Kameras machen. Die Kameraleute, die im Studio arbeiten, erhalten die genauen Anweisungen vom Regisseur über Kopfhörer ...»
«So wie beim Filmen, nicht wahr?» fragte Karin.
«Ja, Fernsehen und Filmen sind ja eng miteinander verwandt. Beim Fernsehen können die Bilder, die von der Kamera empfangen werden, sofort ausgestrahlt werden. Anderes wird aufgezeichnet und später gesendet ...»

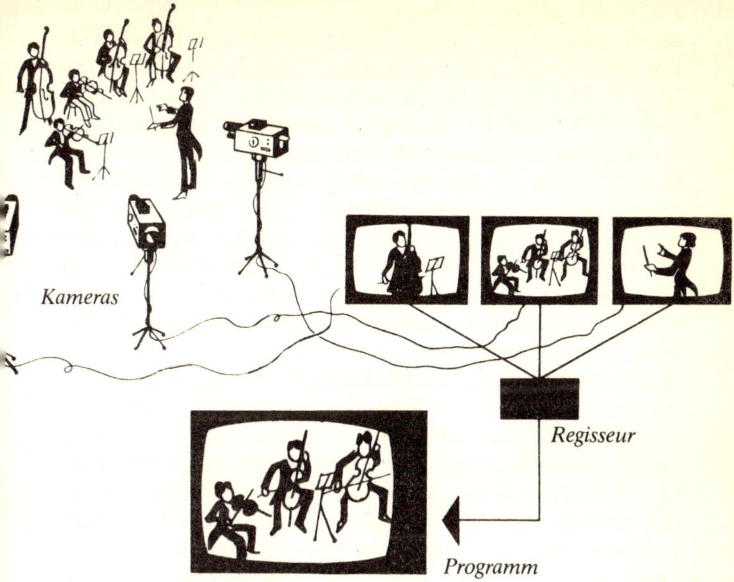

Fernsehaufnahme mit drei Kameras

«Wer hat das Fernsehen erfunden?» fragte Fredi.

Ich mußte gestehen, daß ich das nicht genau wußte. Daß es ohne die Entdeckung der Hertzschen Wellen nicht gegangen wäre, so viel war mir klar. Wieder hatte ich Glück, der Regisseur war von seinem Tisch aufgestanden und hatte sich uns genähert. Er freute sich über den Besuch der Kinder. Und als er die Frage nach dem Ursprung des Fernsehens hörte, antwortete er:

«Es wäre nicht unmöglich, den Ursprung dieser großartigen Erfindung weit zurückzuverlegen ... bis ins Jahr 1817! Da entdeckte nämlich der schwedische Chemiker Johann Jakob Berzelius ein Element, das er Selen nannte. Hierin liegt der Beginn des Bildtelegrafen. Dann müßten wir den nordamerikanischen Erfinder Carey nennen, der 1875 ein sehr primitives System des Fernsehens erfand. Wichtig wurde dann Paul Nipkow mit entscheidenden Experimenten im Jahre 1884. Aber außer einigen sehr fantasiebegabten Wissen-

schaftlern dachte wohl noch lange niemand an die Möglichkeit des Fernsehens im heutigen Sinne. Erst in unserem Jahrhundert rückte die Television immer mehr in das Blickfeld weiterer Kreise. Im Jahre 1923 erfand Wladimir Zworykin das Ikonoskop, die Aufnahmeröhre, die den wichtigsten Bestandteil der Fernsehkamera bildet. Dort erscheint das Bild, das die Kameralinse (Objektiv) einfängt, auf der Cäsium-Silberoxyd-Schicht einer Glasplatte von äußerster Dünne. Und dort tastet ein Elektronenstrahl das Bildfeld blitzschnell ab, wobei ihr euch vorstellen müßt, daß er dieses große Bild in eine wahre Unzahl von kleinen Lichtpünktchen zerlegt. Die Aufzeichnung des Bildes erfolgt Bildpunkt für Bildpunkt in 625 Zeilen. Der Elektronenstrahl verwandelt alle diese Einzelpunkte so rasend schnell in elektronische Impulse, daß bei der Übertragung auf unseren Fernsehschirm vor unserem Auge wieder das Gesamtbild entsteht.»
Mir wurde ein wenig schwindlig, als ich diese Erklärungen vernahm, aber die älteren unter den Kindern machten durchaus verständige Gesichter. Christine schaute hilfesuchend zu ihrem Bruder und dann zu mir. Ich lächelte ihr ermutigend zu, als wollte ich sagen: Wenn du größer bist, kannst du das auch verstehen. Ich konnte ihr natürlich nicht eingestehen, daß ich, der ich als Musiker so viel im Fernsehen arbeite, vom technischen Vorgang so wenig erfasse …
«Auch Philo Farnsworth sollte genannt werden, der 1928 wichtige Fortschritte erzielte. Im ganzen kann man sagen, daß in den Jahren kurz vor dem Zweiten Weltkrieg das Fernsehen so gut wie fertig war. Der Krieg verschob seine Anwendung. Erst in den fünfziger Jahren begannen regelmäßige Übertragungen, und bald gab es kaum mehr ein Land, das nicht seinen eigenen Fernsehsender hatte. Im Unterschied zum Radio aber, dessen Programme rund um die Welt empfangen werden können, bestehen ziemlich enge Sendebereiche für das Fernsehen. Distanzen von hundert Kilometern gelten schon als weit. Mit Hilfe von Zwischenstationen, die einfach das Bild auffangen und weitergeben, kann man dieses Hindernis umgehen. Auch die Aufstellung der Antennen an erhöhten Plätzen hilft wesentlich …»
«Wie beim Radio», sagten einige Kinder, die sich unseres kürzlichen Besuchs im Studio erinnerten.

«Genauso. Im Empire State Building in New York ...»
«... gibt es Rundfunkantennen ...», ergänzten die Kinder.
Der Techniker lächelte. «Nicht nur Rundfunkantennen, auch Fernsehantennen sind an diesem höchsten Punkt angebracht. Länder, die hohe Gebirge haben, besitzen auf diesem Gebiet wesentliche Vorteile. Im Staate Kolumbien, in Südamerika, steht eine Fernsehantenne auf 5400 Meter Höhe, in Mexiko auf über 4000 Meter. Bei uns sind solche Höhen nicht notwendig. Im Flachland genügen uns die schlanken Fernsehtürme, die in vielen Städten zu sehen sind — gewissermaßen ein Wahrzeichen unserer modernen technischen Kultur —, und in vielen Landschaften mit Bergen könnt ihr Antennen auf Gipfeln erkennen. Der Mensch begnügt sich aber schon nicht mehr mit Ausstrahlungspunkten auf der Erde, er hat Satelliten in den Weltraum geschossen, deren Aufgabe darin besteht, Bild und Ton von irdischen Sendequellen aufzufangen und weiterzugeben; und da sie das aus gewaltigen Höhen tun können, erreichen ihre Ausstrahlungen weite Teile der Erde. Man kann von Europa nach Amerika senden und umgekehrt auch noch auf weitere Distanzen. So geht also ein alter Traum der Menschheit in Erfüllung: im gleichen Augenblick mit allen Menschen der Welt verbunden zu sein. Das gleiche zu hören, zu sehen, zu erleben wie sie alle! Was das für die Musik bedeuten kann, könnt ihr euch wohl vorstellen!»

Übertragung einer Fernsehsendung

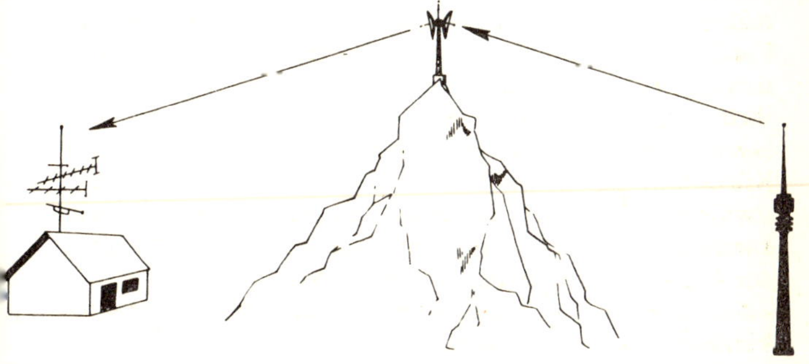

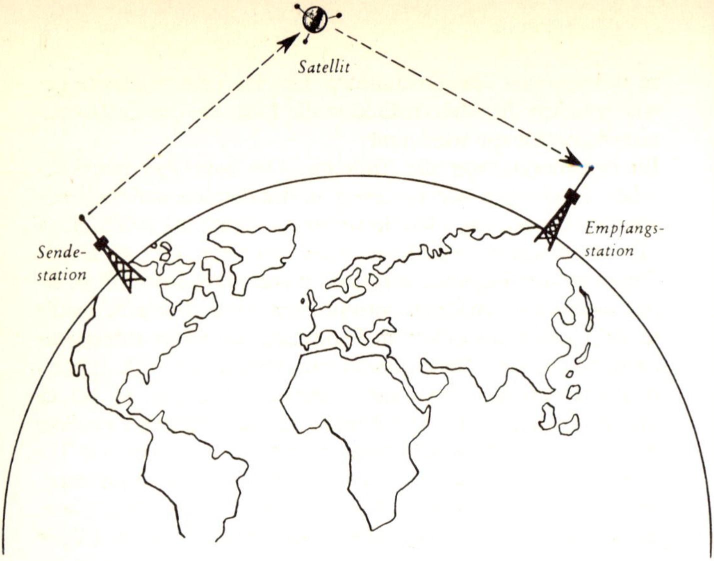

Übertragung des Fernsehprogramms zwischen zwei Erdteilen mit Hilfe eines Satelliten

Man rief den Regisseur zur Fortsetzung der Aufzeichnung. Er nahm in der Mitte des Tisches Platz. Nun konnten wir in Ruhe beobachten, wie alles gemacht wurde. Es waren da eigentlich zwei Räume, durch ein Glasfenster voneinander getrennt. In dem einen war die Bildregie untergebracht, mit dem Regisseur im Mittelpunkt, einer Dame neben ihm, die auf seine Befehle durch einen Druck auf Knöpfe den sogenannten «Bildschnitt» machte, also jeweils eine der Kameras einschaltete, je nachdem der Regisseur «Eins», «Zwei» oder «Drei» kommandierte. Wir bemerkten aber bald, daß es mehrere Möglichkeiten gab, ein Bild aus- und einzuschalten: scharf abgegrenzt oder allmählich verfließend. Ja manchmal waren sogar beide Bilder gleichzeitig zu sehen, was sehr schön wirkte: So war einmal zum Beispiel am linken Bildrand die Hand des Dirigenten zu sehen und am rechten die beiden Hände des Violoncellospielers, der gerade eine Solostelle hatte. Obwohl die beiden im Saal ziemlich weit voneinander entfernt waren, wurden sie im Bild ganz eng aneinandergerückt, und es war interessant zu beobachten, wie ih-

re Bewegungen übereinstimmten: Der Dirigent zeichnete gewissermaßen die Melodielinie in die Luft, die der Cellist auf seinem Instrument wiedergab.
Im Nebenraum war die Tonregie. Die hatte bei musikalischen Sendungen wie der eben stattfindenden natürlich besondere Bedeutung. Gerade wie beim Rundfunk saßen auch hier musikalische Fachleute. Und trotzdem gab es hinter diesen beiden Regieräumen noch unsichtbare Kontrollen: eine sogenannte Bildendkontrolle und eine Tonendkontrolle. Bild und Ton werden im Fernsehen gesondert aufgenommen. So wie der Bildregisseur mit Hilfe einer Mikrophons den Kameraleuten im Studio Anweisungen gibt, so tut es der Tonregisseur mit dem Tonmeister, der ebenfalls im Studio seinen Standort hat. Dem unterstehen verschiedene Typen von Mikrophonen: entweder der sogenannte «Galgen», ein fahrbares, auf hohem Gestell aufgehängtes Mikrophon, das etwa bei Theateraufnahmen den Schauspielern folgen kann, so daß sie immer gut hörbar sind, oder fest angebrachte Mikrophone oder schließlich «Krawattenmikrophone», die um den Hals getragen werden und besonders für Sprecher vorteilhaft sind.
Die Kinder kamen aus dem Staunen nicht heraus. Was gab es da für viele Dinge, die alle zusammenarbeiten mußten, um eine Fernsehübertragung zustande zu bringen! Was wir im Augenblick erfassen konnten, war kaum mehr als ein Bruchteil. Kein Wunder, daß die Fragen durch die Luft schwirrten, als das Konzert beendet war und der Techniker sich uns liebenswürdigerweise wieder zur Verfügung stellte.
«Beim Fernsehen ist es heute schon so wie beim Radio: Nur ein kleiner Teil der Sendungen geht direkt hinaus, ‹live›, wie wir das nennen. Das meiste wird aufgezeichnet. Dafür gibt es zwei Arten: die magnetische Bildaufzeichnung, die wir auch MAZ nennen, und den Film, manchmal FAZ genannt. Die magnetische Aufzeichnung erfolgt auf ein breites Band — es ist aus dem gleichen Material wie ein Tonband —, und auf dieses breite Magnetband kommen sowohl das Bild als auch der Ton. Beim Film hingegen sind Bild und Ton getrennt. Da gibt es den Film mit dem Bild und das Band mit dem Ton, und beide müssen genau synchron laufen — ihr wißt, was das heißt? Genau gleichzeitig, in voller Übereinstimmung. Aber das besorgt eine Maschine tadellos; man

muß die beiden Bänder gleichzeitig starten lassen, dann rollen sie in genau dem gleichen Tempo ab ...»
Mir wurde bei den technischen Erklärungen des Regisseurs ein wenig bange, aber ich sah, daß die Gesichter unserer älteren Jungen recht verständig dreinblickten. Anscheinend war ich der einzige hier, der von Technik keine Ahnung hatte. Ich hoffte, meine kleinen Freunde würden nichts davon bemerken, aber später erfuhr ich, daß sie es längst gemerkt, mich aber deswegen nicht weniger gern hatten. Sie waren es gewohnt, von diesen Dingen mehr zu wissen als ihre Eltern oder gar Großeltern, zu deren Jugendzeiten es diese Dinge noch gar nicht gegeben hatte.
Nun kam auch noch ein netter junger Techniker zu uns, der sich mit den älteren Jungen ganz selbstverständlich über verschiedene Apparate unterhielt, Filmabtaster, Modulationsgeräte und andere, deren Namen ich sofort wieder vergaß.
Der Techniker bemerkte, daß nicht alle unserer Kinder ihm folgen konnten. Und er nahm sich die Mühe, uns zu erklären: «Die Kamera verwandelt das Bild in elektronische Signale, und unser Gerät daheim verwandelt diese wieder zurück in Bilder.» Ein Kind fragte ihn, ob man diese elektronischen Signale mit dem Auge sehen könne — so wie Christine einmal gefragt hatte, ob man die Schallwellen so sehen könne wie die Wellen im Wasser —, und der Techniker sagte, daß sie unsichtbar seien! In der Kontrolle des Senders laufen alle Signale zusammen, die des Video — also des Bilds — und die akustischen. Ganz vereinfacht, so meinte der Techniker, könne man das Fernsehen so erklären: Beim ersten Schritt verwandle sich das Bild in elektronische Signale. Beim zweiten würden die elektronischen Signale zu Hochfrequenzsignalen, die durch die Antenne ausgestrahlt werden. Der dritte Schritt verwandelt beim Empfänger die Hochfrequenzsignale in elektronische Signale zurück, und der vierte dann die elektronischen Signale wieder in Bilder.
Dann erwähnte er, daß es in Europa verschiedene Systeme gebe, das SECAM, das unter anderem in Frankreich verwendet wird, und das PAL, mit dem in Mitteleuropa Fernsehen gemacht wird, in Deutschland, Österreich, der Schweiz und noch einigen Ländern. So sind also unsere Apparate in Ländern mit anderem TV-System nicht ohne weiteres brauchbar, man muß sie umrüsten.

Unser Junge, der so viel von Technik versteht, fragte den freundlichen Herrn dann noch etwas über Video-Recorder, und der antwortete ihm, die Sache sei recht einfach, ein Video-Recorder sei eigentlich im Prinzip das gleiche wie eine Tonkassette, nur natürlich größer, denn das Video-Band sei ungefähr zwei Zentimeter breit, also viel breiter als das Tonband der Kassetten.

Und dann schwirrten die Fragen unserer Kinder nur so um die Ohren des Technikers, nachdem sie entdeckt hatten, daß sie ihn alles fragen konnten. Er erklärte ein paar Punkte, wie das Satelliten-Fernsehen vor sich gehe, und fügte hinzu, daß man aus dem Weltraum heute problemlos Bild und Ton auf die Erde senden könne, nur seien eben die Frequenzen unvergleichlich viel höher, mit denen da gearbeitet werde …

Ich nickte mit, als die älteren Buben verständnisvoll nickten; aber insgeheim versuchte ich mich zu erinnern, ob ich in der Schule jemals Worte wie Hochfrequenz oder auch nur Elektronik gehört hatte … Oder habe ich damals gerade gefehlt? Jedenfalls brummte mir der Kopf, als der Regisseur zurückkam, um sich von uns zu verabschieden. Ob es uns gefallen habe? Begeisterte Zustimmung dankte ihm und allen anderen.

Das Fernsehen ist nun einmal die wichtigste Erfindung seit vielen Jahrhunderten, seit dem Buchdruck, denke ich. Es hat unser aller Leben umgestaltet, auch das von uns Musikern, soviel war mir längst klar.

Meine kleinen Freunde erzählten dem Regisseur noch schnell von unserem geplanten Buch und unseren so abwechslungsreichen musikalischen Nachmittagen. Als Karin mit ihm davon sprach, daß wir demnächst ans gemeinsame Singen und Musizieren gehen wollten, lud er uns herzlich ein, einmal im Fernsehstudio eine Aufnahme zu versuchen Die Begeisterung war gewaltig.

«Da werden wir da unten im Studio sein?» fragte Elsa.

«Natürlich. Ich lasse euch ein paar Stufen aufbauen, damit das Ganze auch hübsch aussieht und man jeden einzelnen von euch gut sehen kann …»

«Mit wievielen Kameras werden Sie arbeiten?» wollten einige wissen.

«Mit zweien, denke ich, vielleicht auch mit dreien …»

«Und mit wievielen Mikrophonen?»

«Das hängt von vielen Dingen ab und vor allem von eurem Dirigenten», sagte der Regisseur, zu mir gewendet. «Ob es Solisten in eurer Gruppe geben wird, wievielstimmig ihr singt, ob Instrumente mitwirken werden ...»
«Eins könnt ihr schon jetzt lernen», lächelte ich. «Nicht in die Kamera schauen! Ihr werdet geradeso singen und spielen müssen wie in einem Konzert ...»
«Auch wenn eine Kamera vielleicht recht nahe auf euch zufährt ...», ergänzte der Regisseur. Dann schlug er uns noch einen kleinen Rundgang durch die Station vor. Wir kamen in die großen Studioräume. Diese unterschieden sich von denen des Rundfunks vor allem durch eine Fülle von Beleuchtungskörpern, die teils standen, teils an den Decken hingen. Es waren Scheinwerfer aller Art, die, wie uns der Regisseur erklärte, zu jeder Aufnahme besonders eingestellt werden müssen. Das war beinahe eine Art eigener Wissenschaft! Zum Messen der Lichtstärke gibt es eigene Belichtungsmesser. Mit ihrer Hilfe kontrolliert man vor der Sendung, ob jeder benützte Winkel genügend Licht erhält. Aber es gibt auch Aufnahmen, bei denen das Licht abgestuft werden muß, gerade wie beim Film. Zum Beispiel bei Theaterszenen, die im Dunkeln spielen, wobei das Dunkel aber nicht wirklich dunkel sein darf, weil sonst die Kamera nichts sehen und erfassen könnte ...
Wir sahen die Kameras selbst. Wenn man ihre Seitenwand aufklappte, sah man eine solche Fülle von Kabeln und Drähten und rätselhaften Dingen, daß man ganz verwirrt wurde. Vorne hatte jede Kamera — «auf der Nase», wie Christine sagte — ein rotes Licht. Es leuchtete nur dann auf, wenn die Kamera in Funktion trat. Wenn also oben im Regieraum der Bildregisseur etwa befahl: «Eins!», dann schaltete seine Helferin, die Bildmischerin, diese Kamera eins ein, und gleichzeitig leuchtete deren rotes Licht auf, was zugleich für den Sprecher oder Künstler, auf den sie gerichtet war, das Zeichen zum «Einsatz» bedeutete, zum Beginnen.
Nun wollten die Kinder noch wissen, wie die Farbe im Fernsehen zustande käme. Nur so viel erklärte der Regisseur, daß das Farbfernsehen jedes Bild in drei Grundfarben zerlegt: Rot, Blau, Grün. Es gibt in der Farbkamera eigene Übertragungsanlagen für alle roten Farbtöne, für alle blauen und alle grünen; und erst an einer Zentralstelle werden sie

gewissermaßen zusammengesetzt und ergeben wieder das Originalbild. Natürlich erfolgt das blitzschnell, so daß der Zuschauer nichts von dem komplizierten Prozeß merkt.
Wir sahen die großen Räume, in denen die Filme bearbeitet werden, sowohl die im Studio aufgenommenen als auch die von anderen Stationen übernommenen. Weitere Räume für die Magnetbänder. Überall große Kontrollapparate und eine Fülle anderer Apparaturen. Dann kamen die Schminkräume für alle Mitwirkenden. Der Regisseur erklärte uns, daß etwa bei Fernsehspielen der Schauspieler geradeso geschminkt werden müsse wie auf einer Bühne. Wir sahen die Proberäume, in denen eifrig gearbeitet wurde. Und dann ließ uns der Regisseur einen Blick in die technischen Anlagen werfen: Das war nun fast eine kleine Stadt für sich! Kein Zweifel, wir leben in einem technischen Zeitalter; Elektrizität und Elektronik vollbringen wahre Wunder, von denen vor einer und zwei Generationen nur sehr kühne Geister etwas ahnten ...
Auf dem Heimweg führten wir wie immer angeregte Gespräche. Ich versuchte, alles Gesehene mit der Musik in Zusammenhang zu bringen. Wie wird das Fernsehen die Musik der Zukunft beeinflussen? Das ist ein Teil der interessanten Frage, die allgemein gestellt ungefähr lauten müßte: Wie wird die Musik unseres technischen Zeitalters klingen? Werden die Menschen noch romantische Musik hören wollen, wie sie Schubert und Tschaikowski komponierten? Meine kleinen Freunde erleben eine Epoche voll unerhörter Neuerungen und Erfindungen und Entdeckungen. Trotzdem haben sie Freude an der Musik, geradeso wie wir sie hatten und unsere Eltern und unsere Großeltern. Ist Musik also etwas Dauerndes, Bleibendes? Das hoffe ich, und darum schreibe ich mit Hilfe meiner jungen Freunde dieses kleine Buch ...

21 Zuletzt noch ein Besuch im Filmstudio

Obwohl wir schon in einer Schallplattenfabrik gewesen waren, in einem Rundfunk- und in einem Fernsehstudio, bestanden meine kleinen Freunde darauf, auch noch ein Tonfilmstudio zu besuchen. Christine meinte, das gehöre unbedingt zu unserem Buch, und alle anderen nickten so heftig, daß ich nicht nein sagen konnte. Und so gingen wir eben in ein Filmstudio.

Die Wunderwelt des Kinos tat sich auf, in der es nichts Unmögliches gibt, in der Mäuse Klavier spielen, fliegende Menschen fantastische Taten vollbringen, Märchen und Wirklichkeit in eins verfließen.

«Ihr erinnert euch natürlich nicht an die Zeiten des stummen Films», sagte ich auf dem Weg, «denn ihr wart damals noch nicht auf der Welt. Jahrzehntelang war der Film stumm, man konnte zwar Bilder aufnehmen, aber noch nicht mit Klängen kombinieren. Damals hätte natürlich der Film in unseren Gesprächen keinen Platz gefunden. Erst als der Stummfilm zum Tonfilm wurde, eröffnete sich der Musik ein weites, neues Feld. Heute ist die Filmmusik eine interessante Aufgabe für moderne Komponisten.»

Wir kamen zum gewaltigen Gebäude der Filmgesellschaft. Nach kurzem Warten erschien einer der Direktoren und erbot sich, uns umherzuführen. Er begleitete uns durch die weiten Anlagen und schließlich in das Aufnahmestudio. Dort sahen wir die verschiedensten Dekorationen und Bühnenausschnitte aufgebaut.

«Hier drehen wir, soweit es möglich ist, alle Innenaufnahmen unserer Filme. Dazu errichten wir, was an Kulissen oder Bauten notwendig ist, ein modernes Hotel oder eine mittelalterliche Stadt … Ihr werdet gewiß denken: Wozu das moderne Hotel? Da könnte man doch viel einfacher in einem wirklichen Hotel filmen? Vielleicht, aber wir ziehen trotzdem vor, es hier zu erbauen.»

«Warum?» fragte Christine gleich.
«Aus vielerlei Gründen. Erstens, um die Belästigung zu vermeiden, die wir den Hotelgästen verursachen müßten. Eine Filmaufnahme dauert viele Stunden, ja oftmals tagelang, und da wären sie sehr behindert, da sie kaum ein- und ausgehen könnten. Zudem erregt eine Filmaufnahme viel Aufsehen, es sammeln sich Menschen an, um zuzusehen, und die können wir nicht brauchen. Vor allem aber wegen der Geräusche. Die moderne Tonkamera nimmt alles auf, was sich ereignet, so daß der Lärm aus den Zimmern oder dem Speisesaal, das Tellerklappern der Küche, das Hupen eines Autos uns die Aufnahme verderben könnten ... Hier stehen gerade die Dekorationen für die Szenen, die wir heute filmen werden. In wenigen Minuten beginnt die Dreharbeit, ihr werdet ein wenig aus jenem Winkel dort zuschauen dürfen!»
In einer Ecke der riesigen Halle war ein Salon aufgebaut, mit goldverzierten Möbeln und Leuchtern, in denen Kerzen steckten. In der Mitte stand ein Flügel, weiß und golden. Man glaubte, in einem reichen Bürgerhaus zu Beginn des 19. Jahrhunderts zu sein.
Wir nahmen Aufstellung, während die Szene sich mit Menschen füllte, Herren und Damen aus der Biedermeierzeit. Sie ließen sich auf Stühle und Sofas nieder, wie der Regisseur sie gruppierte. Ein auf Gummirädern fahrender Wagen näherte sich, auf dem eine Kamera montiert war. Sie sah jenen des Fernsehens recht ähnlich, nur hatte sie noch einen großen Behälter für den Film. Und auf dem Wagen war neben der Kamera noch ein kleiner Sitz angebracht, auf dem sich später der Regisseur niederließ, als die Aufnahme begann.
Auf dessen Wink begann die Szene. Herren und Damen waren in angeregter Konversation begriffen, und ein junger Mann näherte sich einem Fräulein und begleitete sie zum Flügel. Diese kurze Szene mußte einige Male wiederholt werden, bis der Regisseur zufrieden war und sagte: «Und nun die Musik!»
Zu unserer Überraschung spielte sich nun folgendes ab: Der junge Mann, der vor dem Klavier Platz genommen hatte, ließ seine Finger über die Tasten gleiten, als ob er spiele, und das Fräulein öffnete den Mund, als ob sie singen würde. Aber in Wirklichkeit taten sie beides nicht, sondern aus ei-

nem Lautsprecher ertönte ein Lied mit Klavierbegleitung. Drei- oder viermal wiederholte sich das, bis der Regisseur fragte: «Können wir das jetzt aufnehmen?»
Die beiden Schauspieler waren einverstanden. Und nun wurde die Szene gedreht. Man konnte tatsächlich zweifeln, ob der Pianist nicht wirklich spielte und die Sängerin nicht wirklich sang, so genau stimmten ihre Hand- und Mundbewegungen mit der Musik aus dem Lautsprecher überein. Das wurde ebenfalls mehrere Male wiederholt. Dann sagte der Regisseur: «Danke! In einer halben Stunde nächste Szene!»
Die Kinder bestürmten den Direktor mit Fragen: «Was war das? Sang die Dame nicht wirklich? Und der Pianist spielte gar nicht? Warum?»
«Sie spielten und sangen nicht aus dem einfachen Grund, weil sie das bereits gestern in einem eigenen Tonstudio gemacht haben ...»
«So wie im Radio?» fragte Peter.
«Genauso. Stimme und Klavierspiel wurden auf Band aufgenommen und heute hier abgespielt, ihr habt sie aus dem Lautsprecher gehört ...»
«Warum macht man das so?» wollten viele wissen.
«Das hat seine guten Gründe. Bei den gesprochenen Szenen kann man zumeist gleichzeitig Bild und Ton aufnehmen, schon deshalb, weil sich das Gesicht des Schauspielers oder Sprechers nicht verzerrt, während das beim Singen oft der Fall ist. Da sieht man die Anstrengung, wenn man nahe genug ist — und das ist die Kamera ja meistens —, die Anspannung der Halsmuskeln, den weit aufgerissenen Mund. Das ist unschön. Außerdem ist es kaum möglich, gleichzeitig auf das Bild und auf den musikalischen Ton zu achten. Man hat viel größere Bewegungsfreiheit, wenn man mit Play-back arbeitet, wie man das nennt. Die meisten Worte für Film und Fernsehen kommen aus dem Englischen oder besser gesagt dem Amerikanischen, denn in Nordamerika hat man bekanntlich auf diesem Gebiet die meisten Erfahrungen gemacht und vor allem die wichtigsten, die dann für die ganze Welt von Nutzen wurden. Beim Play-back handelt es sich um getrennte Ton- und Bildaufnahme. Zuerst wird der Klang aufgezeichnet, so schön, als handle es sich um eine Schallplatte oder eine Radioaufnahme. Und dann wird er abgespielt,

sooft es notwendig ist, um das Bild mit ihm zu synchronisieren. Das ist wieder ein Fremdwort. Es bedeutet in genaue zeitliche Übereinstimmung bringen. Die Sängerin und der Pianist, die ihr gesehen habt, müssen dem Ton genau folgen, sie mit den Mundbewegungen, er mit den Fingern, so daß der Eindruck völliger Echtheit entsteht. Hernach werden Ton und Bild auf den gleichen Streifen, den gleichen Film zusammenkopiert ...»

«Werden musikalische Szenen immer so gefilmt?» fragte Thomas.

«Bild und Ton getrennt? Ja, fast immer. Sooft man kann. Etwas Ähnliches wird auch bei anderen Aufnahmen angewendet, wenn auch umgekehrt. Oft wird nur das Bild an Ort und Stelle gefilmt, der Ton hingegen nachher im Laboratorium dazukopiert. Die Filmstudios besitzen, genau wie Rundfunk- und Fernsehanstalten, in ihren Schallarchiven eine Sammlung mit wohl sämtlichen Geräuschen, die es geben kann: fahrender Zug, stehenbleibender Zug, verschiedenste Typen von Autos, Straßenbahn, Schiffssirenen, Volksgemurmel, Kriegslärm im Mittelalter und in unserer Zeit, Vulkanausbruch, Hundegebell, Pferdegetrappel auf Pflaster, auf der Landstraße, auf Schnee und tausend andere Dinge mehr. Kommt nun eine stumm gefilmte Szene, so unterlegt man ihr die notwendigen Geräusche, ohne die sie irgendwie tot erscheint. Der Film wendet dieses Verfahren auch sonst an: Zwei Personen sprechen auf der Straße mitten im Lärm der Großstadt. Würde man Bild und Ton gleichzeitig aufnehmen, so wäre der Lärm der Straße wahrscheinlich viel zu stark, und man würde kaum etwas verstehen. So filmt man nur das Bild und gibt Gespräch und Geräusch hernach dazu. Und schließlich werden mit dieser Technik auch ganze Filme synchronisiert, wenn es sich um Übersetzungen in andere Sprachen handelt. Wie ihr sicher wißt, gibt es zwei Möglichkeiten, ausländische Filme zu zeigen; einmal die einfache der ‹Titel›, das heißt der Übersetzung, die in der unteren Bildhälfte im Text erscheint. Sie hat viele Nachteile — vor allem den, daß man stets vom Bild abgelenkt wird —, aber den Vorteil, die Stimme der Schauspieler wirklich zu vernehmen, wenn auch in einer Sprache, die man wenig oder gar nicht versteht. Die andere Methode ist eine Synchronisierung: In jedem Land gibt es dafür Spezialisten, deren Stimmen denen der Originalschauspieler möglichst ähnlich sind und die den Text in der heimischen Sprache genau über den Originaltext sprechen, wobei sogar darauf geachtet wird, daß in der Übersetzung die gleichen Vokale verwendet werden, denn der Mund öffnet sich bei einem A ganz anders als beim E oder I ...»

«Sagen Sie bitte», fragte Karin, «dann muß eigentlich die Person, die singt, gar nicht die gleiche sein wie die, die spielt?»

«Gewiß nicht. Das ist eine Frage, vor der wir bei Musikfilmen oft stehen. Man kann doch von einem guten Filmschauspieler nicht verlangen, daß er gleichzeitig ein großer Pianist ist, und umgekehrt muß eine hervorragende Opernsängerin nicht unbedingt ein Filmgesicht haben, nicht wahr? Und so hat man manchmal zu dem Hilfsmittel gegriffen, Opernsänger singen zu lassen und für das Bild hernach Schauspieler zu verwenden im Play-back-Verfahren, das ihr ja nun schon kennt. Aber ich versichere euch, daß das eine schwere Arbeit bedeutet und sehr viele Proben erfordert ...»

«Waren in der Szene, die wir eben sahen, die Personen bei Ton und Bild die gleichen?» interessierte sich Richard.

«Ja. Der junge Schauspieler ist tatsächlich ein ganz guter Pianist, und die Schauspielerin hat eine hübsche Stimme ...»

«... und sehr stark!» meinte Birgit.

«Nun, das gerade nicht», antwortete der Direktor lächelnd, «sie hat eine eher kleine, schwache Stimme, aber von angenehmem Klang. Das ist uns lieber als große, starke Stimmen, die mit dem Mikrophon wohlklingend einzufangen nicht immer einfach ist. Hingegen ist es kinderleicht, schwache Stimmen elektrisch zu verstärken! Es gäbe noch viel über die Rolle der Musik im Film zu reden. Oder sollten wir lieber sagen: die Rolle des Films in der Musik? Jedenfalls vertragen sich beide recht gut, Film und Musik. Da gibt es Musikfilme. Es kann sich um verfilmte Opern und Operetten handeln; hier arbeiten wir gerne mit dem Fernsehen zusammen, das ja dafür ebenfalls starkes Interesse hat. Es gibt auch Filme über musikalische Themen: Denkt daran, wie oft das Leben einiger großer Musiker verfilmt wurde — Beethoven, Chopin, Schubert! —, und da spielt die Musik natürlich eine besonders wichtige Rolle. Überhaupt möchte ich beinahe sagen, daß es kaum Filme gibt, in denen nicht in einer oder der anderen Form musikalische Szenen oder Lieder oder zumindest Begleitmusik eingebaut ist. Manchmal verwenden wir die Musik nur als Stimmungselement; bei einer schönen Landschaftsszene erhöht eine gefühlvolle Melodie die Wirkung stark, und für unheimliche Szenen in Grusel- oder Gespensterfilmen gibt es eine eigene Art von Musik, die die Spannung oder eben das Gruseln verstärkt. Daß fröhliche Musik den Kinobesucher einem Lustspiel aufgeschlossener macht, das versteht sich von selbst. Denkt doch einmal an die entzückenden Zeichen- oder Trickfilme — etwa die von Walt Disney —, was wären Mickymaus und Donald und Pluto ohne Musik? Und weil es soviel Musik in den Filmen gibt, haben alle Filmstudios eigene Musiker angestellt, ein Beruf, zu dem viele Fähigkeiten gehören. Ein Filmmusiker muß nicht nur gut komponieren können, er muß es auch so einzuteilen wissen, daß seine Musik bei jeder Szene genau die richtige Länge hat. Sein Auftrag lautet etwa: 2 Minuten und 37 Sekunden groteske Musik zu einer tollen Szene auf der Leinwand. Und dann müssen es eben genau 2 Minuten und 37 Sekunden sein ...»

Ein herzlicher Abschied, nachdem wir noch durch andere Räume geführt worden waren — Filmschnitt, Laboratorium, Synchronisierungsräume, Vertonung usw. —, und das Angebot des Direktors, unseren Chor, sobald er weit genug gediehen sei, einmal probeweise zu filmen.

«Mit Play-back?» fragten einige der Kinder sofort.

«Wahrscheinlich», meinte der Direktor. «Es ist einfacher und wird im Klang besser. Euer Dirigent kann das, er hat es oft gemacht», setzte er lächelnd hinzu, während er mir zum Abschied die Hand gab.

«Da werden Sie dann vielleicht nachher im Bild einen anderen Chor zeigen?» fragte Karin erschrocken. Alle lachten.

«Warum sollte ich das?» antwortete der Direktor. «Ihr seid doch hübsch genug!»

«Oder vielleicht einen anderen Chor singen lassen und uns zeigen?» sagte Peter.

Der Direktor lachte herzlich. «Werdet ihr denn nicht gut genug singen? Ich hoffe doch! Es wird ganz ohne solche Tricks gehen, die wir übrigens nur dann anwenden, wenn sie unbe-

dingt nötig sind. Denkt nicht, daß wir das Publikum beschwindeln wollen! Und bei euch kann man ganz sicher Bild und Ton aufnehmen, keine Angst!»
Auf dem Heimweg herrschte frohe Stimmung. Unverzüglich wollten wir nun darangehen zu musizieren. Am nächsten Vormittag sollte Versammlung in meinem Haus sein, und dazu sollte jeder, der ein Instrument besaß und spielen konnte, es mitbringen. Vielleicht würden wir unseren Gesang ein wenig instrumental begleiten.
«Und nun vergeßt ein wenig den Rundfunk, die Schallplatte, das Tonband, das Fernsehen!» sagte ich zu den Kindern. «Die Technik ist in unserer Zeit sehr wichtig geworden, und im heutigen Musikleben spielt sie eine sehr bedeutende Rolle. Aber sie soll doch nur Hilfsmittel bleiben, nicht zum Zweck werden. Musik zu machen, das ist und bleibt eine Frage des menschlichen Herzens, der menschlichen Gefühle. Ihr wißt vielleicht, daß man heute Musik mit Hilfe der Technik nicht nur wiedergeben, sondern sogar erzeugen kann. Es gibt elektronische Musik, die nicht mehr mit Stimmen und Instrumenten gemacht, sondern in einer elektronischen Apparatur erzeugt und direkt auf ein Tonband aufgenommen wird. Es gibt Musik, die überhaupt nicht mehr von Menschen erdacht, sondern von Computern, riesigen Elektronengehirnen, zusammengestellt wird. Für mich aber muß Musik stets vom Menschen herkommen, von seinen Gefühlen und Empfindungen. Denn nur so kann sie wieder auf menschliche Gefühle wirken. ‹Von Herzen kommend, möge es wieder zu Herzen gehn›, hat Beethoven über eine seiner größten Kompositionen geschrieben. Die großartigen technischen Hilfsmittel unserer Zeit sollen uns helfen, Musik überall hinzutragen, wo es aufnahmebereite Menschen gibt. Aber sie sollen nicht Selbstzweck werden, die Musik nicht verdrängen. Und die beste Musik ist und bleibt die, die man selbst macht. So wollen wir also beginnen, Musik zu machen. Ob sie gut oder schön sein wird, ist eine andere Frage. Aber — und nun werdet ihr euch sicher wundern, daß ich als Musiker so spreche — das ist am Anfang gar nicht so wichtig! Musik soll den Menschen glücklicher, besser und empfindungsreicher machen, das ist ihre Hauptaufgabe, glaube ich ...»

22
Ein Kinderchor wird geboren

Hier sitze ich nun wieder in meinem Arbeitszimmer, so wie damals, als zwei mir unbekannte Kinder den Kopf zur Tür hereinstreckten, Christine und Thomas. Und vor mir liegen die Blätter dieses Buches, das ich auf ihre Bitten geschrieben habe. Wie viele sind es geworden! Wie viele Blätter und wie viele Kinder! Ich muß noch über Christines Frage lächeln: «Können wir morgen wiederkommen?» Um das Buch abzuholen, hatte sie gemeint. Dann kamen sie wirklich am nächsten Tag wieder, und am übernächsten und viele, viele Tage seit damals. Und mit ihnen kamen Kinder und immer mehr Kinder, neugierig zuerst und bald darauf begeistert. Gemeinsam haben wir das alles erlebt, wovon dieses Buch erzählt. Jede neue Zusammenkunft brachte uns neue Abenteuer, neue Entdeckungen, neue Erfahrungen, neue Freuden.

Nun will ich erzählen, was in den letzten Wochen geschah, seit dem Besuch im Filmstudio. Ich habe nicht mehr Tag für Tag aufgeschrieben, wie alles vor sich ging, denn von der Gründung unseres Kinderchors und der Instrumenten-Spielgruppe will ich nur kurz berichten und nicht mehr, wie vorher, einzeln von jedem Wort.

Wie viele schöne Dinge gibt es doch heute, um Kindern das Musizieren angenehm und leicht zu machen! Viele brachten ihre Blockflöten mit, und ich bemerkte mit Freude, wie gut sie schon spielten. Sie lernten es zum Teil in der Schule, und einige besuchten in ihren freien Stunden eine der Jugendmusikschulen, die in den letzten Jahren überall entstanden waren. Für die Kinder, die nicht Blockflöte spielten, hatten wir Schlaginstrumente gekauft. Carl Orff, der bedeutende deutsche Komponist, hat da ganz herrliche Dinge erfunden, ein ganzes Instrumentarium, das die kindliche Fantasie anregt und eine Fülle von verschiedenen Klängen hervorbringt. Wie schön, darauf Melodien zu erfinden!

Zuerst aber ging es ans Singen, und alle mußten mitmachen, obwohl sie zuerst nicht sehr entzückt von der Idee schienen. Ich erklärte ihnen, daß unsere Stimme doch das schönste aller Instrumente sei und darum zur Grundlage jedes Musizierens gemacht werden sollte. Ich finde, so sagte ich, daß auch alle Kinder, die Instrumente spielen lernten, unbedingt zuerst oder zugleich singen sollten. Was kann man mit dem Singen nicht alles erlernen! Zuerst einmal das richtige Atmen, wie es nicht nur für das Singen, sondern für das ganze Leben unbedingt notwendig ist; dann das richtige Gefühl für eine Melodie. Ich erinnere mich noch, daß Richard, unser Pianist, mich fragte, ob auch die Klavierspieler singen lernen müßten? «Natürlich», antwortete ich ihm; denn so könne er am leichtesten begreifen, welche Noten zu einer Phrase oder einer ganzen Melodie miteinander verbunden werden sollten, und dort, wo man im Gesang richtigerweise eine kleine Atempause einlegt, müsse man es auch beim Klavierspiel machen, damit alles seinen natürlichen Fluß habe. Also zuerst und immer wieder singen!
«Werden Sie uns prüfen?» fragten einige ängstlich.
«Ich bin heute heiser ...», sagte ein Junge sofort. Andere stimmten sofort bei: «Ja, ich auch, ich bin erkältet!»
«Aber Kinder!» lachte ich da. «Hätte ich euch vorgeschlagen, eine Fußballmannschaft zu bilden, keiner der Jungen hätte eine Ausrede gehabt! Und hätte ich Tanzen vorgeschlagen, wären alle Mädchen begeistert dabeigewesen! Aber wenn es ums Singen geht ... Dabei weiß ich genau, daß ihr alle gute Lust dazu verspürt, nur Angst habt ihr! Warum eigentlich?»
«Sie werden uns also doch prüfen?» wiederholten einige die ängstliche Frage.
«Prüfen?» fragte ich erstaunt. «Wozu prüfen? Haben wir nicht von Anbeginn unserer Gespräche stets wiederholt, daß alle Kinder Gehör und Stimme haben? Natürlich singen nicht alle gleich gut, so wie nicht alle gleich schnell laufen oder gleich viel über Mathematik oder Literatur wissen. Der eine faßt eine Melodie schneller auf als der andere. Aber vielleicht zeigt sich einer, der im Singen nicht geschickt ist, um so anstelliger an den Instrumenten, das kommt sehr oft vor. Auf jeden Fall wird es niemanden geben, den wir in unserer Sing- und Spielgruppe nicht gebrauchen können. Und

wer am Anfang vielleicht noch ein wenig unrein singt, wird das bald verbessern. Und euer aller Stimmen werden größer und sicherer und auch schöner werden, wenn wir erst richtig am Arbeiten sind.»
Wir begannen mit ganz leichten Übungen. Ganz ähnlich, wie wir es damals mit den acht «Spielern» auf der Treppe gemacht hatten. Nur waren es inzwischen vierzig oder mehr geworden. Sie saßen malerisch in meinem Studio herum, und vorläufig ließ ich sie sitzen. Ich spielte kleine Melodien auf dem Klavier, drei Noten, dann vier, fünf, sechs. Und die Kinder sangen, was sie hörten, einfach mit «lala» nach. Einige von denen, die Angst vor Schwierigkeiten gehabt hatten, fanden nun die Sache zu leicht. Als meine Melodie komplizierter wurde, fragte ich, wer sie allein singen wolle. Zu meiner Überraschung meldete sich nicht nur Karin, von deren hübschem Singen wir uns schon überzeugt hatten, sondern auch andere. Wenn etwas besonders Schwieriges gelang, applaudierten alle. Die Stimmung hob sich gewaltig.
Von den melodischen Übungen ging es zu den rhythmischen pber. Die machten den Kindern noch mehr Spaß. Zuerst klatschten sie einfach den Takt, den ich auf dem Klavier spielte. Schneller, wenn ich beschleunigte, langsamer, wenn mein Spiel langsamer wurde. Dann auch lauter, wenn ich lauter spielte, und leiser, wenn es mein Spiel so verlangte. Das war nach wenigen Minuten zu leicht geworden. Ich lehrte sie dirigieren. Zwei Zeiten — wie einfach! Nur die erhobene rechte Hand fallen lassen bei eins und bei zwei wieder zum Ausgangspunkt oberhalb unseres Kopfes führen. Drei Zeiten: der Fall wie vorher bei eins, ein Ausstrecken des Arms nach rechts bei zwei und bei drei eine Rückkehr aufwärts zum Ausgangspunkt. Es gab ein paar Irrtümer zu Beginn, aber auch das klappte in wenigen Minuten. Und nun wendeten wir es an: Ich improvisierte auf dem Klavier, zuerst in zwei Zeiten, dann in dreien. Zuletzt mischte ich, und da ich, wie es in der Musik stets sein soll, die erste Zählzeit, das «eins» unserer Dirigierübungen, betonte, fiel es den Kindern nicht schwer, die richtigen Bewegungen dazuzumachen. Bald hatten sie auch heraus, daß kleinere Bewegungen leiserem Spiel und größere lauterem Spiel besser entsprachen. Daß ich zudem rascheres Spiel mit langsamerem abwechselte, versteht sich von selbst.

Dirigieren in zwei Zeiten

Dirigieren in drei Zeiten

Dann erfand ich ein Spiel. Ich hielt meine Armbanduhr ans Ohr und klatschte hernach ihren Takt mit den Händen. Ich forderte die Kinder auf, sich die großen Taschenuhren vorzustellen, die noch an einer Kette am Bauch des Großvaters gehangen haben mochten. Ihr Ticken könnte etwa halb so langsam sein wie das der Armbanduhr. Ich ließ also eine Gruppe den Takt der Armbanduhr klatschen und eine andere den der Taschenuhr: ganz einfach, indem die «Taschenuhren» nur auf jeden zweiten Schlag der «Armbanduhren» einen vollführten. Es gibt auch noch größere Uhren — sicherlich wird mancher sie noch daheim an der Wand stehen oder hängen haben: Sie besitzen ein Pendel, das in gemessenem Schritt hin und her geht. Wie rasch mochte sich das bewegen? Nehmen wir einfachheitshalber an, es vollführe nur einen Schlag, wenn die Taschenuhr zweimal «tick» macht. (Dann hat die kleine, eilige Armbanduhr schon vier Bewegungen gemacht!) Schließlich gibt es noch größere Uhren: die Turmuhren! Ihr majestätischer Gang ist noch langsamer als der der Pendeluhr: Ein Schlag der Turmuhr auf zwei der Pendeluhr, das heißt auf vier der Taschenuhr und auf acht der Armbanduhr. Nun wollten wir diese vier Bewegungen

gleichzeitig darstellen. Eine Gruppe klatschte im Takt der Armbanduhr, ein flottes, aber nicht überhetztes Marschtempo. Dann setzte die zweite Gruppe ein; sie vollführte bei jedem zweiten Schlag der Armbanduhren einen der Taschenuhren. Eine dritte Gruppe wartete vier Schläge der Armbanduhren ab und klatschte dann einmal, was (in unserer Vorstellung) den Pendeluhren entsprach. Und zuletzt setzte eine vierte Gruppe ein und wartete jeweils acht Schläge der schnellsten Gruppe, der Armbanduhren, ab, um einen gemächlichen, geruhsamen, aber genau gemessenen Schlag der Turmuhr zu tun. Es dauerte nicht lange, bis unsere Schar dieses Spiel glänzend ausführte.
«Da haben wir die vier wichtigsten Notenwerte beisammen», erklärte ich den Kindern dann, «zumindest die, die wir beim Singen brauchen. Nun wollen wir ihnen musikalische Namen geben ...» Und ich schrieb auf die Tafel:

𝅝 *Turmuhr oder ganze Note*

𝅗𝅥 *Pendeluhr oder halbe Note*

♩ *Taschenuhr oder Viertelnote*

♪ *Armbanduhr oder Achtelnote*

Nun war es leicht, den Kindern verständlich zu machen, daß eine ganze Note so lang sei wie zwei halbe Noten, eine halbe Note so lang wie zwei Viertelnoten, eine Viertelnote so lang wie zwei Achtelnoten. Und daß eine ganze Note so lang war wie vier Viertelnoten, dazu mußte man nur ein wenig Kopfrechnen können. Durch unser Spiel mit dem Händeklatschen nach dem Takt von Uhren hatten meine kleinen Freunde sehr schnell heraus, daß jede Note in einem ganz bestimmten rhythmischen Verhältnis zu jeder anderen stand.

Das hat mit «schnell» oder «langsam» natürlich nichts zu tun. Ging ein Musikstück schnell, dann war eben eine ganze Note in ihm wesentlich kürzer als in einem langsamen Stück. Und damit waren auch alle anderen Notenwerte kürzer, die halbe, die Viertel-, die Achtelnote. Untereinander aber hatte sich zwischen ihnen nichts geändert: die ganze Note war doppelt so lang wie die halbe, diese doppelt so lang wie die Viertelnote und diese doppelt so lang wie die Achtelnote.
Dann gingen wir vom Händeklatschen auf die Instrumente über: Thomas schlug die langsamen Turmuhrschläge, die ganzen Noten, auf einem großen Gong. Richard schlug die halben Noten, also die Bewegungen der Pendeluhr, auf einer Trommel. Karin schüttelte ein Tamburin im Rhythmus der Taschenuhr, also in Viertelnoten. Und Gabi klopfte zart und ziemlich schnell den Takt der Armbanduhr, die Achtelnoten, auf einem Triangel. Dann wechselten wir die «Mannschaft», bis alle dran waren. Es ging glänzend.
Am nächsten Nachmittag gab es Atemübungen. Seit unserem Besuch beim Arzt war den Kindern die Wichtigkeit der richtigen Atmung bewußt geworden. Nun übten wir: stehend, ohne jede Muskelanspannung, gelockert den ganzen Körper, langsam durch die Nase einatmen, ohne die Schultern aufwärts zu ziehen, ohne den Hals zu blähen. Der ganze Körper soll, ohne jede Anspannung, völlig in Ruhe sein. Die einzige äußere Wirkung des Atmens darf man nur in der Region des Zwerchfells, also ungefähr des Magens verspüren, erklärte ich den Kindern; diese soll sich mit der Zeit beim Einatmen straffen und festigen, ja sogar ein wenig dehnen. Daran aber sollten sie vorläufig noch nicht denken, das käme später von allein, wenn sie richtig atmeten.
«Im Anfang kann es sogar sein, daß euch dieser Muskel ein wenig weh tun wird. Das macht gar nichts, ja es ist selbstverständlich. Wenn ihr zum ersten Mal rudert oder turnt, bekommt ihr bestimmt Muskelschmerzen. Jeder Muskel unseres Körpers, den wir lange nicht benützt haben oder überhaupt noch nie verwendet haben, tut ein wenig weh, wenn wir ihn benutzen. Aber das gibt sich von selbst. Und übertreiben sollt ihr die Atemübungen auch nicht! Mit einer oder zwei Minuten jeden Morgen beginnen und dann langsam nach einem Monat sollt ihr es auf fünf Minuten gesteigert haben ... Das genügt fürs ganze Leben! Außer natür-

lich, ihr werdet Sänger oder Sportler, dann muß die Atemarbeit oder Atemgymnastik noch wesentlich verstärkt werden, aber das wollen wir ja hier nicht. Ja richtig, auf etwas will ich euch noch aufmerksam machen, damit ihr nicht erschreckt, wenn es eintrifft: Wer nie richtig geatmet hat, dem kann am Anfang bei solchen Übungen schwindlig werden. Das macht nichts und gibt sich nach wenigen Tagen; es ist sogar ein gutes Zeichen, denn es zeigt an, daß das tiefe Atmen viele schlafende Dinge im Körper geweckt hat: die Arbeit der Muskeln, den Kreislauf des Bluts ...»

Nach dem langsamen, gründlichen Einatmen durch die Nase kamen wir zur zweiten Phase, dem Anhalten des Atems. Aber das interessiert uns für das Singen nicht, es kann vor allem bei einigen Sportarten Bedeutung bekommen. Also gehen wir gleich zur dritten Phase, zum Ausatmen über, nachdem wir den Atem nur eine oder zwei Sekunden angehalten haben. Das Ausatmen zu beherrschen ist für den Sänger das allerwichtigste! Denn was nützt ihm das gute Einatmen, wenn alle Luft sofort wieder mit einem einzigen Ruck ausströmt, sobald er den Mund aufmacht? Man muß lernen, die Luft so entweichen zu lassen, daß man sie in jedem Augenblick beherrschen kann; wir müssen das Ausatmen einteilen lernen. Da das Singen durch den Mund erfolgt, wollen wir unsere Übungen ebenso machen: einatmen vorläufig durch die Nase, ausatmen durch den leicht geöffneten Mund. Und von Anfang an wollen wir lernen, langsam, sehr langsam auszuatmen. Also den Atem zurückhalten, bremsen sozusagen! Am besten, man legt die oberen Zähne auf die Unterlippe, ganz leicht nur, dann entsteht beim Ausatmen ein leises ffff ... und so kann man leicht kontrollieren, ob die Luft langsam und gleichmäßig aus unserem Körper entweicht. Das klingt so, als entwiche Luft aus einem Ventil, aus einem Rad- oder Autopneu, wie die Kinder sagten.

Wir übten das ein paar Minuten lang. Welche Unterschiede gab es da! Ein paar Kinder, die Sport trieben, hatten unvergleichlich mehr «Luft» als andere, bei denen das Ausatmen kaum zwei Sekunden dauerte!

Ohne richtiges Atmen gibt es kein richtiges Singen. Also bildeten die Atemübungen nun unseren täglichen Beginn. Wie schnell die Kinder auch das erlernten, will ich gar nicht besonders hervorheben. Und um wieviel besser der Gesang klang, als sie atmen gelernt hatten!

Dann ließ ich meine kleinen Freunde einmal ein paar Töne gleichzeitig singen. Sie erinnerten sich noch, wie hübsch damals bei unseren ersten Spielen der «Dreiklang» C-E-G oder Do-Mi-Sol getönt hatte. Nun sang eine Gruppe C oder Do und hielt diesen Ton lange aus. Die zweite Gruppe setzte kurz nach der ersten mit E (Mi) ein, und die dritte ließ, knapp nach der zweiten, G (Sol) erklingen. Hernach tauschten wir die Gruppen aus, damit keine sich zu sehr an «ihren» Ton gewöhne.

Dann begannen wir Kanons zu singen, eine lustige und lehrreiche Tätigkeit, die wir auch heute noch, da unser Chor schon recht weit vorgeschritten ist, niemals vernachlässigen. Denn es gibt kein besseres Mittel, das zudem so vergnüglich ist, um mehrstimmiges Singen zu erzielen. Ich kenne Dutzende hübscher Kanons und stimme jeden Tag einen anderen an; die Kinder lernen die Melodie im Nu, und sofort gehen wir daran, sie mit «gestaffelten» Einsätzen zu singen. Eine Gruppe oder ein einzelner beginnt, es folgen eine zweite, dritte, vierte Gruppe, ja auch mehr, denn ein Kanon ist wie ein Fließband moderner Industrie: endlos, und überall am gegebenen Platz kann ein Weiterer mitmachen.

Zu Beginn sangen wir nach dem Gehör. Nicht nur, weil es einfacher ist, sondern auch, weil ich das musikalische Gehör unserer Gruppe trainieren wollte. Ja, trainieren, das ist das rechte Wort, oder entwickeln. Denn angeboren ist es jedem Menschen, das sagten wir schon; man muß es nur ein wenig üben und sich entfalten lassen. Mit einem Wort: Man muß es geradeso pflegen wie irgendeine der zahllosen anderen Fähigkeiten des Menschen.

Doch bald gingen wir dazu über, die Kinder auch mit dem Notenbild vertraut zu machen. Wir zogen wiederum die fünf Linien, die wir vor Wochen schon an meine Wandtafel gemalt hatten, als wir mit acht «Spielern» die Idee unserer Notenschrift «entdeckt» hatten. Abermals sagte ich meinen kleinen Freunden, daß es bei unserem System völlig gleichgültig sei, wo wir den Ausgangspunkt einer Tonreihe hin verlegen wollen. Auf jeder Stelle der Notenlinien (oder dem Pentagramm, wie man die Notenlinien auch nennt, von den griechischen Worten für «fünf Linien») konnte z.B. ein C

Dur-Tonleiter

(Do) stehen, das wir, ohne ihm außergewöhnliche Wichtigkeit beizumessen, als natürlichen Ausgangspunkt betrachten.

Wollen wir die Tonhöhe aber «absolut» fixieren — nicht nur relativ —, so müssen wir einen Schlüssel vor die Notenlinien setzen. Zum Singen und für die Instrumente, die einige Kinder mitgebracht haben (Blockflöten, Violinen, eine Trompete, zwei Gitarren), genügt ein einziger Schlüssel: der Violin- oder G-Schlüssl. Er deutet mit seinem Schneckenbogen rund um die zweite Linie (von unten) an, daß hier die Note G (Sol) ihren Platz hat. Hatten wir einmal einen festen Stützpunkt, so war es einfach, die anderen Noten hinzuzuschreiben, denn ihre Reihenfolge steht ja fest und wird nie verändert. Abwärts vom G (Sol) steht F (Fa) im ersten Zwischenraum, E (Mi) auf der ersten Linie, D (Re) unter der ersten Linie. Und wenn wir ein kleines Stückchen einer «Hilfslinie» zogen — im gleichen Abstand aller Linien und unterhalb der ersten —, so konnten wir ein C (Do) unterbringen. Oberhalb des G (Sol) stehen: A (La) im zweiten Zwischenraum, H (Si) auf der dritten Linie, C (Do) im dritten Zwischenraum, D (Re) auf der vierten Linie, E (Mi) im höchsten, vierten Zwischenraum, F (Fa) auf der höchsten (fünften) Linie, G (Sol) darüber. Und abermals zog ich ein Stückchen Hilfslinie und brachte darauf ein A (La) unter.

Dann begannen die Übungen, um «vom Blatt» zu singen, wie man das nennt. Das heißt: nach Noten. Ich zeigte auf die Tafel, auf der sie standen, und die Kinder sangen sie. Zuerst der Reihe nach: Ich begann beim C der unteren Hilfslinie und stieg aufwärts: C, D, E, F, G, A, H und kam wieder zu einem C. Es stand im dritten Zwischenraum, und ich war wie auf einer Leiter hinaufgestiegen. Und darum nennt man das, was wir gesungen hatten, eine Tonleiter. Da ich sie auf dem C begonnen hatte, war es eine C-Dur-Tonleiter.

Natürlich fragten mich einige Kinder sofort, was «Dur» bedeute. Aber ich begnügte mich vorläufig damit, ihnen zu er-

klären, daß es neben «Dur» noch «Moll» gab, das etwas komplizierter sei, weil unser Ohr in der «westlichen Welt» an diese Klänge nicht so gewöhnt sei wie an das Dur, das bei uns häufiger vorkomme.
Dann waren wir mitten in der Arbeit an unserem Chor. Prüfungen waren ja keine mehr notwendig gewesen, denn beim Singen unserer Kanons hatte ich längst gemerkt, wie die Stimme jedes einzelnen Kindes klang. So fiel es mir nicht sehr schwer, die Schar in «hohe» und «tiefe» Stimmen zu teilen. Von der «hohen» gab es viel mehr, aber das ist überall der Fall. Einige unserer großen Jungen konnten beim Singen nicht mitmachen: Sie waren bereits im Stimmbruch. Natürlich bekamen sie sofort Plätze an den Instrumenten, denn in einer Musikgruppe gibt es Verwendung für alle.
Wir begannen mit Volksliedern. Nicht nur den schönsten unserer eigenen Heimat, sondern wir schlugen auch eine Brücke zu anderen Völkern, indem wir ihre Lieder sangen. Ja, manches konnten wir sogar in der fremden Sprache lernen, die uns sehr bald gar nicht mehr fremd klang. Wir sollten bald Gelegenheit finden, sie auf Reisen oder bei Besuchen, die wir empfingen, Angehörigen dieser Länder vorzusingen; und da schlossen sich Freundschaften, die uns immer wieder zeigten, daß es eigentlich gar keine «fremden» Menschen gibt oder geben sollte. Die Musik hat uns das ganz klar gezeigt, und wir sind ihr dankbar dafür.
Längst waren die Ferien vorüber, in denen ich mit Thomas und Christine die musikalischen Gespräche begonnen hatte. Aber regelmäßig kam die ganze Schar zweimal wöchentlich zu mir. Ja, zumeist auch am Samstag und am Sonntag! Bald war ein schöner Chor entstanden, von Instrumenten begleitet und mit einer Fülle von Liedern aus der ganzen Welt.
Nicht bei allen Liedern verwendeten wir Instrumente. Nur dann, wenn es gut paßte. Und auch nicht immer alle. Manchmal die hübschen Instrumente, die Carl Orff für Kinderspielgruppen ausgestaltet hat: Xylophone, Sistros, Triangel, Glockenspiele. Ein andermal kamen Geigen und Blockflöten zur Verwendung. Auch für Akkordeonbegleitung gab es Lieder. Natürlich einige für Gitarren. Kurz, es war ein wirklich buntes Musizieren, das wir da betrieben. Bald wollten wir es unseren Freunden vom Radio, Fernsehen und Film vorführen und waren recht gespannt auf deren Urteil.

Doch bis dahin galt es hart zu arbeiten. Denn obwohl das Singen den Kindern angeboren ist, dehnt sich doch bis zur Bildung eines guten Kinderchors ein weiter Weg. Zwei Ziele galt es anzustreben, nachdem «richtiges Intonieren» und «rhythmische Genauigkeit» zufriedenstellend erreicht waren (das klingt sehr großartig, nicht wahr? Aber es heißt nichts anderes, als daß unsere kleinen Sänger die Töne genau richtig treffen gelernt hatten und taktfest geworden waren): Klangschönheit und Wortdeutlichkeit. Und um zu diesen beiden Zielen zu gelangen, machten wir eine Reihe täglicher Übungen. Gesang soll nicht schrill klingen, schreien bleibt überhaupt ausgeschlossen, so lebhaft und klangstark manches Lied auch tönen soll. Und auf Deutlichkeit in der Aussprache lege ich besonderen Wert. Nicht nur weil ich meine, daß der Zuhörer ein selbstverständliches Recht darauf hat, den Text zu verstehen, um so noch besser in die Stimmung des Liedes eindringen zu können, sondern auch, weil gute Aussprache der Klangschönheit zu Hilfe kommen kann. Und für unsere geplanten Konzerte war eine weitgehende Wortdeutlichkeit von größter Wichtigkeit. Also galt es, meinen kleinen Sängern nicht nur die richtige Mundstellung der Vokale zu zeigen — die beim A anders als beim E, beim I anders als bei O und U ist —, sondern vor allem die richtige Behandlung der Konsonanten. Keine Endbuchstaben verschlucken! Das ist wichtig, aber mindestens ebenso wichtig ist es, die Anfangskonsonanten jeder Silbe klar zu formen! Einem guten Sänger soll man, selbst wenn man taub ist oder der Sänger hinter einer Glaswand singt, den Text genau vom Mund ablesen können.

Kurz, es gab viel Arbeit. War es wirklich Arbeit? Wir empfanden es gar nicht als solche. Es machte uns einfach Freude. Und Arbeit, die Freude macht, sollte nicht Arbeit heißen, denn unter diesem Wort verstehen wir zumeist etwas Schweres, Drückendes, aus dem wir möglichst bald befreit zu sein wünschen. Das war aber bei unserer Musikgruppe niemals der Fall!

Meine kleinen Freunde lassen es aber nicht bei dieser Tätigkeit in unserer Musikgruppe bewenden. Sie beschäftigen sich auch sonst viel mit Musik. Viele haben begonnen, Instrumente zu erlernen. Alle sammeln Schallplatten und besprechen das, was sie daran am meisten interessiert, unter-

einander und mit mir. Alle lesen Bücher über Musik, besonders über das Leben großer Komponisten, von denen wir nun auch schon das eine oder andere Lied zu studieren begonnen haben. Und viele besuchen nun Konzerte und gehen auch gelegentlich in eine Opernvorstellung.
Ja, Christine und Thomas haben wirklich recht behalten! Das Buch, das sie sich damals wünschten, ist nun fertig, das Buch «für die Kinder, über Musik»! Und viele Kinder werden es lesen, in vielen Ländern. Ob sie nicht Lust bekommen werden, etwas Ähnliches zu versuchen? Sicherlich wird ein Musiker oder Musiklehrer dabeisein, der mit ihnen unternehmen kann, was ich hier schrieb. Oder so etwas Ähnliches. Es kommt ja gar nicht auf die Einzelheiten an. Und dann werden viele Kinder auf der Welt Christine und Thomas für ihre Ideen dankbar sein, nicht wahr?

Stichwortverzeichnis

L

M

N

O

S